U0503482

本报告的出版得到
国家重点文物保护专项补助经费资助

小 青 龙

浙江省文物考古研究所
桐庐博物馆 编著

文物出版社

北京·2017

图书在版编目（CIP）数据

小青龙／浙江省文物考古研究所，桐庐博物馆编著
—北京：文物出版社，2017.11
ISBN 978 - 7 - 5010 - 5454 - 1

Ⅰ.①小…　Ⅱ.①浙…　②桐…　Ⅲ.①良渚文化 - 文
化遗址 - 发掘报告 - 桐庐县　Ⅳ.①K871.135

中国版本图书馆 CIP 数据核字（2017）第 277711 号

小青龙

编　　著：浙江省文物考古研究所　桐庐博物馆

责任编辑：谷艳雪
封面设计：程星涛
责任印制：陈　杰

出版发行：文物出版社
社　　址：北京市东直门内北小街 2 号楼
邮　　编：100007
网　　址：http://www.wenwu.com
邮　　箱：web@ wenwu.com
经　　销：新华书店
印　　刷：中国铁道出版社印刷厂
开　　本：889mm×1194mm　1/16
印　　张：19.5
插　　页：1
版　　次：2017 年 11 月第 1 版
印　　次：2017 年 11 月第 1 次印刷
书　　号：ISBN 978 - 7 - 5010 - 5454 - 1
定　　价：320.00 元

本书版权独家所有，非经授权，不得复制翻印

Xiaoqinglong

（with an English abstract）

by

Zhejiang Provincial Institute of Cultural Relics and Archaeology

Tonglu Municipal Museum

Cultural Relics Press

Beijing · 2017

目　录

插图目录

彩版目录

第一章　概　述

第一节　桐庐县的自然环境与历史沿革

一　自然环境

　　钱塘江位于浙江省西北部，是浙江第一大河，发源于安徽省休宁县青芝埭尖，受华夏式新构造运动的影响，由西南向东北方向注入大海，依次流经开化、常山、衢州、龙游、金华、兰溪、建德、桐庐、富阳、萧山、杭州、余杭、海宁和海盐等14个县（市）后注入杭州湾，全长约508千米，流域面积5.4万余平方千米。（图1－1）

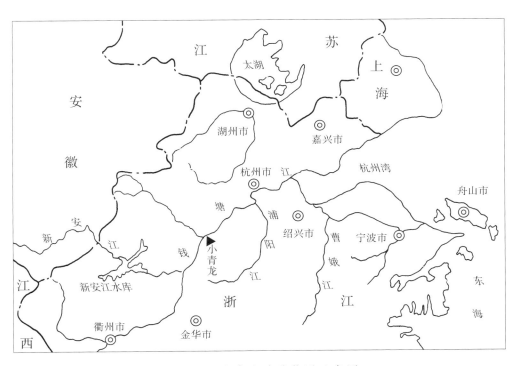

图1－1　小青龙遗址位置示意图

钱塘江流域的地理坐标约为北纬28°46′~30°24′、东经118°33′~120°50′。由于钱江大内斜的发育，形成了以钱塘江为横轴的"V"字形总体构造。该流域总体地形山地多，平原少。平原集中在下游杭州湾南北两岸，这里地势低平，水网密布，海拔一般在10米以下。钱塘江中上游地区以低山丘陵为主，地面除千里岗、龙门山等千米以上的山地外，丘陵广布，大部分高度在500米左右。地理学上将绍兴—诸暨—金华—江山一线以西称为浙西丘陵，钱塘江中上游地区是浙西丘陵的主要构成部分。丘陵地区的岩石以沉积岩为主，出露面积较大的有砂岩、页岩、石灰岩、石英岩等。新安江、分水江、江山港、灵山港等主要支流大多沿华夏式构造线发育，从两侧汇入干流，形成完美的羽状水系。此外，本区地面切割强烈，纵谷、横谷交错分布，构成格子状水系。河谷两侧梯坡地形普遍可见，在一些较大溪流流经地区，由于流水下切和侧蚀作用，形成较宽谷地和深切河曲，局部地区有阶地和河漫滩出现。（图1-2）

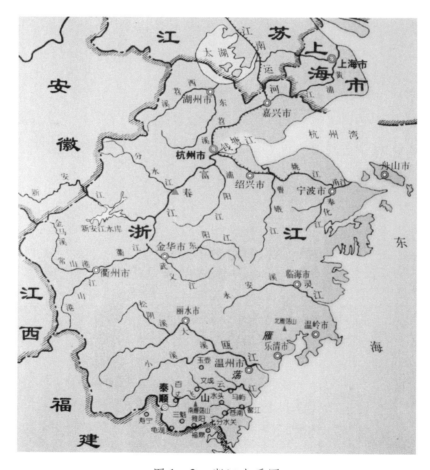

图1-2　浙江水系图

钱塘江流域地处亚热带季风气候区，特点是冬夏季风交替显著。年平均温度适中，四季分明。空气湿润，降水丰沛。年降水量在1600毫米左右，但降水量的季节分配不很均匀，一年之中有两个相对雨季和两个相对干季。河流平均年径流量为400多亿立方米。年平均气温17℃左右。因多低山丘陵，所以本地区土壤多为红壤类土，植被主要为亚热带针叶林、常绿阔叶林、落叶阔叶林等[①]。

桐庐县即位于钱塘江中游富春江段，介于北纬 29°35′~30°05′、东经 119°10′~119°58′之间。东接诸暨，南连浦江、建德，西邻淳安，东北界富阳，西北依临安。全境东西长约 77 千米，南北宽约 55 千米，总面积 1825 平方千米。

桐庐县地质构造以萧山—球川（龙门山）断裂为界，分东、西两个迥异的构造区。断裂以东为富春江镇芦茨、凤川街道三源及新合乡所辖的龙门山区。区内为大面积中生代火山岩所覆盖，褶皱不明显，断层较发育，有北东、北西和近东西 3 组，以北东向断层为主，规模较大，且以正断层居多。断裂以西为古生界（部分元古界）地层所组成的线状褶皱带，构成北西向大型复向斜，在分水镇怡合、钟山乡歌舞—瑶琳镇高翔一线为中生代陆相火山碎屑、杂岩组成宽缓褶皱上叠。复向斜在区内由近 10 个大型单体背斜和向斜组成，基本呈北东—南西向平行排列，以轻微歪斜褶皱为主，对称和倒转褶皱居次，倾角一般在 40°~70°之间。（图 1-3）

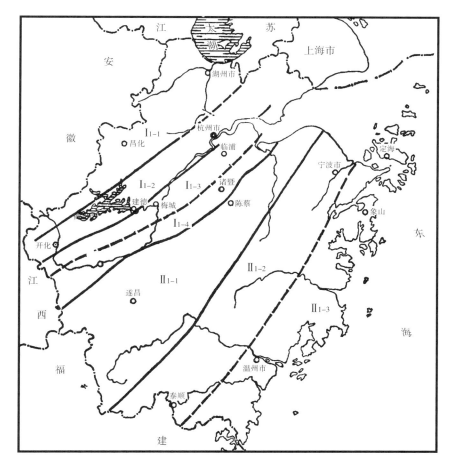

图 1-3　浙江省地质构造分区略图

（采自陈桥驿《浙江地理简志》，浙江人民出版社，1985 年）

---

①　陈桥驿、臧威霆、毛必林：《浙江省地理》，浙江教育出版社，1985 年。

桐庐县地貌以丘陵山区为主，平原稀少，属浙西中低山丘陵区。四周群山耸峙，中部为狭小河谷平原，山地与平原间丘陵错落。富春江由南而北纵贯县境东部，分水江自西北向东南汇入富春江。在全县土地面积中，山地丘陵占86.3%，平原、水域占13.7%。高程500米以上的山地计720平方千米，由3支山脉组成：龙门山脉、昱岭山脉、天目山余脉。高程80~500米的丘陵面积约为855平方千米，分三片分布于县境东部、西南部与西北部。东部丘陵区分布于富春江以东龙门山脉地区，面积约105平方千米，分东西两带展布。东带位于新合乡壶源溪两侧，属晚侏罗世火山系断块山地余脉，总体西高东低，位于最低一级夷平面上；西带主要分布于桐君街道（现为城南街道）金西至江南镇深澳一线，呈狭长带状向西倾伏。西南部丘陵区分布于分水江以南昱岭山脉地区，位于300~400米最低一级夷平面上，面积约为475平方千米，总体由南西向北东倾伏。西段多溪流河谷；中段瑶琳镇皇甫一带主要为石灰岩、泥页岩及沙砾岩，石灰岩露出地带喀斯特地貌发育；东段以钟山乡、横村镇花岗岩地貌为显著特征。西北部丘陵区分布于分水江以北天目山余脉地区，面积约为275平方千米，地势由北向南倾伏。西段分水镇喀斯特地貌发育一般；东段分布于瑶琳镇高翔至桐君街道阆苑一线，喀斯特地貌发育强烈①。

桐庐气候属亚热带季风气候，四季分明，日照充足，降水充沛。一年四季光、温、水基本同步增减，配合良好，气候资源丰富。年平均气温16.5℃，极端最高气温41.7℃，极端最高气温≥35℃的高温天气年平均29天；极端最低气温-9.5℃，极端最低气温≤0℃的冰冻天气年平均31天。年平均雨日161天。年平均降水量为1525毫米，年际间差异较大，1~6月逐月递增，7~8月起逐月递减，3~9月雨量均在130毫米以上，最多的6月为梅雨期，降水集中，月平均雨量248毫米，年平均降雨强度为9.5毫米/日。年平均相对湿度79%，年际间变化较小，在76%~81%之间。无霜期258天。桐庐每年都会出现灾害性天气，影响比较严重的有：涝、旱、风、雷、雹、雪、冰冻等。②

二 历史沿革

三国吴黄武四年（225），置桐庐县，属吴郡，为桐庐建县之始。

隋开皇九年（589），省桐庐入钱唐县，属杭州。仁寿二年（602），复置桐庐县，次年属睦州。

唐武德四年（621），析桐庐县西北七乡置分水县。同时，于桐庐置严州，州、县治同城。七年，废严州，省分水复入桐庐，属睦州。武周如意元年（692），复置分水县，更县名为武盛。自此县境一分为二，基本稳定少动。唐光化三年（900），桐庐改属杭州，分水属睦州。

宋太平兴国三年（978），桐庐还属睦州。宋宣和三年（1121），改睦州为严州。南宋咸淳元年（1265），升严州为建德府，桐庐、分水随属之。

元代，桐庐、分水属建德路。明、清时两县属严州府。

① 桐庐县地方志编纂委员会：《桐庐县志（1986~2005）》，浙江人民出版社，2012年。
② 桐庐县地方志编纂委员会：《桐庐年鉴（2014）》之《总述》篇，浙江人民出版社，2014年，第44页。

民国三年（1914），桐庐、分水属金华道。民国十六年，直属浙江省。民国二十四年九月，桐庐、分水属兰溪行政督察区。民国二十九年十二月，桐庐、分水改属浙西行署。三十六年五月，桐庐、分水直属浙江省。

1949 年 5 月桐庐解放后，桐庐、分水属建德专区。1950 年 3 月，桐庐、分水改属临安专区。1953 年 2 月，桐庐、分水转属金华专区。1955 年 3 月，复置建德专区，桐庐、分水属之。1958 年 10 月，桐庐、分水、新登三县合并，定名桐庐县，属建德专区。1959 年 2 月，转属金华专区。7 月，新合乡划归浦江县。1960 年 5 月，桐庐县改属杭州市。8 月，富阳县并入桐庐县。1961 年 12 月，复置富阳县，原新登县辖区和原分水县贤德公社划归富阳。桐庐仍属杭州市。1962 年 7 月，义乌县（其时浦江县并入义乌）新合公社（今新合乡）复划归桐庐①。

三 县治变迁

三国吴黄武四年桐庐置县之始，设县城于漏港滩附近，相传即今桐君街道湾里村古城里。隋开皇九年并县入钱唐，县城遂废。隋仁寿二年复置桐庐县，移县城于西岸，似在今富春江镇俞赵至沙湾一带。唐贞观二十年（646），县城迁至桐庐乡（今旧县）。开元二十六年（738），因其地势低洼易涝，迁县城于江口，即今富春江与分水江交汇处。

县城名称几经更改，1962 年 10 月，更名桐庐县。

千余年来，县城一直在富春江北岸。1985 年，城区面积 5.48 平方千米。1991 年 10 月富春江大桥建成和 1992 年 2 月建立富春江大桥南岸经济开发区，为县城向富春江南岸发展创造了条件。1992 年 5 月，桐君乡并入桐庐镇。1995 年 8 月，三合镇辖区并入桐庐镇，县城辖区面积 137.47 平方千米。1996 年 3 月起，《桐庐县城市总体规划》实施，城区向富春江南岸发展。2001 年 9 月，洋洲乡并入桐庐镇，县城辖区扩大至 160.84 平方千米。

第二节 小青龙遗址地理环境、发现、发掘和资料整理

一 地理环境

桐庐县城北倚舞象山，南傍大奇山，富春江自西南向东北穿城而过。在富春江南岸，大奇山北麓蔓叉成多条岗垄，自南向北，由高而低，逶迤而下，宛若一只巨大的手掌伏在江畔。小青龙遗址即坐落在其中一条西北—东南向的垄状岗地上②，北距富春江约 2 千米，遗址海拔 54 ~ 60 米，高出岗地东侧农田约 10 ~ 15 米。地理坐标为北纬 29°47′7.7″，东经 119°42′27.9″。（图 1 - 4；彩版 1 - 1，1 - 2）

---

① 桐庐县地方志编纂委员会：《桐庐县志（1986~2005）》，浙江人民出版社，2012 年。
② 小青龙是相对于西侧的大青龙而言的，"龙"本名应为"垄"，即取垄状岗地之意，后来当地简称为"龙"。

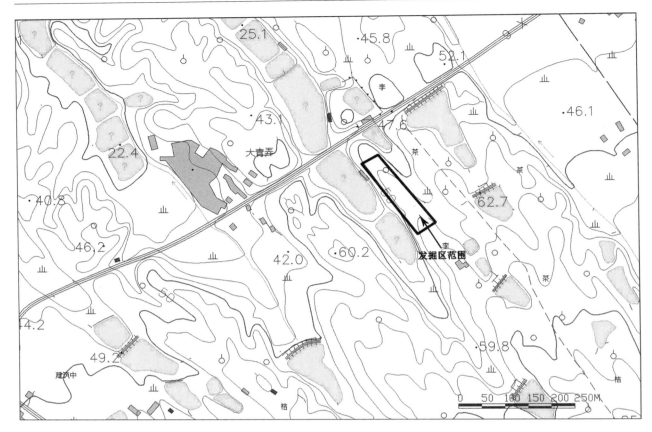

图 1-4　小青龙遗址及周边地形图

二　发现、发掘经过

　　1996 年 12 月 24 日，县教育局何樟夫同志到县文物管理委员会办公室（以下简称"文管办"）反映，三合乡（现为城南街道）大麦村的村民在大青龙（地处石珠村）劳动时，在田坎上发现了石器。文管办随即派人与何樟夫一起赶到大麦村，在村民何关坤家见到并征集了一件完整的石铲和几块疑似石锛的石器残片。文管办同志在出土石器的附近发现了几个已破碎的陶器。随后在这附近搜索，未能有新的发现。

　　2008 年 5 月，在第三次全国文物普查中，县普查队在大青龙和相隔一条山沟的小青龙进行了地面调查，没有发现有价值的线索。

　　2010 年 8 月 9 日，石珠村村民吴国平向县文管办反映，公路建设和开发区工程工地即小青龙发现石器，文管办向其征集了一件较完整的石钺和一件残石斧。这些线索进一步证明了在小青龙至大青龙这一区块有可能存在新石器时代的遗址。

　　2011 年 5 月 13 日，远在外地的桐庐博物馆馆长赵志楠电话告知方家洲遗址考古领队方向明，小青龙区域可能要进行房产项目开发，希望考古队能前往开展初步调查勘探。当日，方向明带领方家洲考古队刘志方、祈玉庭并桐庐博物馆倪继生等赴小青龙现场踏勘（彩版 1-2∶1），在岗地北部村民移树形成的堆土中采集到玉钺残片、玉嵌片、有段石锛等遗物，判断该处存在良渚文化大墓，在岗地东部水塘滩地上采集到鱼鳍形鼎足，判断遗址有一定的范围。5 月 24 日，

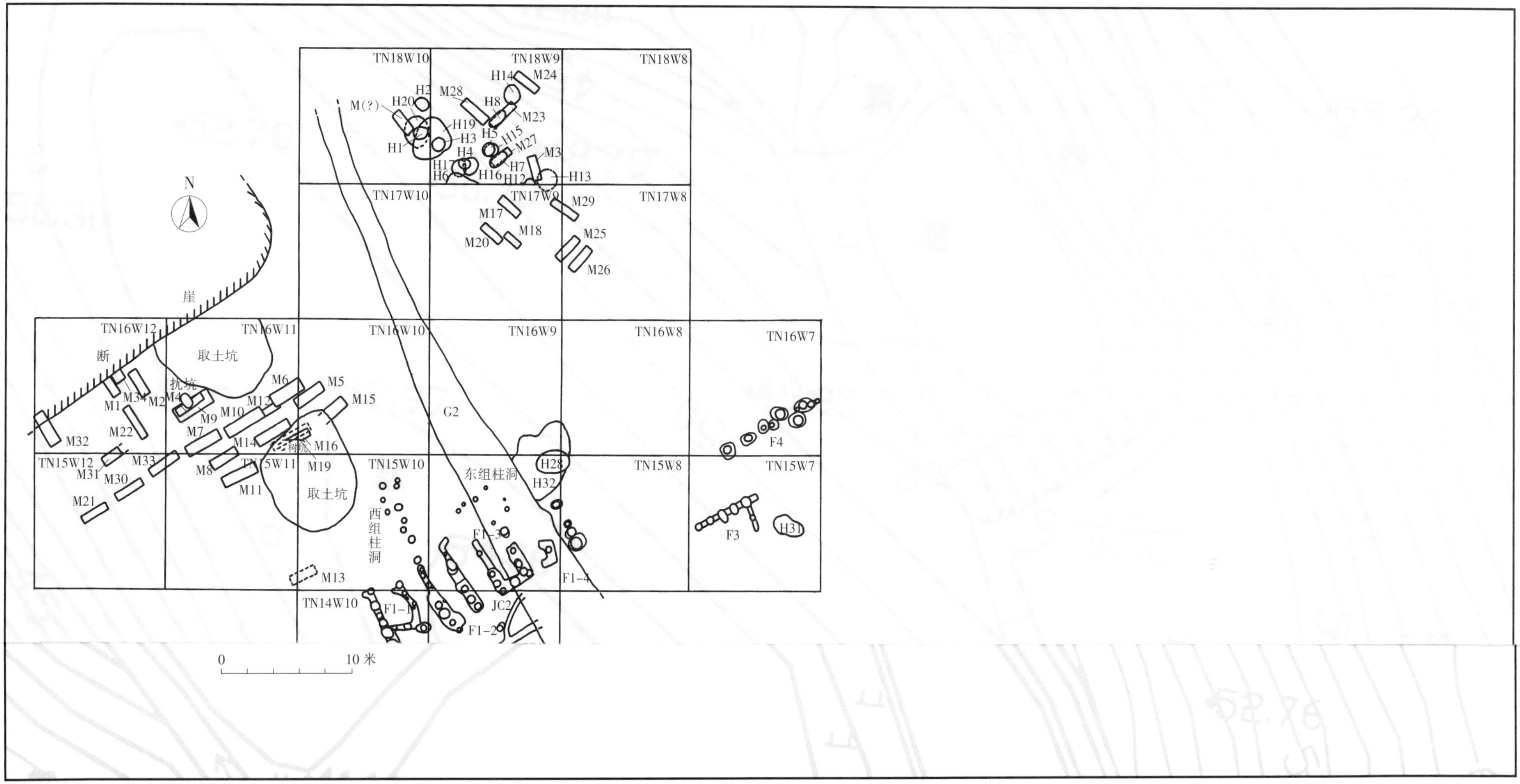

图 1-5 探方及遗迹分布图

方向明陪同来访的日本金泽大学教授中村慎一先生再次勘察了小青龙遗址（彩版1-3：1）。7月21日至8月2日，桐庐县文管办在省考古所指导下，对遗址进行了小型探沟试掘，出土了石镞、石锛、陶纺轮、玉锥形器等一批新石器时代文物。

桐庐文管办立即向省文物局上报了小青龙遗址的考古发现和面临工程破坏的情况，省文物局委托浙江省文物考古研究所对小青龙遗址进行考古勘探。王海明副所长代表省考古所与桐庐县文化局商定，由桐庐县政府拨款6万元作为小青龙遗址的勘探经费。该项目的领队为方向明，执行领队仲召兵。2011年9月8日考古队进驻桐庐开展工作，参与勘探工作的有仲召兵、刘志方、郭安民、仲芹，9月底至10月初，杨卫携技术工人李红卫协助工作。之后，张淑云参加了出土陶器的修复工作及部分发掘工作，渠开营参加了部分漆器的提取及保护工作。勘探期间，方向明给予了宝贵的指导意见。正在桐庐参加"方家洲遗址研讨会"的赵辉先生在浙江省文物考古研究所刘斌副所长和方向明先生的陪同下考察了遗址（彩版1-3：2）。

勘探阶段的重点任务是确定遗址的范围、保存情况和寻找墓葬。这一阶段的布方，以山垄脊线（山岗顶部水泥路）为界，将发掘区分为东、西两部分。于之前采集到玉器的地点布设了西T1（TN16W12）、西T2（TN16W11），于路东布设了东T1（TN18W9）、东T2（TN17W9），均为10米×10米；于建设用地的南部布设了西T3（后扩为TN2W3），南北长9米，东西宽1.5米（图1-5）。南、北部之间沿水泥路的西侧断面上，可观察到表土层下断断续续地分布着一层厚约10厘米的文化层，灰黄色沙土，其中采集到一些石镞和夹砂红褐陶片。这样基本确定了遗址的范围和保存情况。

但墓葬的确认颇费周折，由于该地区考古工作尤其是史前考古工作很少，对于聚落的分布规律及土层的特点都不了解，所以，发掘之初，墓土的辨识是一个难点。实际上早在9月23日，已辨认出M2、M6的墓圹，但因信心不足，均未清理到底。直到10月6日，M1石钺出露，才确认首座墓葬。接着，北区西部清理了M2、M4。至此，勘探阶段的任务基本完成。

这一发现引起桐庐县文广新局的高度重视，并立即向县人民政府做了汇报。10月11日，县长议事会议研究决定支持对小青龙遗址进行正式考古发掘，落实财政拨付考古发掘经费60万元。

接下来，考古队决定对工程所涉的遗址范围进行全面揭露，安排机械协助清理了遗址地表毛竹、茶树、杂草等植被，揭露面积约8000平方米。在发掘区东南设定基点，按象限法，以电子全站仪统一布方，探方全部落在第四象限，编号方法为TN××W××，探方规格10米×10米，共布设探方34个，TN3W2、TN2W2西扩1.5米，实际发掘面积约3400平方米（图1-5）。

发掘之初，首要的任务仍是寻找和确认聚落的中心，考古队的目光依然聚焦在之前采集到玉、石器的北区西部，但M1、M2、M4清理后，这一区域可供发掘的范围已经很小，因为M4北部已被取土彻底破坏，南部也被取土成凹地并堆满杂土，发掘一度陷入茫然。M5的发现是整个发掘的转折点，受其墓坑保存比较深的启发，回头继续清理之前数次中断清理的M6（原编号H11），并将北区西部的堆土全部运走。11月25日，堆土清运完毕，刮面，一片排列有序的墓地，赫然展现在眼前。

集中出露的墓葬带来了繁重紧张的清理任务，考古人员力量捉襟见肘，于是，方向明研究员带领并指导方家洲全体考古队员与小青龙考古队一起清理了这批高等级的墓葬（彩版1-3：3）。

发掘期间，桐庐县领导、省考古所领导及所学术委员会成员考察并指导了遗址的发掘（彩版1-4：1、2）。在清理 M10 时，发现保存较好的漆柲玉钺、漆觚等，立即请杭州市化工研究院高级工程师周文林到考古现场商定保护方法，决定将漆器套取至室内进行清理和保护。

工程建设范围内的考古发掘工作于 2012 年 5 月结束。之后，为了了解遗址周边史前聚落的分布情况，考古队对遗址所在的整条岗地及周边进行了考古调查和必要的试掘，所有野外工作于 2012 年 9 月结束。

三　资料整理与报告编写

2013 年，我们初步整理了小青龙遗址的发掘收获并发表了简报①。2014 年，经申请，国家文物局批复并下拨国家重点文物保护专项经费 25 万元，用于小青龙报告的编写。2015 年 7 月 16 日开始整理小青龙的发掘资料，此时，方向明先生正在整理桐庐方家洲发掘报告，驻地租住在桐庐城南街道下轮公寓，后勤上，便与方家洲报告的整理合并。不但省去了另起炉灶的烦忧，也更便于向方向明先生请教报告编写中的诸多问题。8 月下旬，小青龙的基础资料基本整理完毕。接下来，由于另有发掘任务，离开桐庐，带着小青龙的发掘资料辗转于多个遗址和城市，利用工作空隙，见缝插针地进行资料整理和报告编写，时断时续，除结语外，其他章节至 2016 年 10 月基本完稿。

大麦凸遗址是桐庐县发现的第一个新石器时代遗址，1993 年杭州市文物考古所进行了试掘，并采集和出土了一批重要的遗物。2013 年浙江省文物考古研究所也对其进行了正式的考古勘探和调查。鉴于大麦凸遗址与小青龙遗址年代、性质等方面的密切关系，经与桐庐博物馆协商，决定将大麦凸的材料纳入本报告一并发表。

2012 年 5 月，小青龙和大麦凸出土的部分玉石器由杭州市余杭博物馆、浙江省文物考古研究所、北京大学考古文博学院三家合作的"玉架山遗址出土玉器无损分析研究"课题组在北京大学考古文博学院科技考古实验室进行矿物材质和元素的测定，具体工作由崔剑锋完成。2012 年 10 月，杭州市化工研究院高级工程师周文林对小青龙漆器进行了保色、脱水、加固等室内文物保护工作，并完成了朱漆成分的检测工作。中国科学技术大学科技考古实验室研究生吴晓桐对小青龙漆器颜料成分也进行了鉴定和分析。2013 年，北京大学加速器质谱（AMS）实验室对小青龙遗址出土的酸枣和木炭进行了碳十四年代测试。2016 年 6 月，浙江省文物考古研究所李永嘉对小青龙、大麦凸遗址出土的器物进行了拍照。2016 年 10 月，浙江大学地球科学系董传万教授鉴定了两个遗址出土的石器（彩版1-4：3）。2017 年 5 月，浙江省文物考古研究所郑云飞研究员对小青龙 H30 浮选的植物遗存进行了显微镜观察和分析。

野外遗迹图、地层图由郭安民、仲芹、盛文嘉绘制。野外照片由仲召兵拍摄，桐庐博物馆陈淑珍提供了部分工作照。陶器修复工作主要由张淑云、仲芹完成，M2 出土的陶器运往余杭玉架山遗址考古驻地，在领队楼航先生的支持下，帮助进行了修复。遗迹图、地层图上墨、所有器物图的绘制、上墨由仲召兵完成。（彩版1-5）

---

① 浙江省文物考古研究所、桐庐博物馆：《浙江桐庐小青龙新石器时代遗址发掘简报》，《文物》2013 年第 11 期。

第二章　小青龙遗址地层堆积与遗址形成过程

第一节　地层堆积

由于长期的雨水冲刷、耕作翻动等原因，小青龙遗址地表水土流失严重，文化层堆积遭受了很大的破坏。发掘区内新石器时代的文化层堆积北部略厚，南部较薄，但基本连续分布。根据遗迹的空间分布情况，可将发掘区分为南、北两区，中间地带除个别灰坑外，基本不见遗迹分布。北区东部地层保存较好，以 TN18W9 - TN17W9 - TN16W9 东壁最为完整。北区西部高等级墓葬区地层因取土和移树遭到了严重的破坏，致使大部分墓葬直接开口于生土面上，丧失了原始的层位关系，墓区的北部也因取土形成断崖而被彻底破坏，只在 TN16W10 和 TN16W12 西南部、TN15W12 东北部有文化层分布，TN16W10 - TN16W11 - TN16W12 南壁剖面可以体现。南区西北部文化层堆积稍厚，本区墓葬也多分布在这一区域，地层堆积可以 TN6W5 和 TN6W6 北壁为代表。下面即按上述顺序介绍各区的地层关系。

一　北区东部 TN18W9 - TN17W9 - TN16W9 东壁（图 2 - 1；彩版 2 - 1：1）

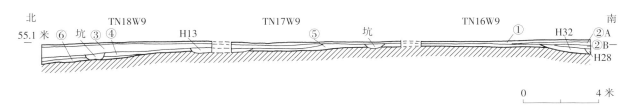

图 2 - 1　TN18W9 - TN17W9 - TN16W9 东壁剖面图

第①层　表土层，灰褐色沙土，厚约 20 厘米。此层下有一扰坑。

第②层　细沙土，土质疏松。分布于本区的东南部。出土较多的印纹硬陶片。为战国时期文化层。分为②A、②B 两个亚层。

第②A 层　灰褐色沙土，厚 0 ～ 20 厘米。北高南低，倾斜状分布，含较多炭屑，常见印纹硬陶片。

第②B 层　灰黄色沙土，厚 0 ～ 20 厘米。北高南低，倾斜状分布，含少量印纹硬陶片。H28、H32 均在此层下开口。

第③层　红褐色粗沙土，厚 0 ~ 60 厘米。主要分布于东坡发掘区的北半部，由南向北逐渐变厚，呈南高北低的倾斜状堆积，未见包含物。H13 等大部分灰坑即开口于此层下。

第④层　青褐色斑土，厚 0 ~ 25 厘米。仅分布于北区东北部的 TN18W9 及 TN18W8 内，由西北向东南呈倾斜状堆积，土质较致密，未见包含物。

第⑤层　黄褐色黏土，厚 0 ~ 40 厘米。分布于东坡发掘区的西北部，南高北低呈倾斜状堆积，出土少量夹砂红褐陶及泥质灰陶陶片。

北区东部墓葬大部分开口于第④层和第⑤层下。

第⑥层　红褐色黏性斑土，厚 0 ~ 25 厘米。分布于 TN18W9 大部和 TN18W10 的东部，南高北低呈倾斜状堆积，未见包含物。

第⑥层以下为红褐色生土。

二　北区西部 TN16W10 – TN16W11 – TN16W12 南壁（图 2 – 2）

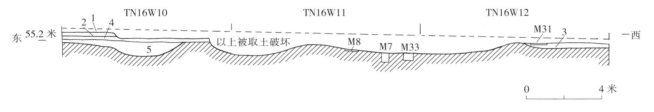

图 2 – 2　TN16W10 – TN16W11 – TN16W12 南壁剖面图

第①层　表土层，已被破坏，不详。

第②层　灰红色沙土，东部因上部叠压有水泥路，质地较硬，厚约 20 厘米。分布在 TN15W10 北部、TN15W9 西北部、TN16W10 东部及 TN16W9。含少量夹砂红褐陶及印纹硬陶，相当于北区东部②层。

第③层　黄褐色斑土夹较多黑点，质地较松，厚 0 ~ 25 厘米。分布在 TN16W12 西南部及 TN15W12 东北部，东高西低，倾斜状分布，西端为断崖，其下为生土。含少量夹砂红褐陶片和石镞等零星石器。被 M31 和 M32 打破，叠压 M21、M30、M33。

第④层　黄褐色斑土，质地较致密，厚约 25 厘米。分布在 TN15W10 与 TN15W9 北部、TN16W10 东部，在 TN16W11 及 TN15W11 内已被取土彻底破坏。该层在本区内未发掘，未见包含物。地层上与北区东部⑤层通连，被 M5、M6、M15 打破。

第⑤层　黄褐色，普遍夹大块灰白色斑纹，质地坚硬，厚 20 ~ 85 厘米。东高西低凹弧状堆积。未见包含物，为次生土。M1、M2、M4、M7 ~ M12、M14、M16 等均发现于此层面上。

以下为红褐色基岩。

三　南区 TN6W5 – TN6W6 北壁（图 2 – 3；彩版 2 – 1：2）

第①层　表土层，灰褐色细沙土，厚 10 ~ 30 厘米。

第②层　浅黄色沙土，土质疏松，厚 0 ~ 40 厘米。东高西低呈倾斜状堆积，出土少量石镞、网坠等残石器及零星陶片。

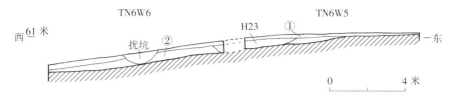

图 2 – 3　TN6W5 – TN6W6 北壁剖面图

第②层以下为红褐色生土。

第二节　地层出土遗物及地表采集遗物

一　地层出土遗物

（一）陶器

TN17W9③：2，陶鼎足。夹砂黄褐陶。窄鱼鳍形，器身扁平，内侧较外侧略薄，一面施两道纵向刻划线，另一面素面。高 13.6、厚 1.2～1.5 厘米。（图 2 –4）

TN18W8③：10，陶鼎足。夹砂红褐陶。鱼鳍形，截面近椭圆形，下端残，一面施五道纵向刻划线，另一面素面。残高 9 厘米、厚 1.9 厘米。（图 2 –4）

TN14W10②：1，陶鼎足。夹砂红褐陶。鱼鳍形，下端残，内侧厚外侧薄，两面戳印成排的短凹槽。残长 10、厚 1～1.4 厘米。（图 2 –4）

TN18W8③：13，陶纺轮。夹砂黑陶，圆台形。顶径 3.8、底径 3.3、孔径 0.9、厚 1.2 厘米。（图 2 –4）

TN18W9④：11，陶纺轮。夹砂红褐陶，馒头形。顶径 4.1、孔径 0.5、厚 2.1 厘米。（图2 –4；彩版 2 –2：1）

（二）石器

TN18W8②：5，石斧。灰色。长方形，双面锋，锋线以上未打磨，刃部有使用崩缺。长12、宽 5～5.5、厚 3.3 厘米。（图 2 –4；彩版 2 –2：3）

TN18W8③：11，石锛。浅灰色。长条形，有段，器身扁平，刃部有使用痕迹。长 8.3、宽 2.7、厚 1.6 厘米。（图 2 –4；彩版 2 –2：3）

TN18W8②：3，石锛。浅灰色。矮方形，背面中部有脊线。长 4.5、宽 4、厚 1.1 厘米。（图 2 –4；彩版 2 –2：4）

TN11W9③：3，石凿。青灰色。长三棱体，单面锋。长 8.4、厚 1 厘米。（图 2 –4；彩版 2 –2：5）

TN18W9④：1，石凿。青灰色。长条形，双面锋。长 8、宽 1.7、厚 2 厘米。（图 2 –4；彩版 2 –2：6）

TN18W9③：7，石刀。青灰色。横长方形，器身扁平，双面锋，弧刃。长 10.3、宽 4.3、厚 0.5 厘米。（图 2 –4；彩版 2 –2：7）

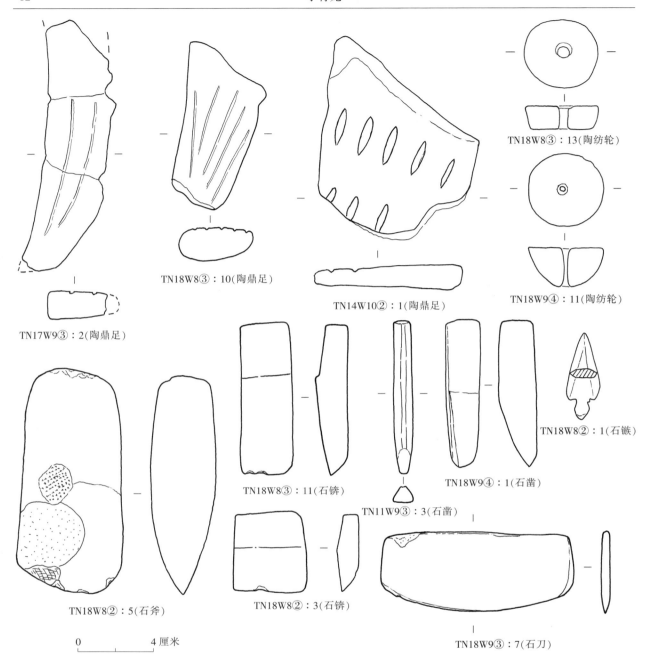

TN18W8③：13(陶纺轮)

TN18W8③：10(陶鼎足)

TN18W9④：11(陶纺轮)

TN17W9③：2(陶鼎足)

TN14W10②：1(陶鼎足)

TN18W8②：1(石镞)

TN18W9④：1(石凿)

TN18W8③：11(石锛)

TN11W9③：3(石凿)

TN18W8②：5(石斧)

TN18W8②：3(石锛)

0　　　　4厘米

TN18W9③：7(石刀)

图2-4　地层堆积出土遗物

　　TN18W8②：1，石镞。三角形，截面呈扁六边形，有铤。长4.8、宽1.8、厚0.5厘米。
（图2-4；彩版2-2：8）

二　地表采集遗物

（一）石器

　　采1，石斧。青灰色。长方形，器身平整，双面锋。刃部有使用崩缺。长9.7、宽6、厚3.6厘米。（图2-5；彩版2-3：1）

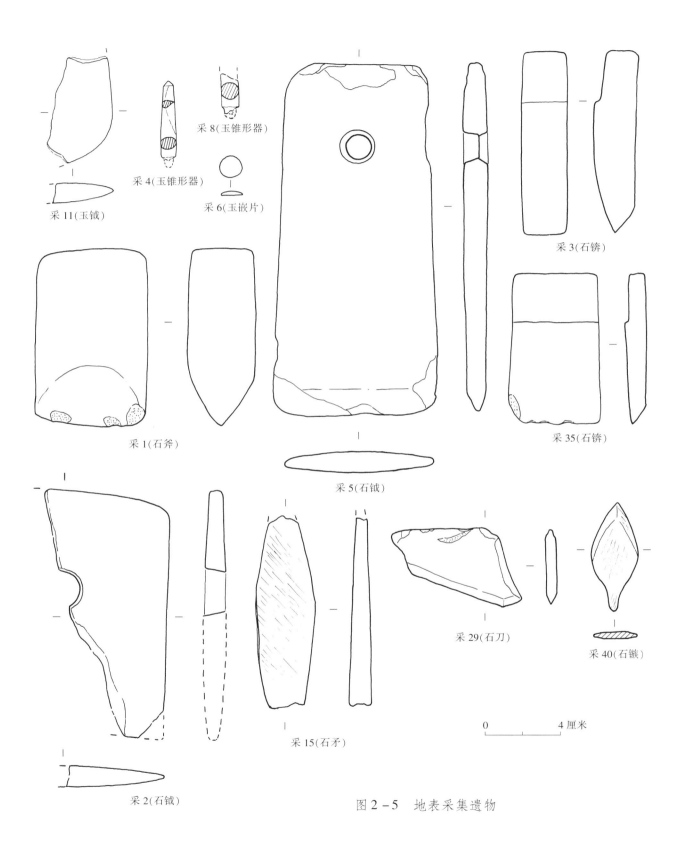

采 8(玉锥形器)

采 4(玉锥形器)

采 11(玉钺)

采 6(玉嵌片)

采 3(石锛)

采 1(石斧)

采 35(石锛)

采 5(石钺)

采 29(石刀)

采 40(石镞)

采 15(石矛)

0　　　　　　4 厘米

采 2(石钺)

图 2 - 5　地表采集遗物

采 5，石钺。暗青色。风字形，中间厚两侧薄，刃端双面锋。长 19.3、宽 7.5 ~ 8.7、厚 1.2、孔径 1.8 厘米。（图 2 - 5；彩版 2 - 3：3）

采 2，石钺。残，长方形，中间厚边缘薄，未开刃，单向钻孔。长 13.5、厚 1.2、孔径 2.5 厘米。（图 2 - 5）

采 3，石锛。灰色。有段，长条形，弧背。长 10、宽 2.4、厚 2.3 厘米。（图 2 - 5；彩版 2 - 3：2）

采 35，石锛。长方形，有段。刃部有使用崩缺。长 8.3、宽 4.8、厚 1.1 厘米。（图 2 - 5）

采 15，石矛。青灰色。梭形，前端残，从前往后渐厚。通体磨光。长 10.5、宽 3.1、厚 0.6 ~ 1.2 厘米。（图 2 - 5）

采 29，石刀。大部残，器身扁平，双面锋。长 6、宽 2.5 ~ 4.2、厚 0.5 厘米。（图 2 - 5）

采 40，石镞。柳叶形，有铤，器身扁平，横截面呈扁六边形。长 6、宽 2.5、厚 0.3 厘米。（图 2 - 5）

（二）玉器

采 11，玉钺。鸡骨白。残，中间厚边缘薄，横截面呈凸透镜状。器表打磨非常光亮。残长 5.8、厚 1.1 厘米。（图 2 - 5；彩版 2 - 3：4）

采 4，玉锥形器。乳白色。圆锥形，首尖，榫残。上部保留线切割疤。长 4.4、粗 0.9 厘米。（图 2 - 5；彩版 2 - 3：5）

采 8，玉锥形器。乳白色。圆锥形，上部残，榫部钻孔。残长 2.5、粗 1 厘米。（图 2 - 5；彩版 2 - 3：6）

采 6，玉嵌片。青绿色。圆形，顶面弧凸，底面平。通体磨光。直径 1.2、厚 0.2 厘米。（图 2 - 5；彩版 2 - 3：7）

第三节　遗址形成过程

地层堆积表明，小青龙遗址包含新石器和商周两个时期的遗存。新石器时代遗存可以分为早、晚两个时期。早期，北区东部形成了以 M25、M26 等墓葬为代表的墓葬区，规模不大。北区西部只发现 M12 个别墓葬年代明确为早期，或许北部被取土破坏的范围原本存在更多的这一时期的墓葬。南区存在 M43、H30 等遗迹。

新石器时代晚期，北区东部墓地废弃，被④层覆盖并在该层层面上形成了以 H13 等灰坑为代表的生活区。之后，生活区被③层红沙土层覆盖，可能经历了一次平整的过程。北区西部墓地形成尽管遭受了严重的破坏，但通过 TN16W10 与 TN16W9 地层的通连，可知西区 M5、M6、M15 等墓葬开口的层面对应北区东部的⑤层。从随葬品来看，北区西部墓葬除了 M12，其他墓葬的年代是大体同时的，整体上明显晚于北区东部新石器早期阶段的墓葬，而与北区东部晚期阶段遗存的年代相当。南区绝大部分墓葬的年代也相当于这一阶段。

　　建筑遗迹均开口于战国时期的文化层下，打破生土，与墓葬区没有直接的地层关系。F1、F3、F4 均位于北区墓地的南部，且排列方向与东西向墓葬方向一致，基槽和柱洞中的填土包含物与墓葬中随葬品的年代相同而不见上层的印纹陶。综合这些情况判断，F1、F3、F4 的使用年代应该与墓地同时，且 F1、F3 与 F4 可能分别对应北区西部、东部墓葬。

　　最后，在北区形成了以②层、H28 等为代表的商周遗存。

第三章　小青龙遗址良渚文化遗存

　　小青龙遗址共清理良渚文化墓葬44座、建筑遗迹3处、灰坑28座、烧火坑1座，其中北区分布墓葬34座、建筑遗迹3处、灰坑22座（图3-1），南区分布墓葬10座、灰坑6座、烧火坑1座（图3-2），两区共出土陶器、石器、玉器、漆木器等各类遗物200余件。

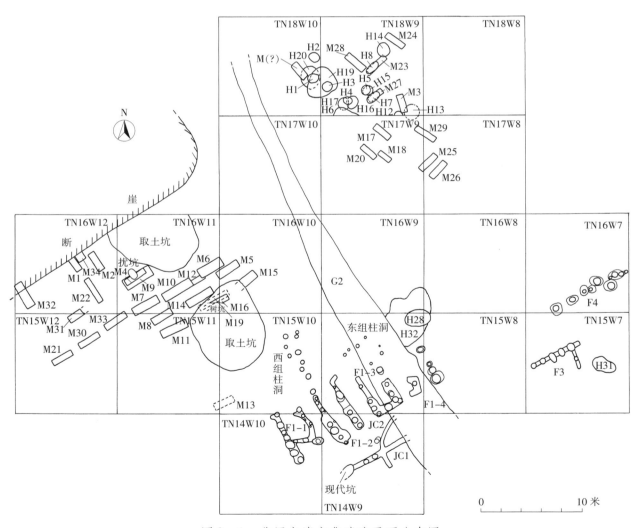

图3-1　北区良渚文化遗迹平面分布图

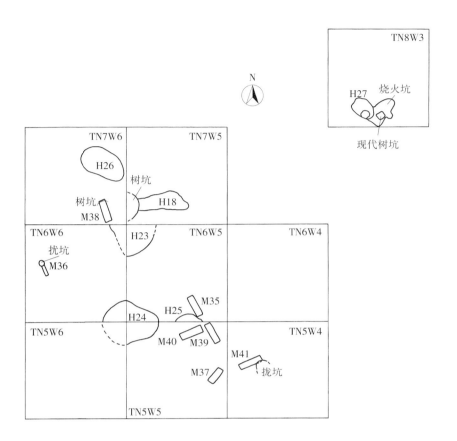

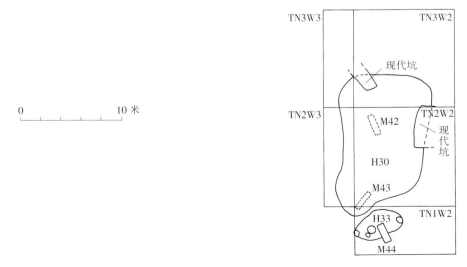

图 3 − 2　南区良渚文化遗迹平面分布图

第一节 墓 葬

一 概述

清理的 44 座墓葬按空间分布可以分为南、北两区，以北区数量较为集中。北区墓葬以山垄的脊线为界，分为东、西两部分：东部 11 座，位于小青龙岗地东坡；西部 23 座，位于小青龙岗地西坡（彩版 3-1，3-2）。从墓坑规格、随葬品种类、数量等各方面看，北区西部墓葬的等级明显高于东部墓葬。西部墓地布局清楚，高等级的墓葬均大体呈东西向，成排分布，其中又以 M6—M10—M7—M33—M30—M21 这一具有中轴意义的墓列等级最高，这一列的 6 座墓葬均随葬玉钺，或有玉璧、漆觚等。次等级的墓葬则多大体为南北向，成排分布在高等级墓葬的北部。显然，北区西部墓地经过精心布局，北区东部墓葬似乎有成对分布的规律，南区墓地的布局则较为散乱。

除个别墓葬外，绝大部分墓葬均发现墓坑。墓坑均为长方形，长一般 2 米左右，宽 0.6~0.7 米，部分高等级墓葬长度达 3 米左右，宽 0.8~1 米，墓坑大多深 0.6 米左右，少数深 1 米以上。一些墓坑底部经过修整加工，坚硬而光滑。因土壤的酸性特点，葬具和人骨均朽烂不见，但从墓坑内填土的平、剖面上观察可确认大部分墓葬存在葬具，多为凹弧底，少数平底，部分墓葬发现红色漆痕，可能为葬具上的髹漆。

墓葬中随葬品数量并不丰富，大多数墓葬 0~10 件，等级较高的墓葬 10~20 件。以玉、石器为主，漆器、陶器较少。玉器有玉珠、玉管、玉锥形器、玉嵌片、玉钺、玉璧、玉琮；石器种类主要有石锛、石钺、石镞、石刀等；漆器主要为漆觚，个别可能为漆箅；陶器一般仅随葬 1 件双鼻壶，个别墓葬随葬豆或罐。除 M29 等个别墓葬外，绝大部分墓葬的随葬品均放置在棺内，且存在相对固定的摆放位置。玉珠、玉管多位于东部或南部，玉璧、玉（石）钺均位于墓坑中部，刀多向内，石锛、石镞和陶器则相对集中地置于墓坑西部或北部，漆觚均见于东西向的高等级墓葬，一般置于墓坑西部，口部朝东。

关于墓坑方向。墓地坐落在一条西北—东南向的垄状岗地上，墓葬要么顺着山脊方向，为西北—东南向（315°~333°、128°~165°），要么垂直于山脊方向，呈东北—西南向（37°~67°、225°~240°）。为叙述方便，本报告将大体平行于岗脊的墓葬作为南北向，大体垂直于岗脊的墓葬作为东西向。

关于墓主人头向。墓葬中尸骨已朽烂不见，墓主人头向的判断首先只能依据随葬品的摆放位置。M9、M10、M14 三座墓葬均东西向，各随葬有漆柲玉（石）钺一，其"柲"均朝东，据此判断其墓主人头也朝东。三墓均位于岗地西坡，头朝东即头枕高处。另外，这三座墓葬头端均放置玉珠或玉管，脚端放置双鼻壶和石镞。以此规律来考量其他墓葬，南北向墓葬绝大多数头朝南（小青龙岗地南高北低），岗地西坡的东西向墓葬绝大部分头朝东，岗地东坡的东西向墓葬多头朝西。

二　分述

（一）北区东部

北区东部的 11 座墓葬包括 M3、M17、M18、M20、M23～M29。依次介绍如下：

M3

位于 TN18W9 东南角。③层下开口，打破④层和生土。2011 年 10 月 8 日发现，当日清理完毕。墓坑长方形，直壁，平底，长 1.72、宽 0.58～0.61、深 0.15 米。墓坑南北向。填土为深黄褐色斑土，含较多红烧土粒块。未发现葬具。（图 3－3；彩版 3－3：1）

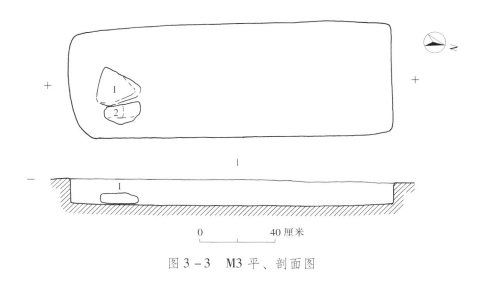

图 3－3　M3 平、剖面图

随葬品 2 件，均为块石，无人为加工的痕迹，集中放置在墓坑的南部。

M17

位于 TN17W9 北部。⑤层下开口，打破生土。2011 年 12 月 10 日发现，次日清理完毕。墓坑长方形，直壁，平底，长 2.03、宽 0.6、深 0.5 米。从墓坑填土土质土色上判断，葬具长方形，平底，长 1.8、宽 0.45 米。据随葬品位置判断，头向南，方向 128°。（图 3－4A；彩版 3－3：2）

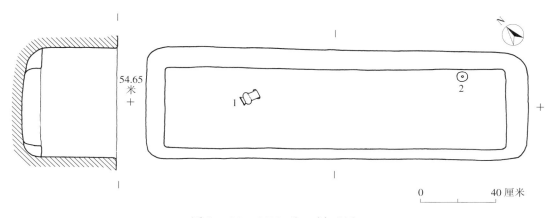

图 3－4A　M17 平、剖面图

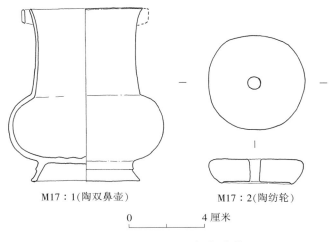

图 3 - 4B　M17 出土遗物

随葬品共 2 件，陶双鼻壶、纺轮各 1 件，分别位于墓坑北部和南部。

M17：1，陶双鼻壶。泥质灰胎黑皮陶。侈口，长颈，圆腹，矮圈足。足上部有一周垂棱。口径 6、足径 5.9、高 9.4 厘米。（图 3 - 4B；彩版 3 - 3：3）

M17：2，陶纺轮。泥质灰陶。圆台形。顶径 5、底径 3.8、厚 1.2、孔径 0.6 厘米。（图 3 - 4B；彩版 3 - 3：4）

M18

位于 TN17W9 东北部，西南、西北分别为 M20、M17。⑥层下开口，打破生土。2011 年 12 月 17 日发现，20 日清理完毕。墓坑长方形，直壁，平底，长 1.5、宽 0.4、深 0.4 米。北壁墓口高程 54.9 米。填土为红褐色斑土，未见包含物。未发现葬具。据随葬品位置判断，头向北，方向 315°。（图 3 - 5；彩版 3 - 4：1）

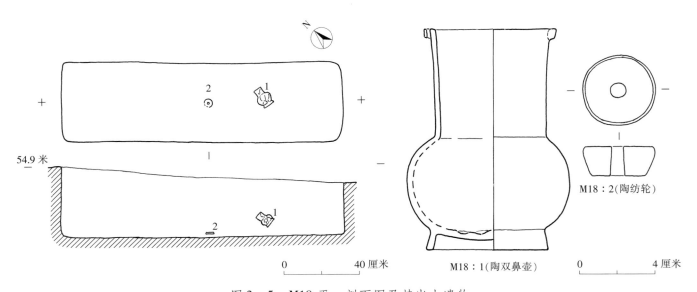

图 3 - 5　M18 平、剖面图及其出土遗物

随葬品 2 件，墓坑南部放置 1 件陶双鼻壶，中部放置 1 件陶纺轮。

M18：1，陶双鼻壶。泥质灰胎黑皮陶。直口，长颈，圆鼓腹，矮圈足。口径 6.5、足径 6.5、高 12 厘米。（图 3 - 5；彩版 3 - 4：2）

M18：2，陶纺轮。夹砂黑陶。圆台形。顶径 3.9、底径 2.9、厚 1.6、孔径 0.6～0.8 厘米。（图 3 - 5；彩版 3 - 4：3）

M20

位于 TN17W9 中部偏北。⑥层下开口，打破生土。2011 年 12 月 8 日发现，当日清理，10 日清理结束。墓坑长方形，直壁，弧底，墓底两端高，中间略凹，长 1.8、宽 0.55、深 0.8 米。南壁墓口高程 54.85 米。墓坑南北向。填土为红褐色斑土，未见包含物。未发现葬具。无随葬品。（图 3 - 6；彩版 3 - 4：4）

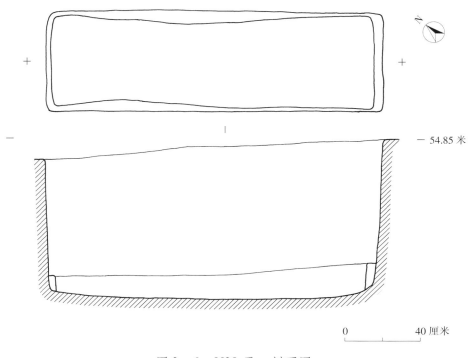

— 54.85 米

0　　　40 厘米

图 3 - 6　M20 平、剖面图

M23

位于 TN18W9 中部。④层下开口，被 H8 叠压，打破⑥层和生土。2011 年 12 月 28 日发现，当日清理完毕。墓坑长方形，直壁，平底，长 2.35、宽 0.6、深 0.3 米。西壁墓口高程 54.26 米。填土为红褐色斑土。据坑内填土平、剖面判断，葬具长方形，弧底，长 2、宽 0.4 米，高不低于 0.28 米。据随葬品位置判断，头向西，方向 225°。（图 3 - 7；彩版 3 - 5：1）

随葬品 2 件，墓坑东部置陶双鼻壶和石锛各 1 件。

M23：1，陶双鼻壶。泥质灰胎黑皮陶。侈口，短颈，圆弧腹，矮圈足。颈上部有一圆孔，

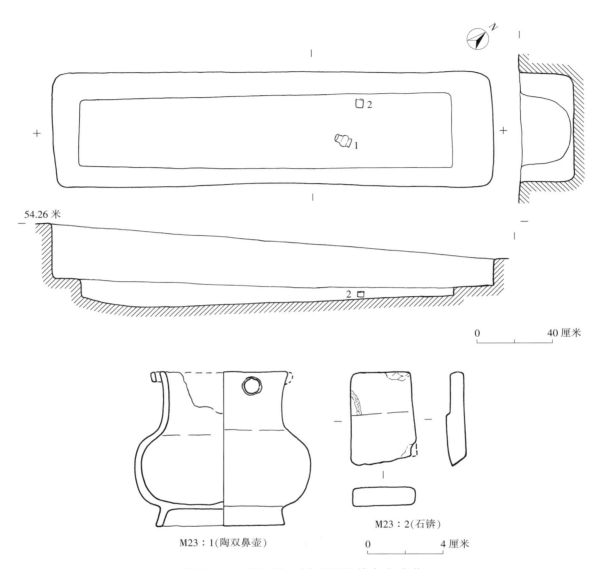

图 3 - 7　M23 平、剖面图及其出土遗物

孔壁未经修理。口径 6.8、足径 6.8、高 8.5 厘米。（图 3 - 7；彩版 3 - 5：2）

　　M23：2，石锛。浅灰色。长方形，有段，刃部有使用痕迹。长 4.5~5、宽 3.5、厚 1 厘米。（图 3 - 7；彩版 3 - 5：3）

M24

　　位于 TN18W9 东北部。④层下开口，打破⑥层和生土。2011 年 12 月 28 日发现，当日清理完毕。墓坑长方形，弧壁，圜底，长 2.05、宽 0.58、深 0.26 米。南壁墓口高程 53.8 米。墓坑南北向。填土为红褐色斑土。据坑内填土横剖面判断，葬具弧底，大小与墓坑基本相同。无随葬品。（图 3 - 8；彩版 3 - 5：4）

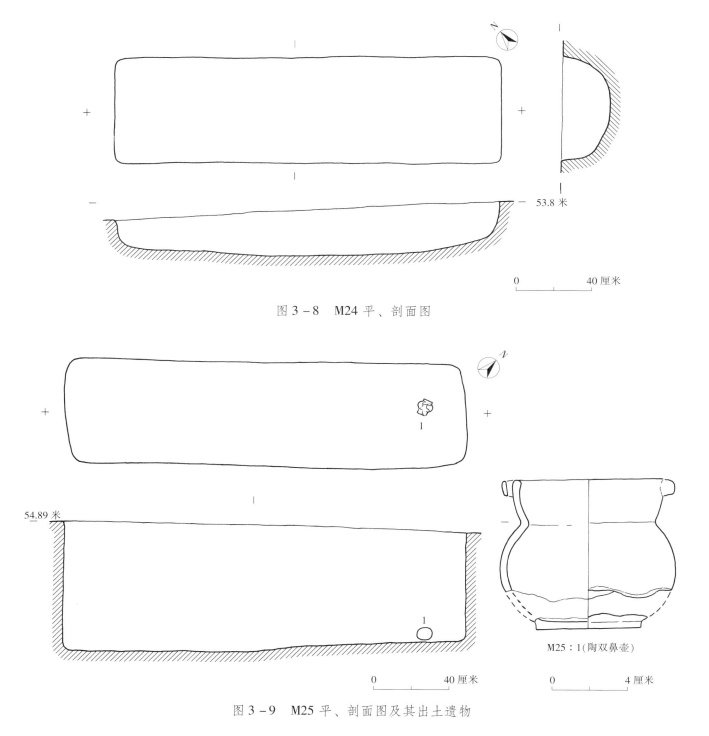

图 3 - 8　M24 平、剖面图

图 3 - 9　M25 平、剖面图及其出土遗物

M25

位于 TN17W8 西部，东南紧邻 M26。③层下开口，打破生土。2011 年 12 月 28 日发现，当日清理，至 30 日清理完毕。墓坑长方形，直壁，墓底北部较南部稍高，长 2.15、宽 0.57、深 0.69 米。西壁墓口高程 54.89 米。填土为红褐色斑土，夹大量白色料浆颗粒和零星木炭。未发现葬具。据随葬品位置判断，头向西，方向 227°。（图 3 - 9；彩版 3 - 6：1）

随葬品1件，位于墓坑东部。

M25:1，陶双鼻壶。泥质红胎黑皮陶。残，短颈，圆鼓腹，矮假圈足。口径8.0、足径5.6、高8.2厘米。（图3-9）

M26

位于TN17W8西部，西北紧邻M25。③层下开口，打破生土。2011年12月28日发现，当日清理，至30日清理完毕。墓坑长方形，直壁，上部略外斜，平底，长2.15、宽0.6、深1.15米。西壁墓口高程54.93米。填土为红褐色斑土，与M25填土一致。从填土平面上确认，葬具长方形，平底，长1.7、宽0.38米，高不低于0.22米。据随葬品位置判断，头向西，方向230°。（图3-10；彩版3-6:1）

随葬品1件，位于墓坑中部。

M26:1，陶双鼻壶。泥质灰胎黑皮陶。敞口，短颈，鼓腹，矮圈足。口径7.5、足径6.2、高9厘米。（图3-10；彩版3-6:2）

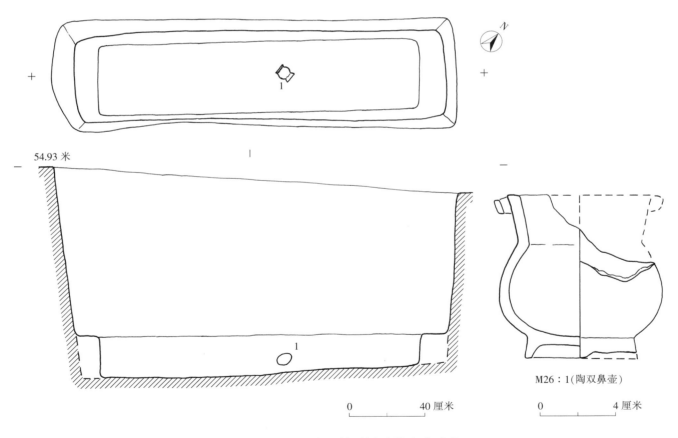

54.93米

M26:1（陶双鼻壶）

0　　　　　40厘米　　　　　　　0　　　　4厘米

图3-10　M26平、剖面图及其出土遗物

M27

位于 TN18W9 中部偏南。⑤层下开口，打破生土，被 H7 叠压并打破。2012 年 1 月 3 日发现，当日清理完毕。墓坑长方形，直壁，墓底西高东低，长 1.62、宽 0.58、深 0.5 米。西壁墓口高程 54.55 米。填土为红褐色斑土。从坑内填土平、剖面上可确认，葬具长方形，平底，长 1.4、宽 0.42 米，高不低于 0.24 米。据随葬品位置判断，头向西，方向 235°。（图 3 - 11；彩版 3 - 7：1）

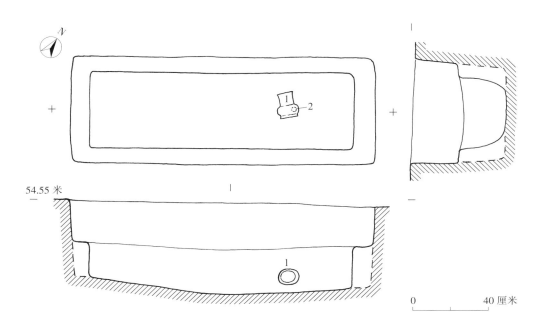

54.55 米

0　　　　　40 厘米

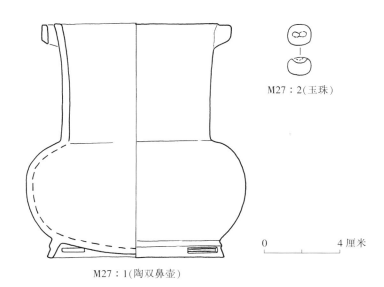

M27：2（玉珠）

M27：1（陶双鼻壶）

0　　　　4 厘米

图 3 - 11　M27 平、剖面图及其出土遗物

随葬品 2 件，位于墓坑东部。

M27：1，陶双鼻壶。泥质红胎黑皮陶。口微侈，方唇，长颈，圆腹，矮圈足。圈足上镂刻横长方形镂孔。口径 8.5、足径 9.3、高 12.8 厘米。（图 3－11；彩版 3－7：2）

M27：2，玉珠。位于双鼻壶内，室内修复时发现。鸡骨白，外表包浆呈南瓜黄。扁圆形，上有牛鼻状穿孔。长径 1.2、短径 0.9 厘米。（图 3－11；彩版 3－7：3）

M28

位于 TN18W9 中部偏西。⑥层下开口，打破生土。2012 年 1 月 2 日发现，当日清理，至 3 日清理完毕。清理至距南端墓口 0.4 米时，刮平面，发现坑内填土呈"回"字形，内圈填土较外围含更多灰白斑，应存在葬具。墓坑长方形，直壁，墓底两端高，中间凹，长 2.35、宽 0.65、深 0.8 米。南壁墓口高程 54.2 米。填土为黄褐色斑土。葬具长方形，弧底，长 1.92、宽 0.45、高不低于 0.4 米。据随葬品位置判断，头向南，方向 132°。（图 3－12A；彩版 3－7：4）

随葬品 2 件，位于墓坑中部。

M28：1，石纺轮。灰色。圆饼形。直径 5.3、孔径 1、厚 0.5 厘米。（图 3－12B；彩版 3－7：5）

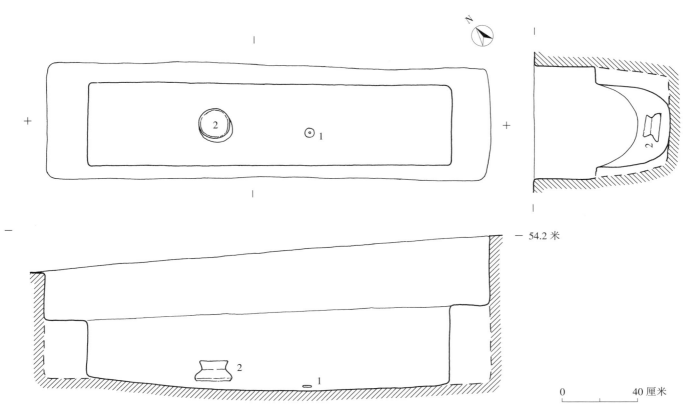

图 3－12A　M28 平、剖面图

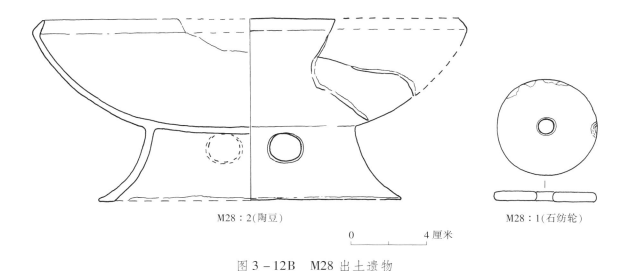

M28：2（陶豆）　　　　　　　　　　　　　　　　　M28：1（石纺轮）

0　　　　　　4 厘米

图 3 - 12B　M28 出土遗物

M28：2，陶豆。泥质灰陶。敛口，斜弧腹，喇叭形宽圈足。圈足上施两个圆形镂孔。口径 22、足径 16.2、高 10 厘米。出土时倒置。（图 3 - 12B；彩版 3 - 7：6）

M29

M29 位于 TN17W9、TN17W8 北部交界处。③层下开口，打破④层和生土。2012 年 1 月 4 日发现，当日清理完毕。清理至墓口 50 厘米深处，于墓坑西北角发现陶壶一件，向东南方向倾斜，颈部残，陶壶下方约 7 厘米处发现陶壶残片。之后，刮面，确认存在葬具，陶壶位于墓坑和葬具之间，根据陶壶位置及深度判断，下葬时陶壶可能放置在葬具上。

墓坑长方形，直壁，平底，南高北低，长 2.2、宽 0.5、深 0.65 米。南壁墓口高程 54.75 米。填土为深黄褐色斑土，含粗沙。葬具长方形，平底，长 1.96、宽 0.4 米，高不低于 0.16 米。据随葬品位置判断，头向南，方向 140°。（图 3 - 13；彩版 3 - 6：3）

随葬品 1 件，位于墓坑西北角填土中下部，高于墓底约 0.2 米。

M29：1，陶壶。泥质红胎黑皮陶。残，矮假圈足，器形较小。未能修复。

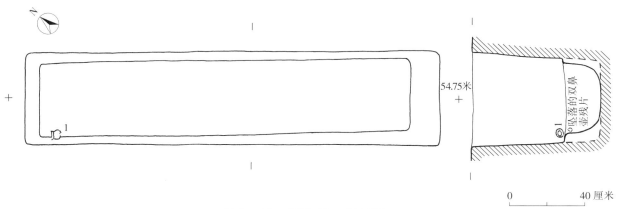

54.75米

坠落的双鼻壶残片

0　　　　　　40 厘米

图 3 - 13　M29 平、剖面图

（二）北区西部

北区西部 23 座墓葬分别为 M1、M2、M4 ~ M16、M19、M21、M22、M30 ~ M34。

M1

位于 TN16W12 中部，东邻 M34。2011 年 10 月 6 日发现石钺，认真刮面后，确认墓圹，当日清理完毕。

M1 表土层下开口，打破⑤层。墓坑长方形，北部被取土破坏，残长 1.45、宽 0.6、深 0.08 米。填土为黄褐色斑土，土质较硬，填土中含零星陶片和 1 件残石镞。未发现葬具痕迹。根据随葬品位置判断，头向南，方向 155°。（图 3 - 14；彩版 3 - 8：1）

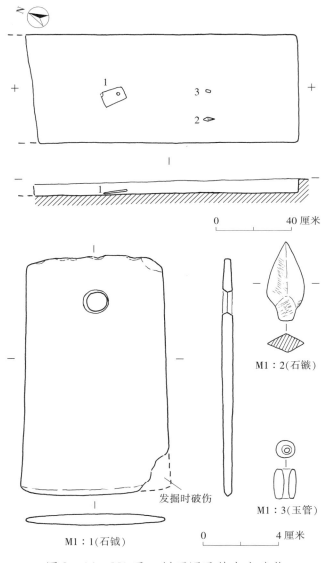

图 3 - 14　M1 平、剖面图及其出土遗物

随葬品 3 件，墓坑南端集中放置玉珠、石镞各 1 件，中部偏北放置石钺 1 件，刃向内。

M1：1，石钺。青黄色。"风"字形，器身扁平，双面锋，双面管钻孔。除顶端外，通体精磨光亮。长 13、顶宽 7.1、刃宽 8、厚 0.65、孔径 1.6 厘米。（图 3 - 14；彩版 3 - 8：2）

M1：2，石镞。青灰色。柳叶形，铤部打磨呈扁平状，横截面呈菱形。长 4.4、厚 1 厘米。（图 3 - 14；彩版 3 - 8：3）

M1：3，玉管。乳白色，石英质。鼓形。高 1.6、直径 1.2、孔径 0.4 厘米。（图 3 - 14；彩版 3 - 8：4）

M2

M2 位于 TN16W12 中部偏东，西距 M1 约 1.5 米。发现 M1 后在其周边再次认真刮面，确认 M2。10 月 6 日清理，当天清理完毕。

M2 表土层下开口，打破⑤层。墓坑长方形，长 2、宽 0.68、深 0.3 米。填土为黄褐色斑土，土质较硬，纯净，未见包含物。未见葬具，但在锥形器南部发现漆痕，高度比锥形器低约 3 厘米，红色，约呈梯形，南部宽约 5、北部宽约 8、长约 10 厘米，可能为葬具上的髹漆。据随葬品判断，头向北，方向 330°。（图 3 - 15A；彩版 3 - 9）

随葬品 5 件，陶器 3 件，玉器 2 件，玉管、锥形器位于墓坑北部，陶壶位于墓坑中部，陶豆、纺轮位于墓坑南部。

M2：1，带盖陶豆。泥质黄褐陶。口沿与足部残，敛口，圆唇，斜弧腹，圈足高且宽，圈足上部施两个半月形镂孔，下部外折呈台状，转折处施三周弦纹。口径 20.6、足径 19、高 13 厘米。器盖，喇叭形纽，敛口。口径 20.1、高 10 厘米。（图 3 - 15B；彩版 3 - 10：1）

M2：2，陶纺轮。泥质灰陶。馒头形。上径 3.9、底径 1、高 1.3、孔径 0.4 厘米。（图 3 - 15B；彩版 3 - 10：2）

M2：3，陶双鼻壶。泥质黄褐胎黑皮陶。残，口微敞，短颈，弧腹，喇叭形圈足。口径 8.5、足径 10.1、高 12.8 厘米。（图 3 - 15B；彩版 3 - 10：3）

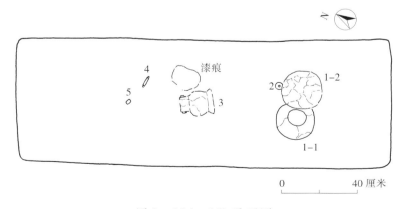

图 3 - 15A M2 平面图

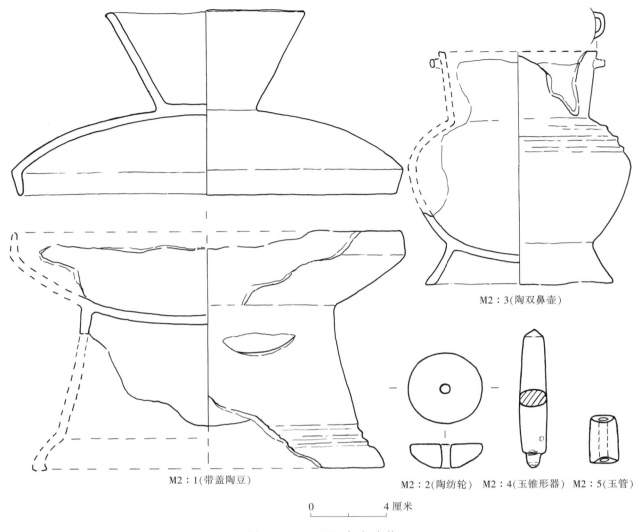

M2：3(陶双鼻壶)

M2：1(带盖陶豆)　　　　M2：2(陶纺轮)　M2：4(玉锥形器) M2：5(玉管)

0　　　　　　　4厘米

图 3 - 15B　M2 出土遗物

M2：4，玉锥形器。鸡骨白，夹黄斑，质佳。截面为扁圆形，首尖，尾部有尖榫，榫上无孔。长 7.6、长径 1.4 厘米。（图 3 - 15B；彩版 3 - 10：4）

M2：5，玉管。鸡骨白，夹黄斑。柱形，两端斜面。高 2.5、外径 1.6、孔径 0.5 厘米。（图 3 - 15B；彩版 3 - 10：5）

M4

M4 位于 TN16W11 西南部。2011 年 11 月 10 日发现，下午清理，14 日清理完毕。首先在墓坑西端发现石锛、石钺各 1 件，均北高南低向内倾斜，提取石钺后，又在石钺下的填土中发现玉锥形器和套管各 1 件。

M4 表土层下开口，打破⑤层，叠压并打破 M9。墓坑长方形，长 2.3、宽 0.48 ~ 0.6、深 0.2 米。西壁墓口高程 54.66 米。填土为黄褐色斑土，含较多白色料姜颗粒和零星夹砂红褐陶片。未发现明确的葬具痕迹，但根据石锛、石钺的倾斜状态判断，应该存在弧底葬具。根据随葬品位置判断，头向西，方向 235°。（图 3 - 16；彩版 3 - 11：1）

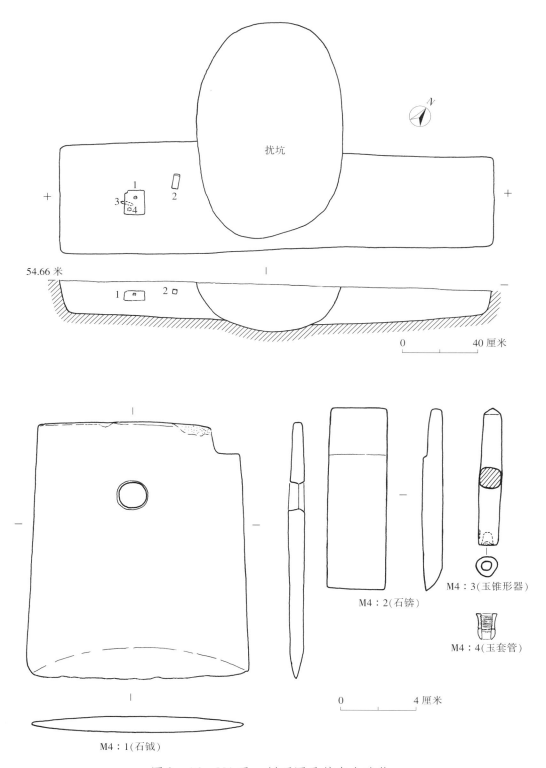

图 3 - 16   M4 平、剖面图及其出土遗物

随葬品4件，石器、玉器各2件，均位于墓坑西部。

M4∶1，石钺。北高南低向内倾斜。青灰色。近长方形，单肩，中间厚、往两侧渐薄，双面管钻孔。精磨光亮。长14、宽11～11.7、厚0.9、孔径1.7厘米。（图3－16；彩版3－11∶2、3）

M4∶2，石锛。青灰色。长条形，有段。精磨光亮。长10、宽3.1、厚1.1厘米。（图3－16；彩版3－11∶4）

M4∶3，玉锥形器。鸡骨白，夹黄斑。截面近圆角方形，首尖，尾部平直，顺着锥形器方向钻孔。长7.6、直径1.2、孔径0.5、孔深0.7厘米。出土时位于石钺下，首端在西南，尾端在东北，首高尾低。（图3－16；彩版3－11∶5、6）

M4∶4，玉套管。束腰喇叭状，上、下贯穿。中上部刻一周细弦纹。钻孔内壁保留细密的管钻痕。高1.4、上径0.7、下径1.1、孔径0.5厘米。出土时位于锥形器尾端下方约3厘米处，喇叭口朝向锥形器尾端，应与M4∶3锥形器配套使用。（图3－16；彩版3－11∶6）

M5

M5位于TN16W10西部，南北侧分别为M6、M15。2011年11月14日发现，16日开始清理，17日清理至35厘米深时，填土变为褐红色沙土，较硬，继续向下清理约20厘米深时，发现集中放置的两件石钺，并发现棺线，棺内填土较外围填土偏暗、偏软、偏杂。

M5表土层下开口，打破④层。墓坑长方形，长2.35、宽0.8～0.9、深约0.35米。西壁墓口高程54.65米。坑内的填土可细分为3层：

第①层　黄褐色斑土，含少量炭屑和零星夹砂红褐陶残片，厚约35厘米。为葬具外填土。

第②层　褐红色沙土，较上层硬，厚约20厘米。为葬具内塌陷土。

第③层　浅黄褐色斑土，厚约20厘米。为葬具外垫土。

从上往下，土色越来越深，质地越来越硬。葬具已朽烂不见，在清理墓坑的西半部时刮面，从土质土色上判断，葬具为长方形，结合横剖面可知，葬具为弧底，长2.15、宽0.5米，高不低于0.25米。在坑底11号玉锥形器西部发现红色漆痕，形状不规整，应为葬具上的髹漆。据随葬品的位置判断，头向东，方向60°。（图3－17A；彩版3－12）

随葬品共11件，其中石器7件，玉器4件，均位于棺内。3件玉珠和两件石钺位于东部，玉锥形器位于中部，石锛、石镞则集中放置在西部。

M5∶1，玉珠。鸡骨白，夹黄斑，质佳。鼓形，两端斜面。高0.55、外径0.6、孔径0.3厘米。（图3－17B；彩版3－13∶1）

M5∶2，玉珠。鸡骨白，夹黄斑，质佳。梯形，上端有尖，下端斜面。高0.6、最大外径0.8、孔径0.3厘米。（图3－17B；彩版3－13∶2）

M5∶3，玉珠。鸡骨白，夹黄斑，质佳。鼓形，两端斜面。高0.5、外径0.7、孔径0.3厘米。（图3－17B；彩版3－13∶3）

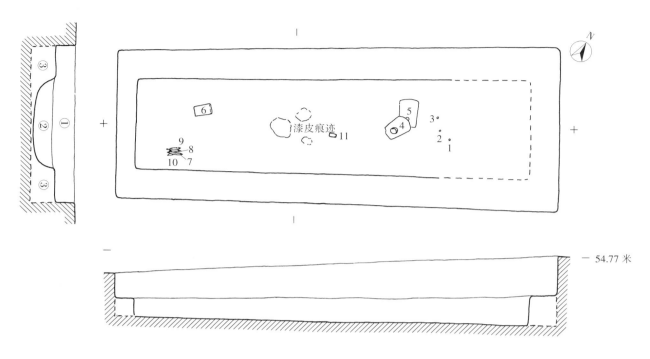

图 3 - 17A　M5 平、剖面图

M5：4，石钺。叠压在 5 号石钺之上。灰色夹黄斑，溶孔较多。器身中间厚、往两侧渐薄，刃角圆弧，大孔，双面管钻。除顶端外，通体精磨光亮，未发现使用痕迹。长 12.8、顶宽 6.8、刃宽 8.8、厚 0.7、孔径 3.8 厘米。（图 3 - 17B；彩版 3 - 14：1）

M5：5，石钺。深灰色夹白斑。"风"字形，器身中间厚、往两侧渐薄，平直刃，双面管钻孔。除顶端外，通体精磨光亮。长 15.8、顶宽 7.4、刃宽 9.4、厚 1.3、孔径 2 厘米。（图 3 - 17B；彩版 3 - 14：2、3）

M5：6，石锛。灰色夹白斑。近长方形，有段。通体精磨光亮，无使用痕迹。长 8.8、顶宽 4.5、刃宽 5.3、厚 0.7 ~ 1.1 厘米。（图 3 - 17B；彩版 3 - 13：4）

M5：7，石镞。青灰色。柳叶形，截面菱形，尾端打磨成扁平状作铤。长 8、宽 1.6、厚 0.6 厘米。（图 3 - 17B；彩版 3 - 13：7）

M5：8，石镞。青灰色。柳叶形，截面菱形，尾端打磨成扁平状作铤。长 6.5、宽 1.6、厚 0.6 厘米。（图 3 - 17B；彩版 3 - 13：8）

M5：9，石镞。青灰色。柳叶形，截面菱形，尾端打磨成扁平状作铤。长 8、宽 1.8、厚 0.6 厘米。（图 3 - 17B；彩版 3 - 13：9）

M5：10，石镞。浅灰色。柳叶形，截面菱形，尾端打磨成扁平状作铤。长 6、宽 1.4、厚 0.45 厘米。（图 3 - 17B；彩版 3 - 13：10）

M5：11，玉锥形器。鸡骨白，夹黄斑，质佳。截面扁圆形，首端出尖，尾端平齐无榫，顺着器体方向钻孔。高 3.9、直径 1.5、孔径 0.4 厘米。（图 3 - 17B；彩版 3 - 13：5、6）

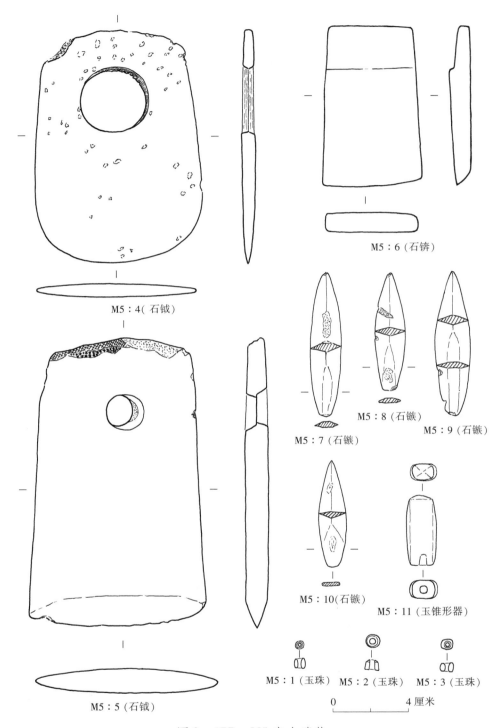

M5：6（石锛）

M5：4（石钺）

M5：8（石镞）

M5：7（石镞）

M5：9（石镞）

M5：10（石镞）

M5：11（玉锥形器）

M5：1（玉珠）　　M5：2（玉珠）　　M5：3（玉珠）

M5：5（石钺）

0　　　　　　4厘米

图 3 - 17B　M5 出土遗物

M6

M6 早在 2011 年 9 月中旬便发现墓圹，也是最早发现的墓圹，但因为体量较大，加之对这一地区熟土的认识不足，起初，并不确定是墓葬（最初编号 H11），两度尝试向下清理，又两度中止，两次清理深度共约 50 厘米左右。直到 11 月 21 日，M5 的确认，尤其是其墓坑下部的填土与 M6 第二次清理深度填土色质非常接近，让我们重拾信心。11 月 23 日，回过头来继续向下清理 M6。这次清理，在墓坑内留取"十"字隔梁，清理至距墓口 60 厘米时，刮面，据土质土色，辨别出长方形葬具（彩版 3 - 15：1）。继续向下清理约 10 厘米，在葬具内南半部发现朱漆痕，局部漆痕表面还发现黑彩。漆痕为东西向长条形，断断续续，总长约 1 米，宽 6 ~ 7 厘米（彩版 3 - 15：2），判断应是葬具上的髹漆。对漆痕进行拍照和采样后，继续向下清理约 5 厘米，出现第二层漆痕，仍分布在墓坑南部，但漆痕范围较上层大，呈东、西两片，形状不规则，均中部凹弧，可能与葬具的塌陷有关（彩版 3 - 15：3）。本层漆痕下土层变为褐红色粗沙土，致密、坚硬且纯净，近似生土，难道会是空墓吗？我们决定暂停 M6 清理，而改为清理其他墓葬试试。选择的是 M6 西邻的 M7，结果 M7 在底部也发现与 M6 底部相同的褐红色粗沙土，对这层褐红色沙土作了解剖性清理后，在它的下面发现了石钺，说明这层褐红色粗沙土并非生土。于是，我们回过头来继续清理 M6，褐红色粗沙土下出露一层薄薄的灰白色淤土，清理完这层淤土，一座高规格的墓葬便完整地呈现出来。

M6 位于 TN16W11 东部，东南紧邻 M5，西南为 M10。表土层下开口，打破④层和 M12。墓坑长方形，长 2.67、宽 0.95 ~ 1、深约 0.9 米。西壁墓口高程 54.85 米。墓坑的底部坚硬而光滑，可能经过特殊处理。坑内填土分 4 层（彩版 3 - 15：4）：

第①层　黄褐色斑土，从上往下颜色渐深，含零星炭屑和夹砂红褐陶残片，并出土 1 件石网坠，凹弧状堆积，最厚处 75 厘米。为葬具外填土。

第②层　褐红色粗沙土，致密、坚硬、纯净不见包含物，凹弧状堆积，厚 11 厘米左右。为葬具内塌陷土。

第③层　灰白色淤土，湿软，厚 1.5 厘米。为尸体和葬具腐烂形成的淤积土。

第④层　黄褐色沙土，含大块的灰色淤斑，厚约 30 厘米。为葬具外垫土。

从坑内填土的平、剖面上判断，葬具西端较东端稍宽，凹弧底，长 2.3、宽 0.5 ~ 0.64 米，高不低于 0.3 米。墓坑底部发现朱漆痕，可能为葬具上髹漆。而叠压在褐红色沙土上的两层朱漆，则表明墓葬下葬过程中还有其他的仪式，可能填土中还放置了其他漆器①。根据随葬品的位置判断，头向东，方向 63°。（图 3 - 18A；彩版 3 - 15：5）

随葬品共 13 件，其中陶器 1 件，石器 7 件，玉器 4 件，漆器 1 件，东部放置玉管、玉锥形器、石钺，中部放置玉璧、玉钺、漆觚，陶壶、石锛、石镞等则集中放置在墓坑西部。（彩版 3 - 16：1、2）

M6：1，玉管。鸡骨白，质佳。圆柱形，管钻孔。钻孔内壁清楚地保留有细密的管钻螺纹痕。高 5.2、外径 2.25、孔径 0.8 厘米。（图 3 - 18B；彩版 3 - 16：3、4）

M6：2，石钺。灰色夹黄斑。器身基本扁平，弧刃，双面管钻孔。通体精磨光亮。长 11.8、顶宽 5.5、刃宽 6.3、厚 1、孔径 2.6 厘米。（图 3 - 18C；彩版 3 - 17：1）

M6：3，玉锥形器。鸡骨白，粉性。截面近圆形，首尖，尾端出榫，榫上穿孔。长 13.3、

---

① 漆痕位于葬具外且不直接叠压葬具，可能为下葬过程中某种仪式中的遗留物，不作随葬品编号。

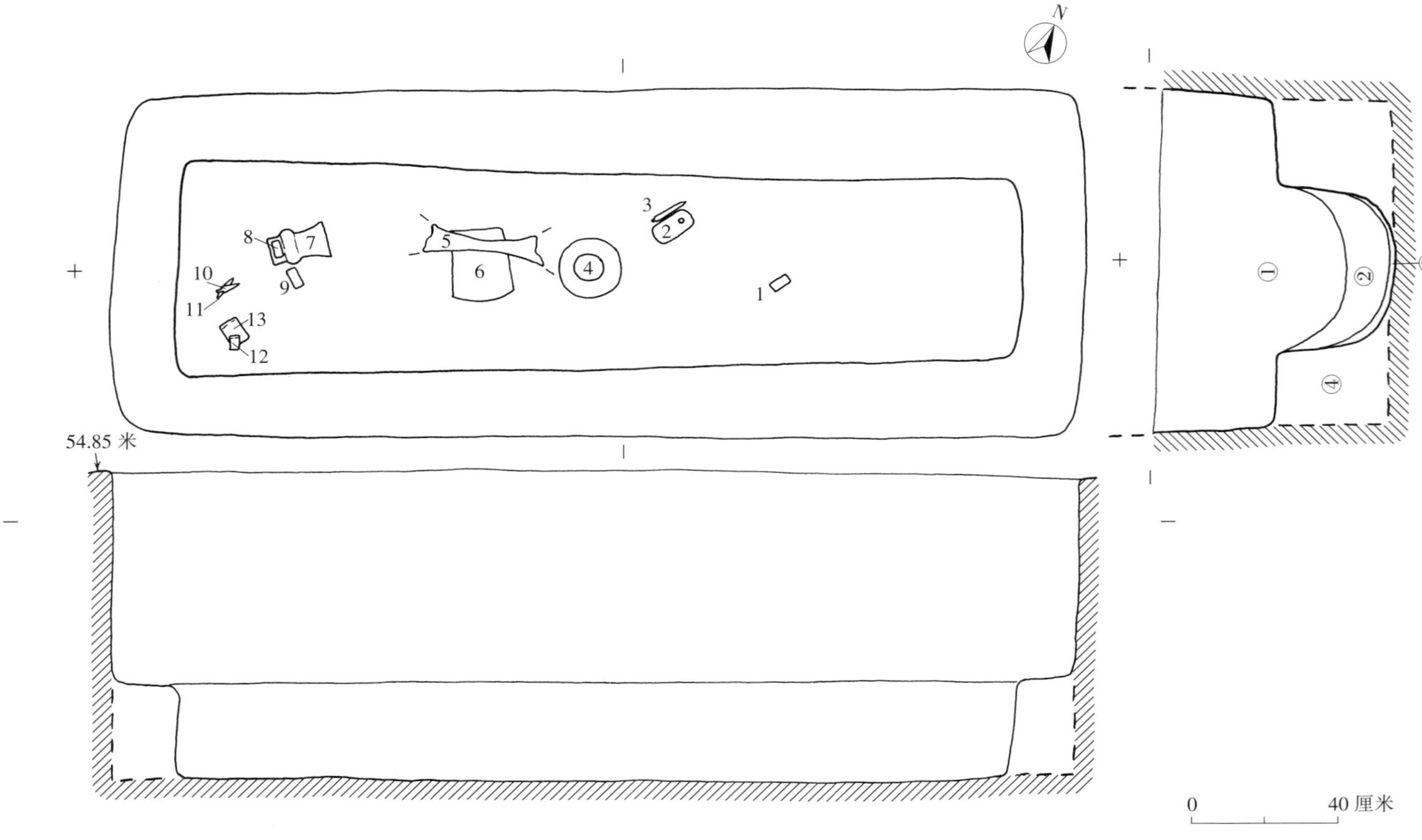

图 3－18A M6 平、剖面图

直径 0. 9、孔径 0. 25 厘米。（图 3－18B；彩版 3－16：5）

M6：4，玉璧。青白色，透闪石。大孔，器形较规整。通体精磨光亮，侧边局部保留切割痕，钻孔内壁保留管钻的台痕和旋转痕。外径 15. 9、孔直径 6. 5、肉宽 4. 7、厚 2 厘米。（图 3－18B；彩版 3－18）

M6：5，漆觚。亚腰形。木胎朽烂，口部、底部漆痕不见。残长 30 厘米。

M6：6，玉钺。青白色，透闪石。宽“风”字形，上下双孔，管钻，体薄，一面较平整，另一略弧凸。弧凸面保留数处明显的线切割痕。长 20. 7、顶宽 12. 4、刃宽 16、厚 0～0. 5、上孔径 1. 4、下孔径 2 厘米。（图 3－18B；彩版 3－19）

M6：7，陶双鼻壶。泥质灰陶。薄胎，敞口，长颈，折腹，高圈足。口径 8、足径 8、高 15. 3 厘米。（图 3－18B；彩版 3－16：6 ）

M6：8，石锛。浅灰色。长方形，有段，器身扁平。侧边留有片疤，刃部有使用崩缺。长 4. 5、顶宽 1. 6、刃宽 2、厚 0. 6 厘米。（图 3－18C；彩版 3－17：4）

M6：9，石锛。青灰色。长方形，有段。长 4. 7、宽 2、厚 1 厘米。（图 3－18C；彩版 3－17：5）

M6：10，石镞。青灰色。柳叶形，截面菱形，尾端内收成尖三角形铤，铤截面扁平六边形。两侧边有修疤。长 9. 3、宽 1. 8、厚 0. 4 厘米。（图 3－18C；彩版 3－17：2）

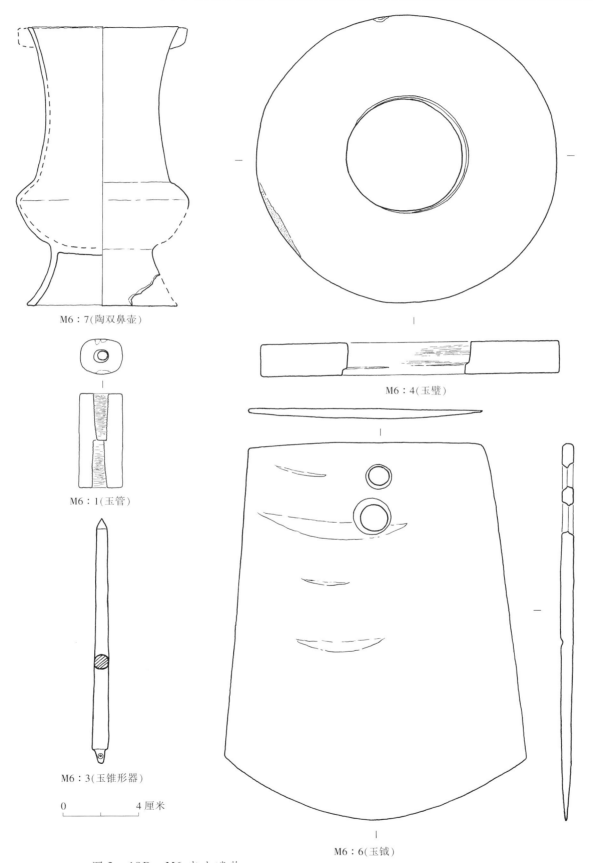

M6：7(陶双鼻壶)

M6：4(玉璧)

M6：1(玉管)

M6：3(玉锥形器)

0　　　　　4厘米

M6：6(玉钺)

图3-18B　M6出土遗物

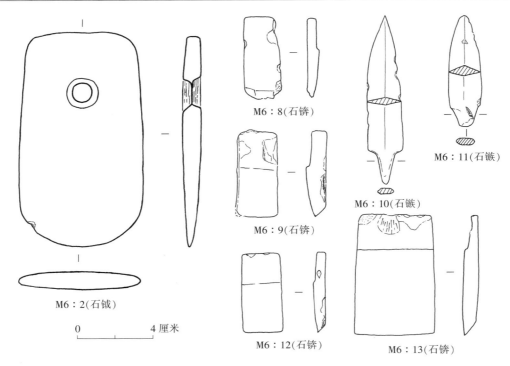

图 3 – 18C   M6 出土遗物

M6：11，石镞。青灰色。柳叶形，截面菱形，尾端内收成三角形铤，铤截面扁圆形。长6.15、宽1.8、厚0.6厘米。（图3－18C；彩版3－17：3）

M6：12，石锛。浅灰色。长方形，有段，器身扁平。通体磨光。长4.3、顶宽1.9、刃宽2.2、厚0.6厘米。（图3－18C；彩版3－17：6）

M6：13，石锛。青灰色。长方形，有段，器身扁平。有段面上端保留琢打片疤。长6.6、顶宽3.8、刃宽4.3、厚0.7厘米。（图3－18C；彩版3－17：7）

M7

M7位于TN16W11西南部，东、西分别为M10、M33，北邻M9，南邻M8。2011年11月24日发现，26日开始清理，清理时在墓坑内留取"T"字形剖面，当天清理完毕。

M7表土层下开口，打破⑤层。墓坑长方形，长2.75、宽0.8～0.9、深约0.48米。西壁墓口高程54.46米。坑内填土可细分为4层（彩版3－20：1）：

第①层   黄褐色斑土，纯净，未见包含物，凹弧状堆积，厚约30厘米。为棺外填土。

第②层   褐红色粗沙土，纯净，较硬，凹弧状堆积，厚约10厘米。为棺内塌陷土。

第③层   灰白色淤土，湿软，厚约2厘米。为尸体和葬具腐烂形成的淤积土。

第④层   黄褐色斑土，含较多灰淤斑，厚约20厘米。为棺外垫土。

据坑内土质土色判断，存在长方形葬具，已朽烂，结合横剖面可知，葬具为弧底，长2.15、宽0.5米，高不低于0.25米。据随葬品位置判断，头向东，方向60°。（图3－19A；彩版3－20：2）

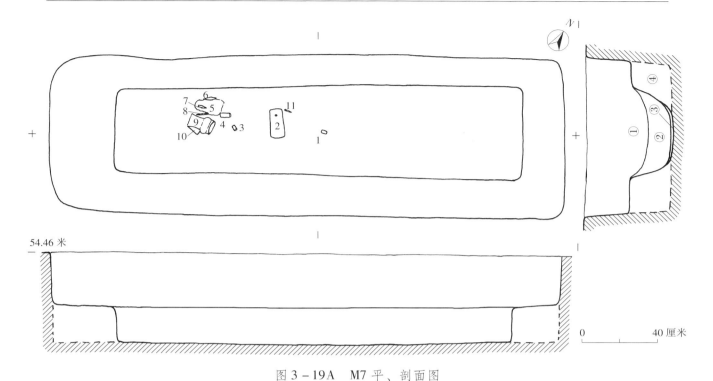

图 3 – 19A M7 平、剖面图

随葬品共 11 件，陶器 1 件，石器 6 件，玉器 3 件，漆器 1 件。玉器集中在棺内中部，陶器、石器集中放置在西部。（彩版 3 – 20：3）

M7：1，玉管。鸡骨白，质佳。圆柱体，一端面为凹弧状，可能为线切割，对钻孔，实心钻。高 2、外径 1.1、孔径 0.6 厘米。（图 3 – 19B；彩版 3 – 21：1）

M7：2，玉钺。浅青色，夹白色纹理。"风"字形，器身扁平，管钻孔。刃部有疤痕，通体精磨光亮。长 17.6、顶宽 8、刃宽 9.2、厚 1.1 厘米。（图 3 – 19B；彩版 3 – 21：3）

M7：3，石锛。浅灰色。长方形，背面斜脊。长 2.7、宽 2、厚 0.65 厘米。（图 3 – 19B；彩版 3 – 22：1）

M7：4，石锛。浅灰色。长方形，有段。长 6.6、宽 2.8、厚 1.1 厘米。（图 3 – 19B；彩版 3 – 22：2）

M7：5，漆箙。胎朽，据漆痕判断，口小底大，口朝东。底约 10、口约 6～8、高 12 厘米。6、7、8 号石镞前端朝南，插入箙内。

M7：6，石镞。青灰色。柳叶形，截面菱形，无明显铤，下端打磨成扁平状。长 7.3、宽 1.5、厚 0.4 厘米。（图 3 – 19B；彩版 3 – 22：4）

M7：7，石镞。灰色，夹白斑。柳叶形，前端残，截面菱形，无铤。长 4.8、宽 1.1、厚 0.4 厘米。（图 3 – 19B；彩版 3 – 22：5）

M7：8，石镞。青灰色。柳叶形，截面菱形，无明显铤，下端打磨成扁平状作铤。长 5.7、宽 1.9、厚 0.6 厘米。（图 3 – 19B；彩版 3 – 22：6）

M7：9，陶双鼻壶。泥质灰陶。残，薄胎，微敞口，长颈，弧腹，圈足。口径 6.9、足径

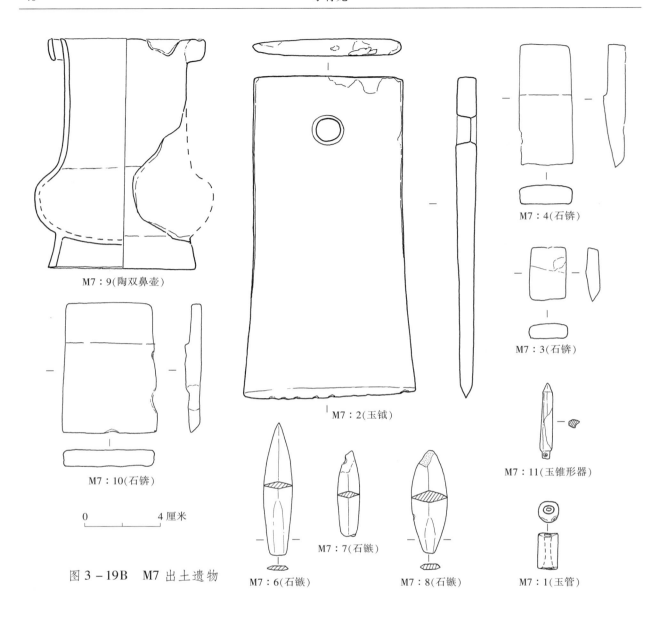

M7：9(陶双鼻壶)

M7：10(石锛)

0　　　　　　4 厘米

M7：2(玉钺)

M7：6(石镞)　　　M7：7(石镞)　　　M7：8(石镞)

图 3 – 19B　M7 出土遗物

M7：4(石锛)

M7：3(石锛)

M7：11(玉锥形器)

M7：1(玉管)

7.9、高 12.6 厘米。（图 3 – 19B；彩版 3 – 20：4）

　　M7：10，石锛。浅灰色。长方形，有段。一侧有片疤。长 7.2、顶宽 4.5、刃宽 5、厚 0.9 厘米。（图 3 – 19B；彩版 3 – 22：3）

　　M7：11，玉锥形器。南瓜黄。截面圆形，首尖，尾端出榫，榫上钻孔。器身留有切割凹弧痕。长 4.2、直径 0.6、孔径 0.15 厘米。（图 3 – 19B；彩版 3 – 21：2）

M8

　　M8 位于 TN15W11 北部，南、北分别为 M11、M7。2011 年 11 月 24 日发现，27 日开始清理，当日清理完毕。

　　上部及西端被破坏，表土层下开口，打破⑤层。墓坑长方形，长 2.13、宽 0.65、深约 0 ~ 0.1 米。东壁墓口高程 54.65 米。坑内填土为黄褐色斑土，水平堆积，未见包含物。葬具已朽

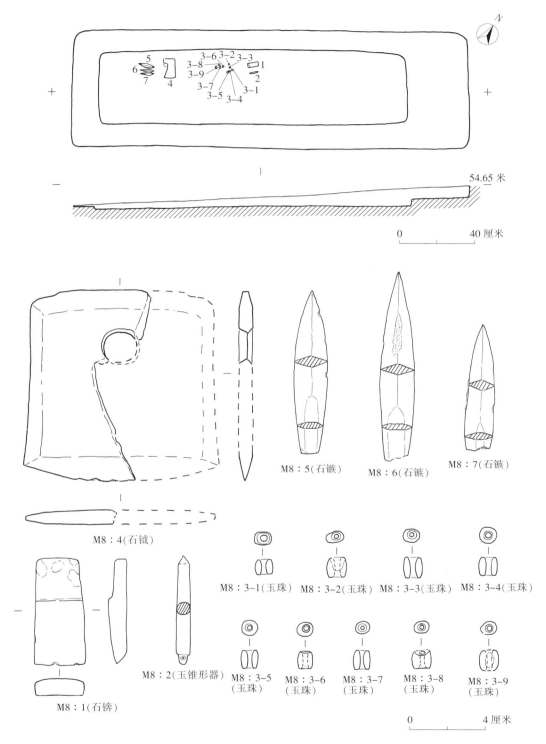

图 3 - 20　M8 平、剖面图及其出土遗物

烂。据填土判断，葬具长方形，平底，长 1.65、宽 0.42 米，高度不明。据随葬品的位置判断，头向东，方向 60°。（图 3 - 20；彩版 3 - 23：1）

随葬品共 7 件（组），石器 5 件，玉器 2 件（组）。石锛、玉锥形器及玉串饰位于棺内中

部，石钺、石镞集中放置在西部。

M8：1，石锛。青灰色。长方形，有段，器身扁平。长5.8、顶宽2.1、刃宽2.7、厚0.9厘米。（图3-20；彩版3-24：1）

M8：2，玉锥形器。暗青色，石英。截面圆形，首尖，尾端出榫，榫上穿孔。长6、直径0.7、孔径0.2厘米。（图3-20；彩版3-23：2）

M8：3，玉串饰。共由9粒玉珠组成，出土时集中在一起。均鸡骨白，质佳。（彩版3-23：3）

M8：3-1，玉珠。鼓形。高0.8、外径1、孔径0.4厘米。（图3-20）

M8：3-2，玉珠。鼓形。一端保留切割的斜面。高1.1、外径1.1、孔径0.4厘米。（图3-20）

M8：3-3，玉珠。鼓形。高1.1、外径1、孔径0.4厘米。（图3-20）

M8：3-4，玉珠。鼓形。高1、外径1、孔径0.4厘米。（图3-20）

M8：3-5，玉珠。鼓形。高1、外径0.8、孔径0.4厘米。（图3-20）

M8：3-6，玉珠。鼓形。两端面微斜。高0.9、外径0.8、孔径0.4厘米。（图3-20）

M8：3-7，玉珠。鼓形。高1、外径0.8、孔径0.4厘米。（图3-20）

M8：3-8，玉珠。鼓形。一端面微斜。高1、外径1、孔径0.4厘米。（图3-20）

M8：3-9，玉珠。鼓形。高1.1、外径1、孔径0.4厘米。（图3-20）

M8：4，石钺。褐紫色。矮"风"字形，残，器身扁平，管钻孔，刃端及两侧边均开锋。刃部有细小片疤，通体精磨光亮。长10.6、顶宽9.6、刃宽10.9、厚0.7厘米。（图3-20；彩版3-24：2）

M8：5，石镞。灰色。柳叶形，截面菱形，无明显铤，下端打磨成扁平状。长9、宽1.8、厚0.6厘米。（图3-20；彩版3-24：3）

M8：6，石镞。灰色。柳叶形，截面菱形，无明显铤，下端打磨成扁平状。长10.3、宽1.8、厚0.6厘米。（图3-20；彩版3-24：4）

M8：7，石镞。灰色。柳叶形，截面菱形，无明显铤，下端打磨成扁平状。长6.8、宽1.5、厚0.6厘米。（图3-20；彩版3-24：5）

M9

M9位于TN16W11西南部。2011年11月24日确认墓圹，27日开始清理，29日基本清理完毕。清理时在墓坑内留取横隔梁，清理至距墓口约40厘米时，刮面，确认葬具范围。在坑底发现一层薄薄的灰白色淤土，随葬品均位于此层土中。5号玉钺漆柲上发现1粒镶嵌玉粒，遗憾的是，仅发现1粒，推测原本数量应该更多。（彩版3-25：1）

M9表土层下开口，打破⑤层，被M4叠压并打破。墓坑长方形，长2.97、宽1.1、深1.08米。东壁墓口高程54.6米。坑内填土可分为5层（彩版3-25：2）：

第①层　黄褐色，夹较多粗砂和白色料浆颗粒，质地偏松软，北高南低呈倾斜状堆积。包含少量炭粒和夹砂红褐陶片，厚0~40厘米。为葬具外填土。

第②层　褐红色斑土，普遍含灰斑，南薄北厚呈倾斜状堆积，包含物与上层相似，厚

45~80 厘米。为葬具内上层塌陷土。

第③层　褐红色粗沙土，质地较硬，北薄南厚呈楔形，纯净，未见包含物，厚 0~23 厘米。为葬具内下层塌陷土。

第④层　灰白色淤土，质地湿软，南薄北厚，厚 0~5 厘米。为尸体和葬具腐烂形成的淤积土。

第⑤层　黄褐色斑土，夹较多白色砂粒和斑块，厚约 50 厘米。为葬具外垫土及填土。

从墓坑填土的平、剖面上均可确认，葬具长方形，平底，长 2.6、宽 0.55~0.58 米，高不低于 0.55 米。在葬具内中部北侧残剩一段肢骨。据随葬品的位置判断，头向东，方向 63°。（图 3-21A；彩版 3-25：3）

随葬品共 10 件，陶器 1 件，石器 3 件，玉器 5 件，漆器 1 件，均位于葬具内。两件玉管置于棺内东部，玉钺、石钺位于中部，漆觚位于中部偏西，西部集中放置陶杯 1 件、玉锥形器 1 件、石锛 2 件。（彩版 3-25：4、5）

M9：1，玉管。鸡骨白，透闪石。横截面弧角三角形，管钻孔。钻孔内壁保留有细密的管钻痕。高 5.3、外径 1.6、孔径 0.8 厘米。（图 3-21B；彩版 3-26：1）

M9：2，玉管。鸡骨白，透闪石。横截面呈弧边三角形，单面实心钻。高 1.1、外径 1.2、孔径 0.3~0.6 厘米。（图 3-21B；彩版 3-26：2）

M9：3，石钺。灰色夹白斑。刃角圆弧，大孔，双面管钻。除顶端外，通体精磨光亮。长 17.1、顶宽 6.8、刃宽 8.8、厚 1.1、孔径 3.8 厘米。（图 3-21B；彩版 3-27：1、2）

M9：4，玉嵌片。鸡骨白。椭圆形，纵截面呈馒头形。通体磨光。长径 0.7、短径 0.35、厚 0.25 厘米。（图 3-21B；彩版 3-26：3）

M9：5，玉钺。青白色。梯形，上部圆孔管钻，顶端保留片切割的台痕，刃端双面锋，有崩缺，两侧边也开锋。长 10.7、顶宽 9.2、刃宽 10.4、厚约 1、孔内径 2 厘米。（图 3-21B；彩版 3-28）

M9：6，漆觚。暗红色。木胎已朽烂。喇叭口，小平底，整器矮胖，腹中下部施两组平行的细凸棱纹，每组 2~3 条。口径 15、底径 8.8、高 28.4 厘米。（图 3-21B；彩版 3-26：4）

M9：7，石锛。青灰色。长方形，有段。通体磨光。高 9、宽 3.9、厚 1.5 厘米。（图 3-21B；彩版 3-27：3）

M9：8，陶杯。泥质灰胎黑皮陶。侈口，束颈，垂腹，矮圈足，口沿处安对称的双贯耳。口内径 6.1、足径 6.7、高 10 厘米。（图 3-21B；彩版 3-26：5）

M9：9，石锛。青灰色。长方形，有段。顶部两面均留有琢打的片疤。长 0.2、顶宽 8.2、刃宽 8.7、厚 1.1 厘米。（图 3-21B；彩版 3-27：4）

M9：10，玉锥形器。南瓜黄。截面圆形，首尖，无榫，尾端钻孔。器身留有片切割痕。长 6.4、直径 0.7、孔径 0.15 厘米。（图 3-21B；彩版 3-26：6）

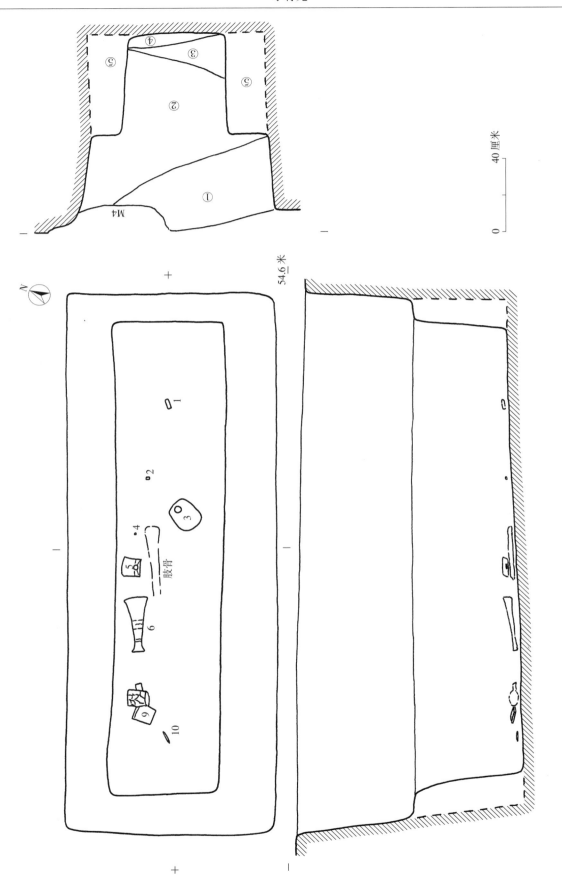

图 3 - 21A　M9 平、剖面图

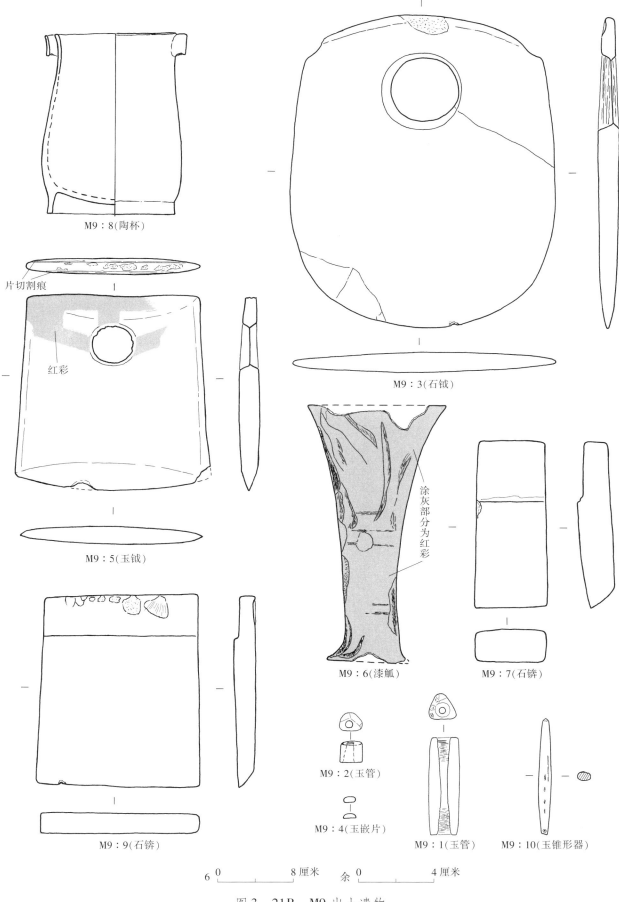

M9：8（陶杯）

片切割痕

红彩

M9：5（玉钺）

M9：9（石锛）

M9：3（石钺）

涂灰部分为红彩

M9：6（漆觚）

M9：7（石锛）

M9：2（玉管）

M9：4（玉嵌片）

M9：1（玉管）

M9：10（玉锥形器）

6 0 ⌐——⌐ 8厘米   余 0 ⌐——⌐ 4厘米

图 3－21B　M9 出土遗物

M10

M10 位于 TN16W11 东南部，东、西分别为 M6 与 M7，表土层下开口，打破⑤层和 M12。2011 年 11 月 24 日发现，27 日开始清理，29 日清理完毕。清理时，留取了南北隔梁，东、西两部同时进行，清理过程中逐层刮面，到距墓口 35 厘米深时葬具痕迹出露（彩版 3 – 29：1）。清理进行到墓底，发现保存非常完好的漆柄玉钺及漆觚，为了更好地保护这些珍贵的文物，我们并没有彻底地剔除器表的泥土，第一时间商请杭州市化工研究院的漆木器保护专家周文林到现场察看并制定保护计划，决定将这些漆器套取到室内进行清理和保护处理（彩版 3 – 29：2）。

M10 墓坑为长方形，长 3.1、宽 0.85～1、深 0.75 米。东壁墓口高程 54.7 米。坑内填土分为 5 层（彩版 3 – 29：3）：

第①层　黄褐色，纯净，基本水平状堆积，厚约 20 厘米。为葬具外上层填土。

第②层　黄褐色斑土，含较多灰斑，质地较硬，含零星夹砂红褐色陶片，基本水平堆积，厚约 20 厘米。为葬具外下层填土。

第③层　褐红色粗沙土，纯净，质地坚硬，凹弧状堆积，厚约 25 厘米。为葬具内塌陷土。

第④层　灰白色淤土，湿软，纯净，厚约 2 厘米。为尸体和葬具腐烂形成的淤积土。

第⑤层　褐红色粗沙土，含较多大块灰色淤斑，经解剖，为凹弧状堆积，厚约 0～30 厘米。为葬具外垫土。

从填土的平、剖面判断，葬具为长方形，凹弧底，长 2.7、宽 0.55 米，高不低于 0.25 米。据随葬品的位置判断，头向东，方向 59°。（图 3 – 22A；彩版 3 – 29：4）

随葬品共 10 件，陶器 1 件，石器 5 件，玉器 3 件，漆器 1 件，均位于葬具内。玉管置于东部，石钺、玉钺集中在中部北侧（彩版 3 – 30：1），中部偏西置玉锥形器和陶双鼻壶各 1 件，石锛、漆觚集中在葬具内西部。

M10：1，玉管。鸡骨白，透闪石。鼓形，两端面微斜。高 1.5、外径 1.2、孔径 0.4 厘米。（图 3 – 22B；彩版 3 – 31：1）

M10：2，漆柲玉钺。青白色，梯形，安柲，柲已朽烂，柲首缩小，与字等大端与钺对应位置拱起，柲中部略内弧，横断面近似菱形，未见瑁或镦。钺上部保留重叠的▽形朱漆痕和黑彩。柲上也通体髹朱漆，首末端施黑彩图案。首端的黑彩因受破坏，整体图案不明，仅可辨为条带状与柲垂直，末端黑彩亦为条带状。通长 60.6 厘米；玉钺上宽 10、下宽 11、长 11.8、厚约 1、孔内径 2 厘米；漆柄宽 4～5、厚约 2.5 厘米。（图 3 – 22B；彩版 3 – 30：1、2）

M10：3，石钺。黑褐色夹灰斑。中间厚、往两侧渐薄，刀角圆弧，双面管钻孔。通体磨光。长 12、顶宽 6.8、刃宽 8.2、厚 1、孔径 2.2 厘米。（图 3 – 22B；彩版 3 – 30：1）

M10：4，陶双鼻壶。泥质灰胎黑皮陶。残，敞口，长颈，折腹，高圈足。口径 6.6、足径 7.8、高 14.5 厘米。（图 3 – 22B；彩版 3 – 31：7）

M10：5，玉锥形器。鸡骨白，粉性。截面圆形，首尖，尾端沁蚀严重，可能有榫和钻孔。

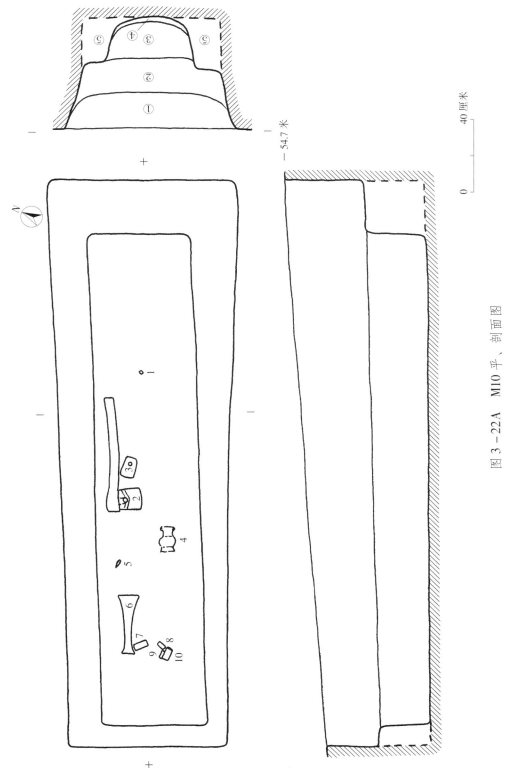

图 3 - 22A　M10 平、剖面图

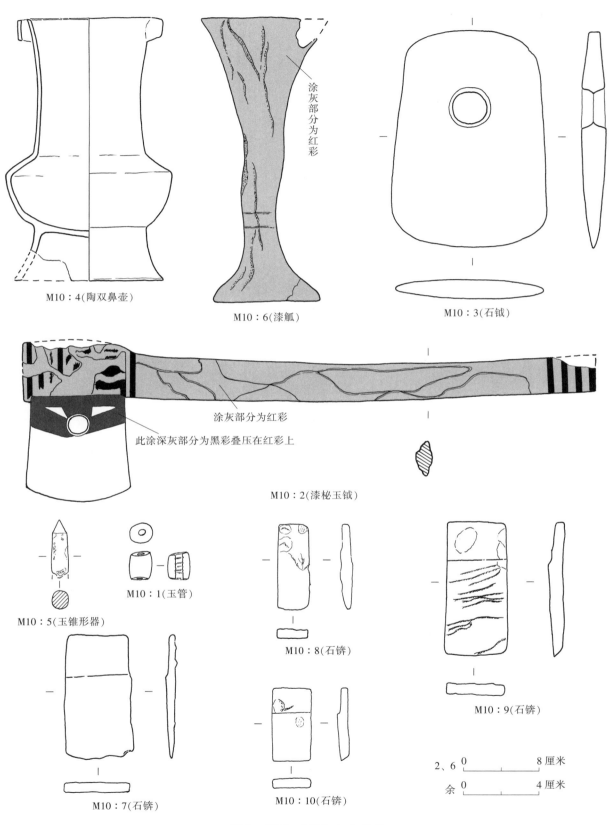

M10:4(陶双鼻壶)

涂灰部分为红彩

M10:6(漆觚)

M10:3(石钺)

涂灰部分为红彩

此涂深灰部分为黑彩叠压在红彩上

M10:2(漆柲玉钺)

M10:5(玉锥形器)

M10:1(玉管)

M10:8(石锛)

M10:9(石锛)

M10:7(石锛)

M10:10(石锛)

2、6 0 _____ 8厘米

余 0 _____ 4厘米

图3-22B M10出土遗物

残长 3.2、直径 0.9 厘米。（图 3 - 22B；彩版 3 - 31：2）

M10：6，漆觚。木胎已朽烂，口呈喇叭形，底小，整器瘦长，器身下部施两条平行的凸棱纹。口径 13.5、底径 11.2、高 32 厘米。（图 3 - 22B；彩版 3 - 30：3）

M10：7，石锛。浅灰色。长方形，有段，沁蚀较严重。长 6.7、宽 3.5、厚 0.5 厘米。（图 3 - 22B；彩版 3 - 31：3）

M10：8，石锛。浅灰色。长方形，有段，沁蚀较严重。长 4.7、宽 1.7、厚 0.6 厘米。（图 3 - 22B；彩版 3 - 31：5）

M10：9，石锛。青灰色。长方形，有段，沁蚀较严重。长 7.3、宽 3.2、厚 0.7 厘米。（图 3 - 22B；彩版 3 - 31：4）

M10：10，石锛。灰色。长方形，有段。长 3.8、宽 2、厚 0.5 厘米。（图 3 - 22B；彩版 3 - 31：6）

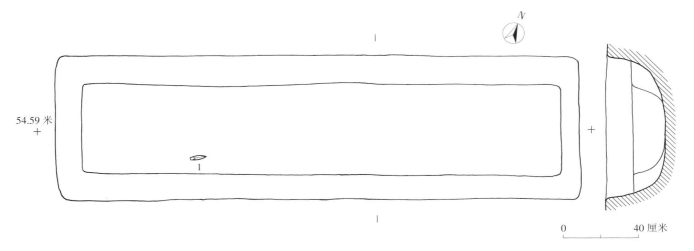

图 3 - 23A　M11 平、剖面图

M11

M11 位于 TN15W11 北部，北邻 M8。2011 年 11 月 24 日发现，29 日清理，当日清理完毕。

表土层下开口，打破⑤层。墓坑长方形，长 2.78、宽 0.8、深约 0.3 米。西壁墓口高程 54.59 米。坑内填土为黄褐色斑土，凹弧状堆积，纯净，未见包含物，厚约 20 厘米。根据填土的平、剖面判断，葬具为长方形，凹弧底，长 2.55、宽 0.5 米，高度不明。

根据石镞放在墓坑西端判断，头向东，方向 67°。（图 3 - 23A；彩版 3 - 32：1）

随葬品仅石镞 1 件，置于墓坑西部南侧。

M11：1，石镞。浅灰色。柳叶形，截面菱形，下端打磨成扁平状作铤。长 8.1、宽 1.5、厚 0.5 厘米。（图 3 - 23B）

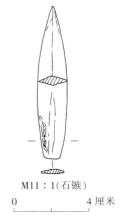

图 3 - 23B　M11 出土遗物

M12

M12 位于 TN16W11 东南部。2011 年 11 月 24 日发现，12 月 6 日清理，当日清理完毕。

表土层下开口，东、西两端分别被 M6、M10 打破，打破⑤层。墓坑长方形，残长 1.4、宽 0.58、深约 0.1 米。东壁墓口高程 54.76 米。根据随葬品位置判断，头向西，方向 240°。

坑内填土为黄褐色斑土，水平堆积，未见包含物。依墓坑填土平、剖面判断，葬具为长方形，平底，残长 1.35、宽 0.35 米，高度不明。（图 3－24；彩版 3－32：2）

随葬品 2 件，均位于棺内，陶双鼻壶位于东部，石钺位于中部，刃向内侧。

M12：1，陶双鼻壶。泥质灰胎黑皮陶。残，短颈，鼓腹，矮圈足，整器风格较矮胖。经复原。口径约 11、足径约 11.5、高约 10.5 厘米。（图 3－24；彩版 3－32：3）

M12：2，石钺。暗绿色夹白色斑点。中间厚、往两侧渐薄，钻孔为实心钻。通体磨光。长 13、顶宽 9、刃宽 10.2、厚 1.3、孔径 2.1 厘米。（图 3－24；彩版 3－32：4）

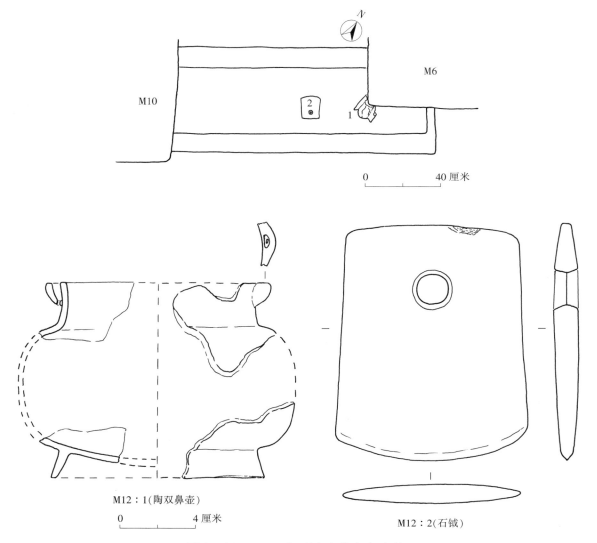

图 3－24　M12 平面图及其出土遗物

M13

M13 位于 TN15W10 西南角及 TN15W11 东南角，明显偏离主墓区，附近也未发现其他墓葬。表土层下开口，打破⑤层，距地表仅约 10 厘米。2011 年 11 月 28 日，清理完表土后，即出露玉琮和玉钺。玉琮断裂成数片，玉琮的西南部有一片白色颗粒物，在玉琮内壁也有发现，似为骨渣。玉钺发现时，中间断裂，刃端缺失，刃部朝向斜上方。接着，又在玉琮、玉钺的西部发现一石锛残件，二者质料、厚度、断裂面尺寸均一致，可以拼合，应为同一件石锛。这几件器物分布范围内的土呈灰黄色沙土，质地较松软，略呈不规则圆形，与周边褐红色土层有明显差别。但反复仔细刮面，未发现明确的墓坑。（图 3 - 25；彩版 3 - 33：1、2）

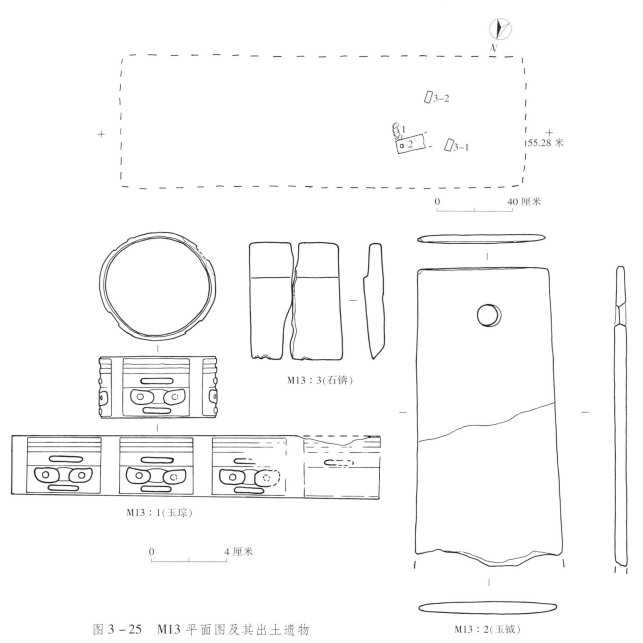

M13：3(石锛)

M13：1(玉琮)

M13：2(玉钺)

图 3 - 25　M13 平面图及其出土遗物

本组器物，共 3 件。

M13：1，玉琮。青白色。拼合而成，局部沁蚀残缺。环镯形，琮内壁微凸。表面减地形成四个等距的长方形弧凸面，每面各饰一组简化的兽面纹，除了眼部的细微差别外，各组图案基本相同。每组兽面纹，由上、下两部分组成，上部施一组平行的凸弦纹和象征式的人面纹，下部为兽面纹。主要采用减地、浅浮雕的手法。射径 6、孔径 5.4、高 3.1 厘米。（图 3 - 25；彩版 3 - 34：1、2）

M13：2，玉钺。灰绿色。窄"风"字形，中间断裂，刃端残，小孔，管钻孔，顶端保留片切割台痕。残长 16.4、顶宽 7、下端宽 7.8、厚 0.6、孔径 1.2 厘米。（图 3 - 25；彩版 3 - 34：3、4）

M13：3，石锛。灰色。长方形，有段，沁蚀严重。长 6.4、宽 4.7、厚 1 厘米。（图 3 - 25；彩版 3 - 33：3）

M14

M14 位于 TN16W11 东南角，南、北分别为 M16、M10。2011 年 11 月 24 日发现，12 月 6 日开始清理，7 ~ 9 日因雨中止，10 日继续清理，当日清理完毕。清理时，于墓坑中部留取了横隔梁，东、西两部同时进行。

M14 表土层下开口，打破⑤层。墓坑长方形，长 2.82、宽 0.75、深 0.68 米。西壁墓口高程 54.56 米。墓坑底部坚硬而光滑，可能经过有意处理（彩版 3 - 35：1）。坑内填土分为 4 层：

第①层　黄褐色斑土，含零星夹砂红褐色陶片，基本水平堆积，厚约 45 厘米。为葬具外填土。

第②层　褐红色粗沙土，纯净，质地坚硬，水平堆积，厚约 10 厘米。为葬具内塌陷土。

第③层　灰白色淤土，湿软，纯净，厚约 1 厘米。为尸体和葬具腐烂形成的淤积土。

第④层　黄褐色斑土，含大块灰淤斑，厚约 50 厘米。为葬具外垫土。

据填土的平、剖面判断，葬具为长方形，浅圜底，长 2.52、宽 0.5 ~ 0.55 米，高不低于 0.65 米。据随葬品的位置判断，头向东，方向 60°。（图 3 - 26A；彩版 3 - 35：2）

随葬品共 26 件（组），均位于棺内。陶器 1 件，位于脚端。石器 6 件，其中石镞 4 件集中放置于脚端，石钺两件分别位于腰部左右两侧。玉器 16 件（组），大部分分布在上半身，其中 8 号串珠被玉璧叠压，另有 4 件玉珠位于脚端的双鼻壶附近。漆器 3 件，漆觚置于小腿右侧，口朝头端，另两件漆器器形不明，分别位于股骨两侧。（彩版 3 - 35：3，3 - 36：1、2，3 - 38：1）

M14：1，玉珠。鸡骨白。鼓形，略残。高 0.9、外径 0.7、孔径 0.35 厘米。（图 3 - 26B；彩版 3 - 37：1）

M14：2，玉珠。鸡骨白。圆柱形，两端斜面，截面不规则椭圆形。高 2、外径 1.4、孔径 0.35 厘米。（图 3 - 26B；彩版 3 - 37：2）

M14：3，玉珠。鸡骨白。鼓形，两端斜面。高 1、外径 0.8、孔径 0.35 厘米。（图 3 - 26B；彩版 3 - 37：3）

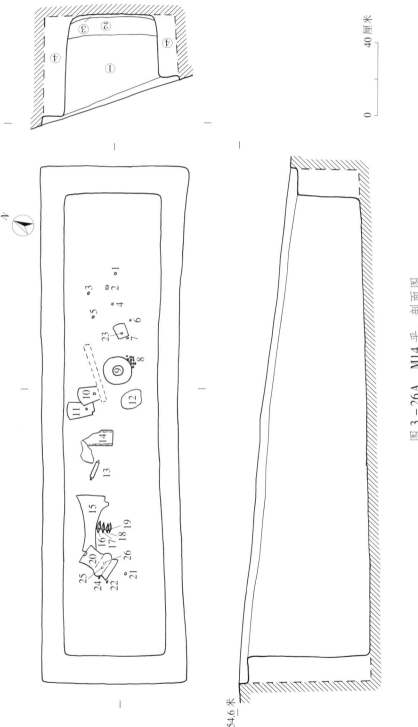

图 3 - 26A　M14 平、剖面图

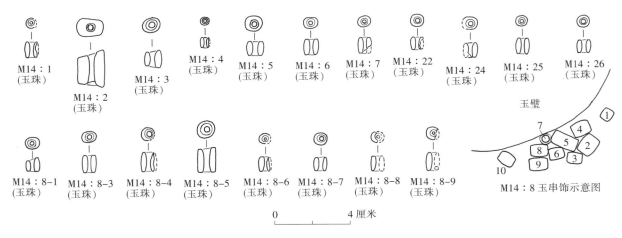

图 3 - 26B　M14 出土遗物

M14：4，玉珠。鸡骨白。鼓形。高 0.6、外径 0.5、孔径 0.25 厘米。（图 3 - 26B；彩版 3 - 37：4）

M14：5，玉珠。鸡骨白。鼓形。高 0.7、外径 0.9、孔径 0.4 厘米。（图3 - 26B）

M14：6，玉珠。鸡骨白。鼓形。高 0.9、外径 0.7、孔径 0.35 厘米。（图 3 - 26B；彩版 3 - 37：5）

M14：7，玉珠。鸡骨白。鼓形。略残。高 0.9、外径 0.7、孔径 0.35 厘米。（图 3 - 26B；彩版 3 - 37：6）

M14：8，玉串饰。出土时集中分布在玉璧的东南，共由 10 颗玉珠组成。（图 3 - 26B；彩版3 - 38：2）

M14：8 - 1，玉珠。暗青色，石英。柱状，横截面圆角方形，一端斜面。高 0.8、外径 0.7、孔径 0.3 厘米。（图 3 - 26B）

M14：8 - 2，玉珠。鸡骨白。残，鼓形，一端斜面。高 0.8、外径 0.7、孔径 0.4 厘米。

M14：8 - 3，玉珠。鸡骨白。鼓形。高 0.9、外径 0.7、孔径 0.3 厘米。（图 3 - 26B）

M14：8 - 4，玉珠。鸡骨白。残，鼓形。高 1、外径 0.8、孔径 0.4 厘米。（图 3 - 26B）

M14：8 - 5，玉珠。鸡骨白。圆柱状。高 1.3、外径 0.9、孔径 0.4 厘米。（图 3 - 26B）

M14：8 - 6，玉珠。鸡骨白。鼓形。高 0.8、外径 0.6、孔径 0.3 厘米。（图 3 - 26B）

M14：8 - 7，玉珠。鸡骨白。鼓形。高 0.7、外径 0.6、孔径 0.4 厘米。（图 3 - 26B）

M14：8 - 8，玉珠。鸡骨白。残，鼓形。高 0.9、外径 0.7、孔径 0.4 厘米。（图 3 - 26B）

M14：8 - 9，玉珠。鸡骨白。残，鼓形。高 1、外径 0.7、孔径 0.4 厘米。（图 3 - 26B）

M14：8 - 10，玉珠。鸡骨白。残，鼓形。高 0.7、外径 0.7、孔径 0.4 厘米。

M14：9，玉璧。青白色，透闪石。整器平整，体薄，大孔，通体包括钻孔磨光。外径 14.6、孔径 5.4、肉宽 4.6 厘米。（图 3 - 26C；彩版 3 - 38：3）

M14：10，漆柲石钺。青灰色夹白色纹理。梯形，器身扁平。长 11.5、顶宽 7.8、刃宽 8.5、孔径 1.8 厘米。柄已朽烂，据柄上髹漆形状判断，宽约 4 厘米，中部略凹弧，末端微上翘，残长 29 厘米。（图 3 - 26C）

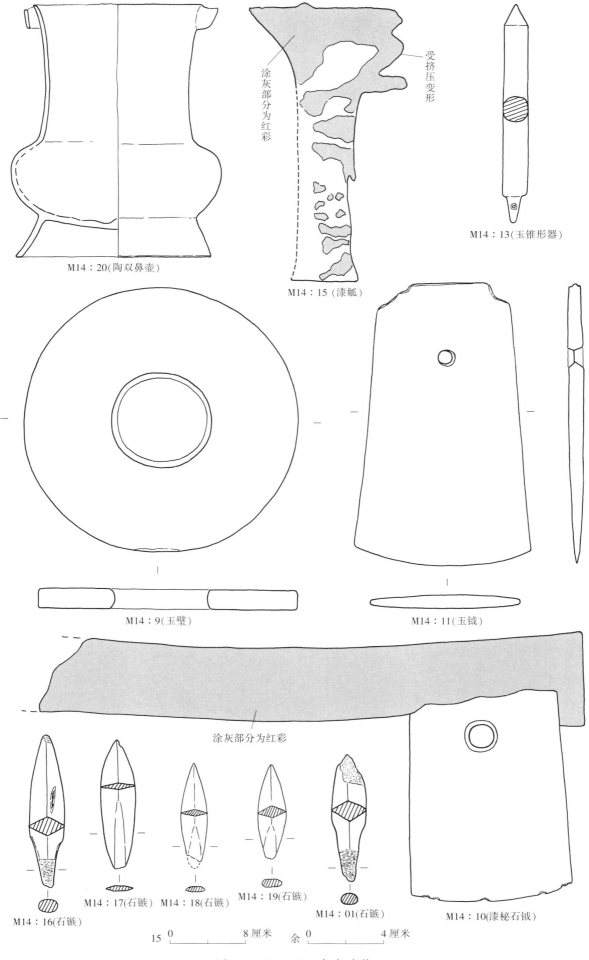

M14：20（陶双鼻壶）

M14：15（漆瓠）

涂灰部分为红彩

受挤压变形

M14：13（玉锥形器）

M14：9（玉璧）

M14：11（玉钺）

涂灰部分为红彩

M14：16（石镞）

M14：17（石镞）　M14：18（石镞）　M14：19（石镞）

M14：01（石镞）

M14：10（漆柲石钺）

15 0 ———————— 8 厘米　余 0 ———— 4 厘米

图 3－26C　M14 出土遗物

M14：11，玉钺。浅绿色，有白沁。"风"字形，整器扁平，顶端两侧留肩，管钻小孔。长15.5、顶宽4、刃宽9.4、孔径0.9厘米。（图3－26C）

M14：12，漆器。器形不明，位于墓坑中部南侧。暗红色，胎质已朽烂。椭圆形。直径约8.6厘米。

M14：13，玉锥形器。鸡骨白，粉性。截面圆形，首尖，尾端出榫，榫上钻孔。长12、直径1.3厘米。（图3－26C）

M14：14，带形漆器。位于墓坑中部北侧，南北向，北部向西倾斜并折叠。暗红色，长方形条带状，边缘见有两条平行的细浅槽，间距约0.6厘米，槽内有连续均匀分布的针孔。长约20、宽7厘米。胎质已朽烂，推测为皮革缝制而成。

M14：15，漆觚。鲜红色，胎质朽烂。喇叭口，底小。口径约14、高约30厘米。（图3－26C；彩版3－36：2）

M14：16，石镞。灰色。柳叶形，截面菱形，下端留铤，截面扁圆形。长8.1、宽1.8、厚1.1厘米。（图3－26C；彩版3－37：10）

M14：17，石镞。青灰色。柳叶形，截面菱形，无明显铤，下端打磨成扁平状。长6.9、宽1.8、厚0.4厘米。（图3－26C；彩版3－37：11）

M14：18，石镞。青灰色。柳叶形，截面菱形，无明显铤，下端打磨成扁平状。长5.3、宽1.4、厚0.4厘米。（图3－26C；彩版3－37：12）

M14：19，石镞。青灰色。柳叶形，截面菱形，无明显铤，下端打磨成扁平状。长5.2、宽1.5、厚0.6厘米。（图3－26C；彩版3－37：13）

M14：20，陶双鼻壶。泥质灰陶。薄胎，敞口，长颈，圆弧腹，高圈足。口径9、足径10.4、高13.9厘米。（图3－26C；彩版3－36：3）

M14：21，玉珠。鸡骨白。残，鼓形。高1厘米。

M14：22，玉珠。鸡骨白。残，鼓形。高0.7、外径0.7、孔径0.3厘米（图3－26B；彩版3－37：7）。

M14：23，石钺。土黄色。梯形，个体较小，分化严重，未能起取。长9厘米。

M14：24，玉珠。鸡骨白。残，鼓形。高0.8、外径0.8、孔径0.4厘米。（图3－26B）

M14：25，玉珠。鸡骨白。鼓形。高0.9、外径0.7、孔径0.3厘米。（图3－26B；彩版3－37：8）

M14：26，玉珠。鸡骨白。鼓形。高0.7、外径0.7、孔径0.4厘米。（图3－26B；彩版3－37：9）

M14：01，石镞。灰色。上端残，柳叶形，截面菱形，有铤，截面扁圆形。长6.9、宽1.8、厚1.1厘米。（图3－26C；彩版3－37：14）

M15

M15位于TN16W10西南部，即北区西部墓葬的最东部。2011年11月24日发现，12月18日开始清理，当日清理完毕。

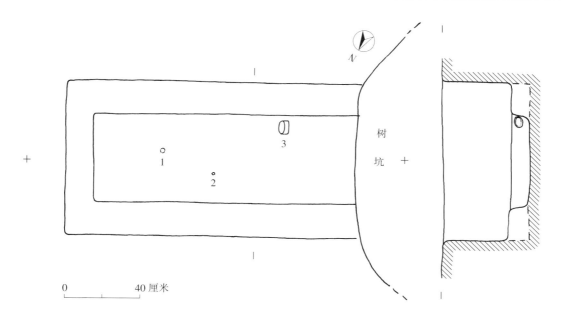

图 3-27A　M15 平、剖面图

M15 表土层下开口，打破④层及生土。西半部被村民挖坑破坏。墓坑长方形，残长 1.55、宽 0.85、深 0.5 米。东壁墓口高程 55.06 米。坑内填土为暗黄褐色，含零星炭屑和碎陶片，水平堆积，厚 0.5 米。据坑内填土的平、剖面判断，葬具为长方形，平底，残长 1.4、宽 0.5 米。据随葬品的位置判断，头向东，方向 60°。（图 3-27A；彩版 3-39：1）

随葬品仅存 3 件，均为玉器。2 件玉珠位于葬具内东部，玉镯位于中部南侧。

M15：1，玉珠。鸡骨白，透闪石。圆球状，顶面钻牛鼻状穿孔。直径 1.7、孔径 0.3 厘米。（图 3-27B；彩版 3-39：2）

M15：2，玉珠。鸡骨白，透闪石。鼓形。高 0.8、最大径 0.7、孔径 0.3 厘米。（图 3-27B；彩版 3-39：3）

M15：3，玉镯。近南瓜黄，局部沁蚀。壁微内弧。高 3.2、直径 7.8、孔内径 6.2、壁厚 0.8 厘米。出土时向东倾斜，底部高于墓底玉珠约 5 厘米。（图 3-27B；彩版 3-39：4、5）

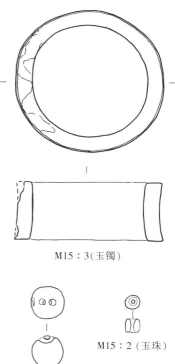

M15：3（玉镯）

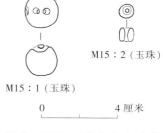

M15：2（玉珠）

M15：1（玉珠）

图 3-27B　M15 出土遗物

M16

M16 位于 TN16W11 东南角与 TN16W10 西南角，北邻 M14，东邻 M15。2011 年 11 月 24 日发现，12 月 19 日清理，当日清理完毕。清理时，留取了横隔梁，东、西两部同时进行。

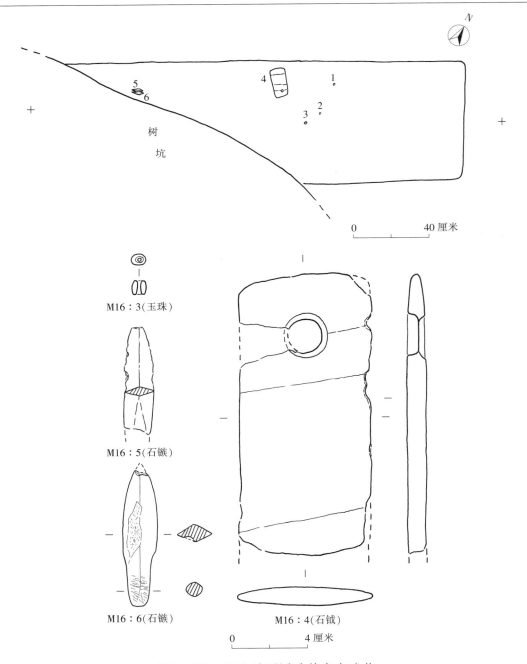

图 3 – 28　M16 平面图及其出土遗物

　　M16 表土层下开口，上部及西部被破坏，北部被 M19 叠压，打破⑤层。墓坑为长方形，残长 2.1、宽 0.65、深 0.03 ~ 0.3 米。东壁墓口高程 54.34 米。未发现葬具痕迹。据随葬品的位置判断，头向东，方向 60°。（图 3 – 28；彩版 3 – 40：1）

　　随葬品残存 6 件，石器 3 件，玉器 3 件。

　　M16：1，玉珠。鸡骨白，粉性。残，无法提取。

　　M16：2，玉珠。鸡骨白，粉性。残，无法提取。

　　M16：3，玉珠。鸡骨白。鼓形。高 0.8、最大径 0.8、孔径 0.25 厘米。（图 3 – 28；彩版 3 – 40：2）

M16：4，石钺。青灰色，质差。出土时便断裂且刃端残，长方形，中间厚、两侧渐薄，管钻孔。残长15、宽7、厚1、孔径2.4厘米。（图3－28；彩版3－40：5）

M16：5，石镞。青灰色。上端残，柳叶形，截面菱形，有铤，截面圆形。长7.4、宽1.8、厚1厘米。（图3－28；彩版3－40：3）

M16：6，石镞。浅灰色。上、下端残，柳叶形，截面菱形，无明显铤，下端打磨成扁平状。残长6、宽1.5、厚0.5厘米。（图3－28；彩版3－40：4）

M19

M19位于TN16W11东南角与TN16W10西南角，北邻M14，东邻M15。2011年11月24日发现，12月19日清理，当日清理完毕。

M19表土层下开口，打破⑤层，南部叠压M16，上部被村民挖坑破坏殆尽，只剩下一长条形横断面，由此断面可知墓坑宽约0.9米，弧底，深约0.3米，长度不明。墓坑应为东西向，填土为浅黄褐色斑土，未发现葬具，未发现随葬品。

M21

M21位于TN15W12中部，东邻M30。2011年12月26日发现，当日清理完毕。

③层下开口，打破基岩生土，上部被破坏。墓葬顺着坡地东高西低的地势，墓坑底部也呈倾斜状。墓坑长方形，长2.13、宽0.6、深0.05～0.15米。墓坑内填土为深黄褐色斑土，含零星炭屑，清理前在平面上根据土质土色，已确定存在葬具，葬具内填土的颜色较外围更深，更斑杂。葬具为长方形，平底，长1.7、宽0.4米，高不低于0.2米。东壁墓口高程54.45米。据随葬品的位置判断，头向东，方向60°。（图3－29A；彩版3－41：1）

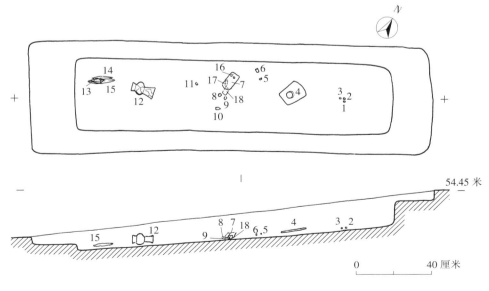

图3－29A　M21平、剖面图

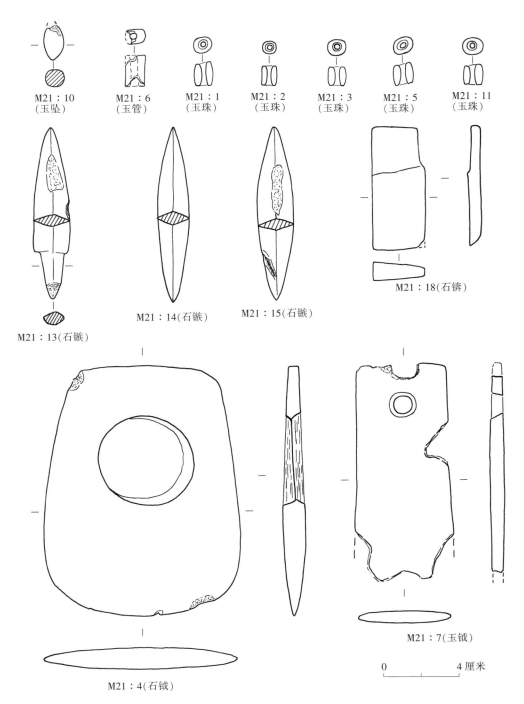

图 3 - 29B　M21 出土遗物

随葬品共 18 件，陶器 1 件，石器 5 件，玉器 12 件，均位于棺内。玉器及石钺、石锛位于东部及中部，陶壶与石镞置于西端。

M21：1，玉珠。鸡骨白。鼓形，一端斜面。高 1.3、最大径 1、孔径 0.4 厘米。（图 3 - 29B；彩版 3 - 41：2）

M21：2，玉珠。鸡骨白，粉性。圆柱形。高1、最大径0.8、孔径0.4厘米。（图3－29B；彩版3－41：3）

M21：3，玉珠。鸡骨白。鼓形。高1、最大径1、孔径0.4厘米。（图3－29B；彩版3－41：4）

M21：4，石钺。深灰色。刃角圆弧，大孔，双面管钻，器身中间厚、往两侧渐薄。长14、顶宽7、刃宽10、厚1.2、孔径5厘米。（图3－29B；彩版3－42：1）

M21：5，玉珠。鸡骨白。鼓形。高1.1、最大径1、孔径0.4厘米。（图3－29B；彩版3－41：5）

M21：6，玉管。鸡骨白，粉性。柱形，截面扁圆形。高1.7、外径0.9、孔径0.4厘米。（图3－29B；彩版3－41：7）

M21：7，玉钺。南瓜黄，沁蚀严重，粉状，质轻。刃向内，出土时已断裂。长方形，刃端残，单面钻，顶端中部沁蚀，不确定是否为双孔。长12、宽5、厚0.8、孔径1.3厘米。（图3－29B；彩版3－42：2）

M21：8，玉珠。白色。粉化严重，未能提取。

M21：9，玉珠。白色。粉化严重，未能提取。

M21：10，玉坠。鸡骨白，粉性。橄榄形，一端残。长2、最大径1厘米。（图3－29B；彩版3－41：8）

M21：11，玉珠。鸡骨白，粉性。鼓形，一端斜面。高1.1、最大径1、孔径0.4厘米。（图3－29B；彩版3－41：6）

M21：12，陶双鼻壶。出土时横置，口朝东。泥质灰陶。残，敞口，长颈、扁折腹，高圈足。高12厘米。（彩版3－42：4）

M21：13，石镞。前端朝西。青灰色。柳叶形，截面菱形，有铤，截面扁圆形。长9.3、宽1.9、厚0.6厘米。（图3－29B；彩版3－42：5）

M21：14，石镞。前端朝东。青灰色。柳叶形，截面菱形，无铤。长9.6、宽1.7、厚0.6厘米。（图3－29B；彩版3－42：6）

M21：15，石镞。前端朝东。青灰色。柳叶形，截面菱形，无铤。长9.3、宽1.9、厚0.6厘米。（图3－29B；彩版3－42：7）

M21：16，玉珠。位于玉钺下东部。白色。长1厘米。粉化严重，未能提取。

M21：17，玉管。位于玉钺下西部。白色。长4厘米。粉化严重，未能提取。

M21：18，石锛。青灰色。长方形，有段，段斜，器身横截面楔形。长6.7、宽2.9、厚0.5～1厘米。（图3－29B；彩版3－42：3）

M22

M22位于TN16W12东南部，北邻M1，东、西两侧分别为M9、M31。2011年12月21日确认，当日清理完毕。

表土层下开口，打破⑤层。墓坑窄长形，长2.55、宽0.42、深0.2米。南壁墓口高程

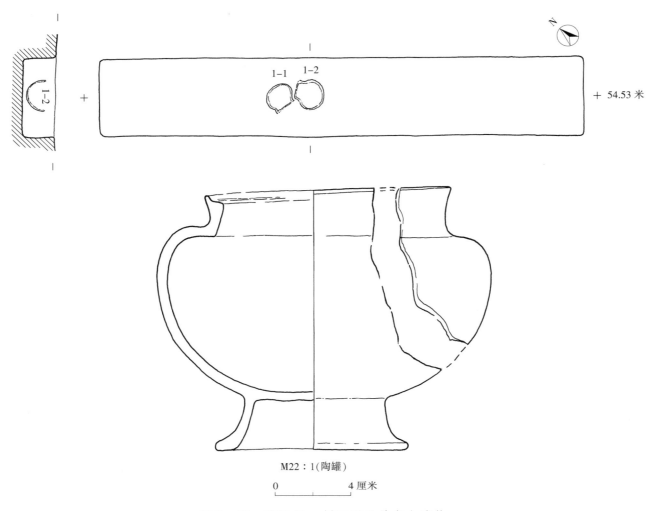

图 3 – 30　M22 平、剖面图及其出土遗物

54.53 米。墓坑内填土为红褐色，含零星炭屑。未发现葬具。墓坑呈南北向，头向不明。（图3 – 30；彩版 3 – 43：1）

随葬品仅 1 件陶罐，破碎成两半。

M22：1，陶罐。夹砂红褐陶。口内敛，鼓肩，弧腹，圈足。口径 13.2、高 14 厘米。（图3 – 30；彩版 3 – 43：2）

M30

M30 位于 TN15W12 东北部，东、西两侧分别为 M33、M21。2012 年 1 月 3 日发现，当日清理完毕。

③层下开口，打破生土，上部被破坏。墓葬利用坡地东高西低的特点，墓坑底部也呈东高西低倾斜状。墓坑长方形，长 2.35、宽 0.6、深 0.3 ~ 0.4 米。东壁墓口高程 54.4 米。墓坑内填土分为 3 层（彩版 3 – 43：3）：

第①层　黄褐色斑土，含少量炭屑，从上往下，颜色渐深，凹弧状堆积，厚约 30 厘米。为葬具外填土。

第②层　灰黄色淤土，纯净，湿软，凹弧状堆积，厚约7厘米。为葬具内塌陷及淤积土。

第③层　深黄褐色斑土，厚约8厘米。为葬具外垫土。

葬具已朽烂，根据墓坑内填土的土质土色判断，葬具为长方形，凹弧底，长1.8、宽0.35米，高不低于0.18米。据随葬品的位置判断，头向东，方向60°。（图3-31；彩版3-43：4）

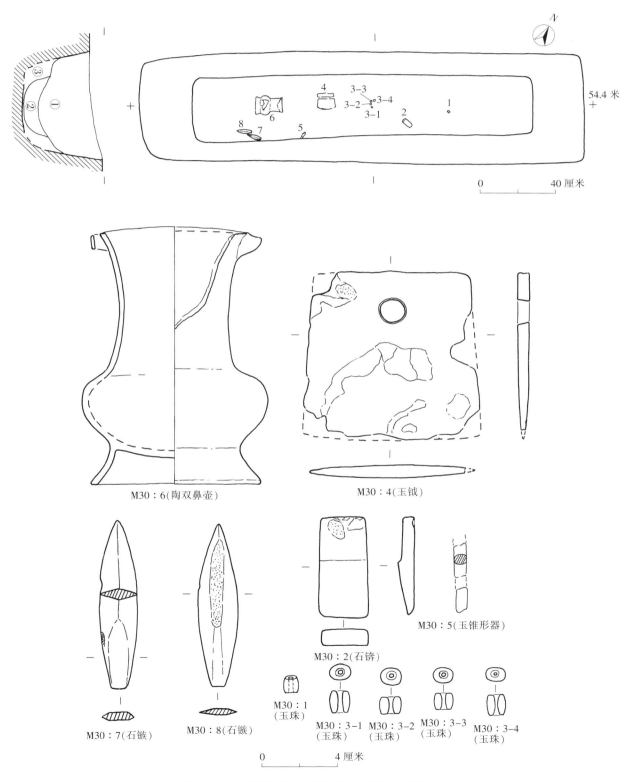

M30：6(陶双鼻壶)　　M30：4(玉钺)

M30：7(石镞)　　M30：8(石镞)

M30：2(石锛)　　M30：5(玉锥形器)

M30：1(玉珠)　M30：3-1(玉珠)　M30：3-2(玉珠)　M30：3-3(玉珠)　M30：3-4(玉珠)

图3-31　M30平、剖面图及其出土遗物

随葬品 8 件（组），陶器 1 件，石器 3 件，玉器 4 件（组），均位于棺内。玉珠、玉串饰、石锛位于东部，玉钺、玉坠位于中部偏西，陶双鼻壶与石镞置于西端。

M30:1，玉珠。鸡骨白。鼓形，一端略残损。高 0.9、最大径 0.8、孔径 0.3 厘米。（图 3 - 31；彩版 3 - 44:1）

M30:2，石锛。灰白色。长方形，有段。长 5.5、宽 2.5、厚 0.9 厘米。（图 3 - 31；彩版 3 - 44:5）

M30:3，玉串饰，由 4 颗玉珠组成，出土时集中在一起。（彩版 3 - 44:2）

M30:3 - 1，玉珠。鸡骨白。鼓形。高 1.2、最大径 1.1、孔径 0.3 厘米。（图 3 - 31）

M30:3 - 2，玉珠。鸡骨白。鼓形。高 1、最大径 1.2、孔径 0.3 厘米。（图 3 - 31）

M30:3 - 3，玉珠。鸡骨白。鼓形。高 1、最大径 1、孔径 0.3 厘米。（图 3 - 31）

M30:3 - 4，玉珠。鸡骨白。鼓形。高 1.2、最大径 1、孔径 0.3 厘米。（图 3 - 31）

M30:4，玉钺。米黄色。溶蚀严重，出土时便断裂成两块，上下错落约 3 厘米。刃端大部残，梯形，器身厚，中部向两侧渐薄。长 9.3、顶宽 8.5、刃宽 9.5、厚 0.6 厘米。（图 3 - 31；彩版 3 - 44:3）

M30:5，玉锥形器。鸡骨白，粉性。前、后端残，截面近圆形。残长 3.8、直径 0.7 厘米。（图 3 - 31；彩版 3 - 44:4）

M30:6，陶双鼻壶。出土时横置，口朝东。泥质灰陶。敞口，长颈，圆弧腹，高圈足。口径 8、足径 9.2、高 13.8 厘米。（图 3 - 31；彩版 3 - 44:8）

M30:7，石镞。尖端朝西。浅灰色。柳叶形，截面菱形，无明显铤，下端打磨成扁平状。长 9.2、宽 2、厚 0.6 厘米。（图 3 - 31；彩版 3 - 44:6）

M30:8，石镞。尖端朝西。灰色。柳叶形，截面菱形，无明显铤，下端打磨成扁平状。长 8.8、宽 2.1、厚 0.4 厘米。（图 3 - 31；彩版 3 - 44:7）

M31

M31 位于 TN15W12 与 TN16W12 交界处。2012 年 3 月 23 日发现，当日清理完毕。

表土层下开口，打破③层，东部被破坏。墓坑长方形，直壁，平底，残长 1.5、宽 0.68、深 0.08 米。西壁墓口高程 54.78 米。墓坑呈东西向，头向不明。填土为黄褐色斑土，未发现葬具痕迹。（图 3 - 32；彩版 3 - 45:1）

随葬品共 3 件，陶器、石器、玉器各 1 件。

M31:1，石钺。青黄色。"风"字形，中间厚、往两侧渐薄，双面管钻孔。长 10.2、顶宽 5.1、刃宽 6.2、厚 1、孔径 1.15 厘米。（图 3 - 32；彩版 3 - 45:2）

M31:2，陶壶。泥质灰陶，破碎严重，无法复原。

M31:3，玉珠。鸡骨白。鼓形，残。高 0.7、最大径 0.8、孔径 0.4 厘米。（图 3 - 32）

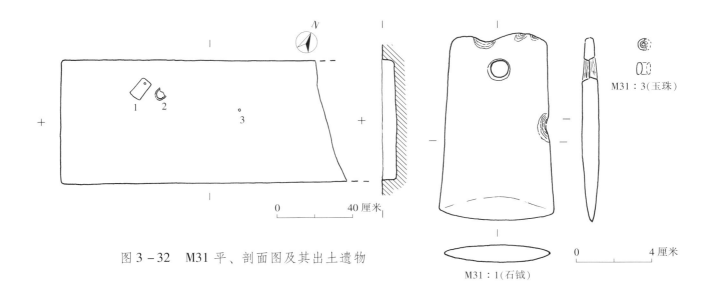

图 3 - 32　M31 平、剖面图及其出土遗物

M31：3（玉珠）

M31：1（石钺）

M32

M32 位于 TN16W12 西南部。2012 年 3 月 25 日发现，26 日上午清理完毕。

表土层下开口，打破③层，北部大部分被取土破坏，残存底部。墓坑长方形，直壁，弧底，长 2.7、宽 0.8、深 1.13 米。南壁墓口高程 54.55 米。墓坑底部坚硬而光滑，可能经过人工处理（彩版 3 - 46：1、2）。坑内填土分为 5 层：

第①层　黄褐色斑土，含零星炭屑，少量夹砂红褐色、泥质灰陶残片陶片，凹弧状堆积，厚约 65 厘米。为葬具外填土。

第②层　褐红色粗沙土，纯净，质地坚硬，凹弧状堆积，厚约 40 厘米。为葬具内塌陷土。

第③层　灰白色淤土，湿软，纯净，凹弧状堆积，南北两端略厚，厚约 7 厘米。为尸体腐烂后形成的淤积土。

第④层　黄褐色斑土，含较多灰色淤斑，厚约 32 厘米。为下葬后葬具与墓坑之间的填土。

第⑤层　褐红色沙土，质地坚硬，表面光滑，经解剖，为凹弧状，厚 2～22 厘米。为葬具外垫土。

据坑内填土的土质土色判断，葬具为长方形，弧底，长 2.2、宽 0.5 米，高不低于 0.55 米。根据随葬品的位置判断，头向南，方向 150°。（图 3 - 33A；彩版 3 - 46：3）

随葬品共 5 件，陶器 1 件，石器 4 件，均位于葬具内。2 件石钺置于墓坑中部左右，陶壶及石镞置于北部。

M32：1，石钺。深灰色。刃角圆弧，双面管钻孔，中间厚、往两侧渐薄。长 14.5、顶宽 8、刃宽 9.5、厚 1.5、孔径 2.5 厘米。（图 3 - 33B；彩版 3 - 47：1）

M32：2，石钺。青灰色。梯形，两侧斜肩，双面管钻孔，中间厚、往两侧渐薄。长 11.2、

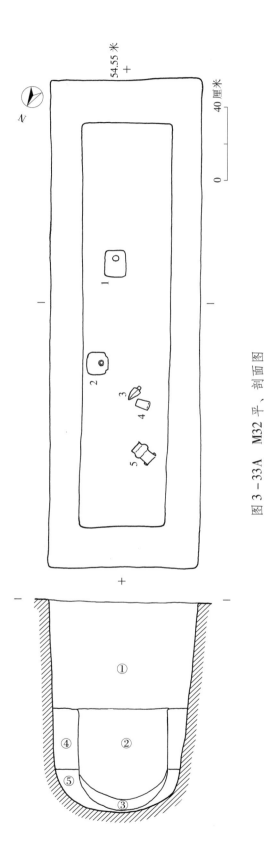

图 3 – 33A M32 平、剖面图

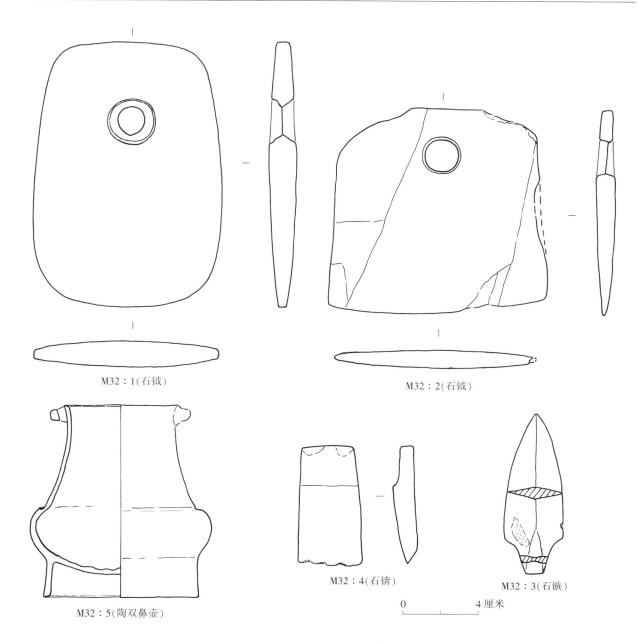

M32：1（石钺）

M32：2（石钺）

M32：5（陶双鼻壶）

M32：4（石锛）

M32：3（石镞）

0　　　　　　　　4 厘米

图 3 - 33B　M32 出土遗物

顶宽 4、刃宽 11.5、厚 1、孔径 2 厘米。（图 3 - 33B；彩版 3 - 47：2）

　　M32：3，石镞。青灰色。柳叶形，截面菱形，有铤，截面扁平，中间略凹。长 8.8、宽 3、厚 0.6 厘米。（图 3 - 33B；彩版 3 - 47：3）

　　M32：4，石锛。青灰色，白色竖向条纹。长方形，有段，斜刃。高 6.5、顶宽 2.8、刃宽 3.4、厚 1.1 厘米。（图 3 - 33B；彩版 3 - 47：4）

　　M32：5，陶双鼻壶。泥质灰陶。敞口，倒喇叭形长颈，弧腹，高圈足。口径 6、足径 8.2、高 10.6 厘米。（图 3 - 33B；彩版 3 - 46：4）

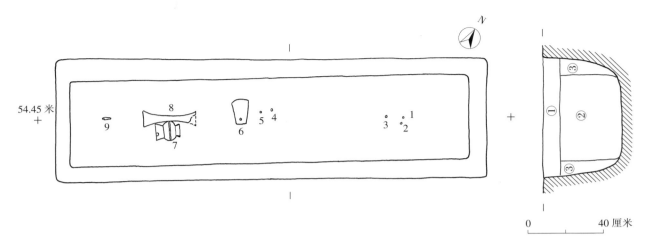

图 3 - 34A　M33 平、剖面图

M33

M33 位于 TN15W12 东北角与 TN15W11 西北角，东、西两侧分别为 M7、M30。2012 年 3 月 31 日去除 TN15W12 东隔梁时发现，4 月 7 日清理，8 日下午清理完毕。该墓随葬的漆觚保存较好，进行了整体提取，运回室内清理和保护。

③层下开口，打破生土。墓坑长方形，斜壁，平底，长 2.3、宽 0.66、深 0.4 米。西壁墓口高程 54.45 米。坑内填土分为 3 层（彩版 3 - 48：1）：

第①层　黄褐色土，质地较硬，纯净，水平堆积，厚约 10 厘米。为葬具外上部填土。

第②层　黄褐色斑土，颜色较上层斑杂，厚约 32 厘米。为葬具内塌陷土。

第③层　黄褐色斑土，较葬具内填土纯净，厚约 32 厘米。为葬具与墓坑间填土。

据墓坑内填土的平、剖面判断，葬具为长方形，平底，长 2.12、宽 0.47 米，高不低于 0.32 米。根据随葬品的位置判断，头向东，方向 60°。（图 3 - 34A；彩版 3 - 48：3）

随葬品共 9 件，陶器 1 件，玉器 7 件，漆器 1 件，均位于葬具内。玉珠位于东半部，玉钺位于中部，陶壶、漆觚位于西部，玉锥形器位于最西端。（彩版 3 - 48：2）

M33：1，玉珠。鸡骨白。粉状，无法起取。

M33：2，玉珠。鸡骨白。鼓形。高 0.8、最大径 0.7、孔径 0.3 厘米。（图 3 - 34B；彩版 3 - 49：1）

M33：3，玉珠。鸡骨白。鼓形，残。高 1.3、最大径 1、孔径 0.4 厘米。（图 3 - 34B；彩版 3 - 49：2）

M33：4，玉珠。鸡骨白。鼓形，残。高 1、最大径 0.7、孔径 0.4 厘米。（图 3 - 34B）

M33：5，玉珠。鸡骨白。鼓形，残。高 0.7、最大径 0.7、孔径 0.4 厘米。（图 3 - 34B）

M33：6，玉钺。青白色，夹黄斑。"风"字形，器身扁平，其上保留凹弧形切割痕。刃部有多处崩疤，顶部则保留有片切割痕。长 14.8、顶宽 5.2、刃宽 8.8、厚 0.6、孔径 1 厘米。（图 3 - 34B；彩版 3 - 50）

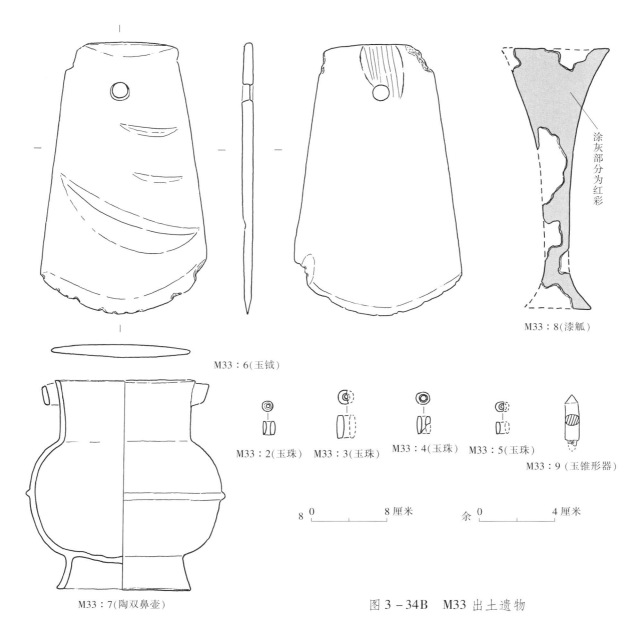

M33：6(玉钺)

M33：8(漆瓠)

涂灰部分为红彩

M33：2(玉珠)　M33：3(玉珠)　　M33：4(玉珠)　M33：5(玉珠)

M33：9(玉锥形器)

8　0　　　　8厘米　　　余　0　　　　4厘米

M33：7(陶双鼻壶)　　　　　　　图3－34B　M33出土遗物

　　M33：7，陶双鼻壶。泥质灰陶。侈口，短颈，圆弧腹，圈足，腹中部施一周凸棱。高11.5、口径7厘米。(图3－34B；彩版3－49：4)

　　M33：8，漆瓠。暗红色。木胎已朽烂。喇叭口，小平底，整器细高。口径11.4、底径7.2、高28.4厘米。(图3－34B；彩版3－49：5)

　　M33：9，玉锥形器。鸡骨白。截面圆形，首尖，尾端出榫，榫上钻孔。长3.2、直径0.7、孔径0.15厘米。(图3－34B；彩版3－49：3)

M34

　　M34位于TN16W12中东部，东西两侧分别为M2、M1。2012年4月7日发现，当日清理完毕。

M34 表土层下开口，打破⑤层，北部被取土彻底破坏。墓坑长方形，直壁，平底，残长 0.25、宽 0.4、深 0.24 米。南壁墓口高程 54.5 米。墓坑大体呈南北向。坑内填土分为黄褐色斑土。从填土的平面上判断，葬具宽 0.3 米。未发现随葬品。（图 3－35）

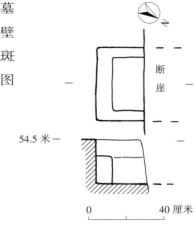

图 3－35　M34 平、剖面图

（三）南区

本区墓葬 10 座，包括 M35～M44。

M35

M35 位于 TN6W5 东南角，南邻 M39、M40。2012 年 5 月 2 日下午发现，3 日上午清理完毕。

②层下开口，打破生土，墓坑上部被破坏。墓坑长方形，直壁，平底，长 2.45、宽 0.7、深 0.14 米。南壁墓口高程 61.14 米。坑内填土为黄褐色斑土，质地松软，纯净，水平堆积，厚 17 厘米。未发现葬具。根据随葬品的位置判断，头向北，方向 333°。（图 3－36A；彩版 51：1、2）

随葬品共 4 件，陶纺轮 1 件，玉器 3 件。玉器位于墓坑中北部，陶纺轮位于南部。

M35：1，玉珠。鸡骨白。鼓形。外径 0.6、孔径 0.25、高 0.7 厘米。（图 3－36B）

M35：2，玉管。鸡骨白。圆柱形。外径 1、孔径 0.5、高 1.4 厘米。（图 3－36B；彩版 3－51：3）

M35：3，玉坠。鸡骨白，粉状。残，截面呈半圆形，不确定是否有钻孔。长 1.7、宽 1.1、厚 0.5 厘米。（图 3－36B；彩版 3－51：4）

M35：4，陶纺轮。夹砂灰褐陶。圆台形。顶径 4.2、底径 3.6、厚 1.1、孔径 0.5 厘米。（图 3－36B；彩版 3－51：5）

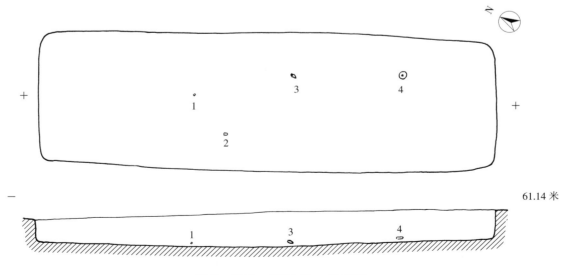

图 3－36A　M35 平、剖面图

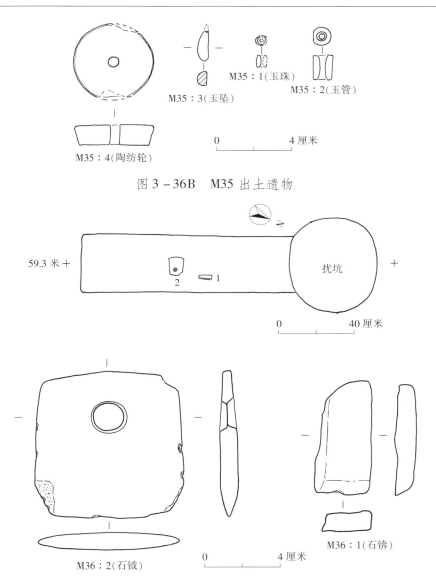

图 3 - 36B M35 出土遗物

图 3 - 37 M36 平面图及其出土遗物

M36

M36 位于 TN6W6 西部。2012 年 5 月 5 日发现，当日清理完毕。

表土层下开口，打破生土，墓坑北部被扰动破坏。墓坑长方形，直壁，平底，残长 1.1、宽 0.32、深 0.08 米。南壁墓口高程 59.3 米。坑内填土为黄褐色斑土，质地松软，水平堆积，厚 7 厘米。未发现葬具。墓坑基本呈南北向，头向不明。（图 3 - 37；彩版 3 - 52：1）

随葬品共 2 件，均石器，位于墓坑南半部。

M36：1，石锛。青黄色。溶蚀严重，长方形，无段。长 6.3、宽 2.9、厚 1 厘米。（图 3 - 37；彩版 3 - 52：2）

M36：2，石钺。灰色。近方形。长 8、宽 7.8、厚 1、孔径 1.8 厘米。（图 3 - 37；彩版 3 - 52：3）

M37

　　M37 位于 TN5W5 东南部，东邻 M41。2012 年 5 月 17 日发现，当日清理完毕。

　　表土层下开口，打破生土，南部被破坏。墓坑长方形，直壁，平底，长 1.7、宽 0.64、最深 0.35 米。北壁墓口高程 61.38 米。坑内填土为黄褐色斑土，质地松软，水平堆积，厚 5～35 厘米。未发现葬具。根据石镞位置判断，头向北，方向 37°。（图 3－38；彩版 3－53：1）

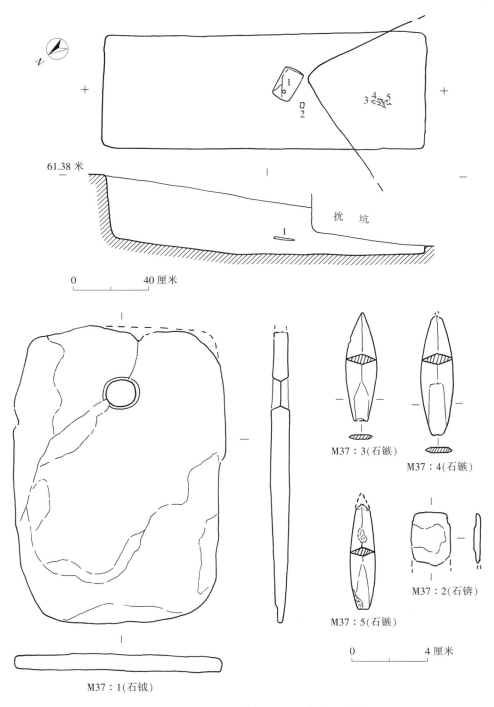

图 3－38　M37 平、剖面图及其出土遗物

随葬品共5件，均为石器。石锛、石钺位于墓坑中部，石镞集中叠放在墓坑南端，前端均朝南。

M37：1，石钺。青黄色。溶蚀严重，圆角长方形，器身平整，未开刃。长16.2、宽11.2、厚1.0、孔径1.8厘米。（图3-38；彩版3-53：2）

M37：2，石锛。浅灰色。溶蚀严重，刃端残。长方形，无段。残长3、宽2、厚0.3厘米。（图3-38；彩版3-53：3）

M37：3，石镞。浅灰色。柳叶形，截面菱形，尾端打磨成扁平状作铤。长6、宽1.6、厚0.5厘米。（图3-38；彩版3-53：4）

M37：4，石镞。浅灰色。柳叶形，截面菱形，尾端打磨成扁平状作铤。长6.6、宽1.7、厚0.6厘米。（图3-38；彩版3-53：5）

M37：5，石镞。浅灰色。前端残，柳叶形，截面菱形，尾端打磨成扁平状作铤。残长5.8、宽1.3、厚0.5厘米。（图3-38；彩版3-53：6）

M38

M38位于TN7W6东南角，2011年11月25日下午村民挖树坑时，出土大型双孔石刀。2012年5月17日，刮面，确认墓圹，当日清理完毕。

②层下开口，打破生土，墓坑上部被挖土破坏。墓坑长方形，直壁，平底，长2.2、宽0.72、深0.35米。北壁墓口高程61.17米。坑内填土为红褐色斑土，质地松软，纯净，水平堆积，厚5～35厘米。未发现葬具。根据随葬品的位置判断，头向南，方向165°。（图3-39A；彩版3-54：1）

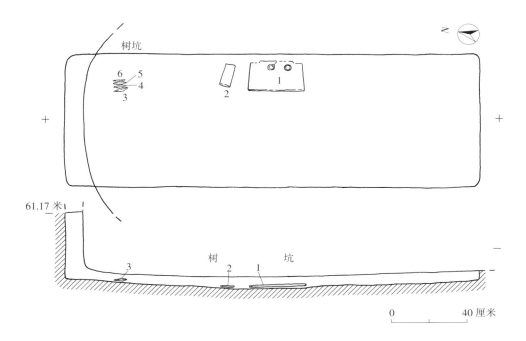

图3-39A　M38平、剖面图

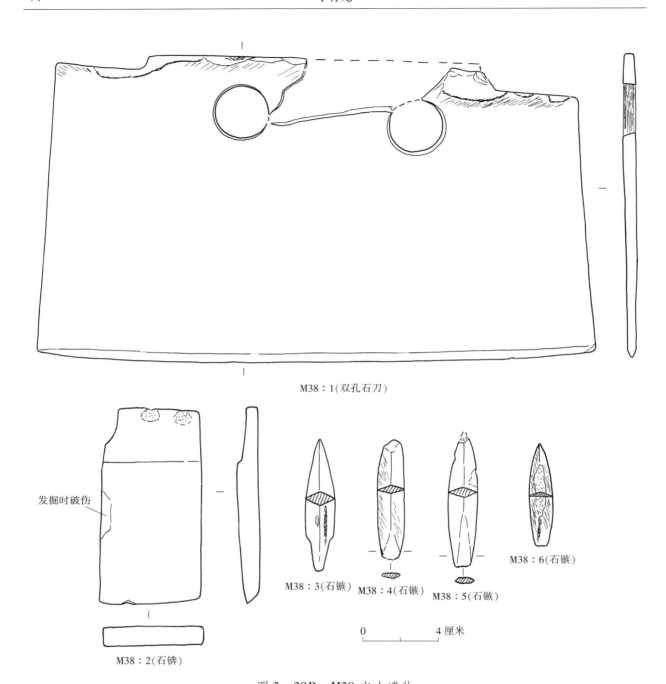

M38：1（双孔石刀）

发掘时破伤

M38：3（石镞）　M38：4（石镞）　M38：5（石镞）　M38：6（石镞）

M38：2（石锛）

0　　　　4 厘米

图 3 - 39B　M38 出土遗物

随葬品共 6 件，均为石器。石刀、石锛位于墓坑中北部，石镞位于墓坑北端。

M38：1，双孔石刀。灰色。梯形，上部钻并排双孔，左右两侧留肩。顶端长 27.8、刃端长 29.6、一侧宽 14、另一侧宽 16、厚 0.6、孔径 3 厘米。（图 3 - 39B；彩版 3 - 54：2）

M38：2，石锛。浅灰色。长方形，有段。长 10.7、宽 5.3、厚 1.1 厘米。（图 3 - 39B；彩3 - 55：1）

M38：3，石镞。灰色。柳叶形，截面菱形，尾端内收呈三角形尾翼作铤。长 7.3、宽 1.5、厚 0.8 厘米。（图 3 - 39B；彩版 3 - 55：2）

M38：4，石镞。青灰色。前端残，柳叶形，截面菱形，尾端打磨成扁平状作铤。残长6.6、宽1.5、厚0.4厘米。（图3-39B；彩版3-55：3）

M38：5，石镞。青灰色。柳叶形，截面菱形，尾端打磨成扁平状作铤。长7.2、宽1.5、厚0.6厘米。（图3-39B；彩版3-55：4）

M38：6，石镞。青灰色。柳叶形，截面三角形，无明显铤。长5.7、宽1.2、厚0.2厘米。（图3-39B；彩版3-55：5）

M39

M39位于TN5W5东北角，西邻M40，北邻M35。2012年5月17日刮面时发现，墓圹清楚。18日清理，当日清理完毕。

表土层下开口，打破生土，墓坑上部被破坏，长方形，直壁，底部两端高，中间略弧，长2.18、宽0.6、深0.26米。南壁墓口高程61.43米。坑内填土为黄褐色斑土，质地松软，含炭屑和零星夹砂红褐陶片，厚26厘米。未发现葬具。根据随葬品的位置判断，头向南，方向152°。（图3-40；彩版3-56：1）

随葬品共3件，陶器2件，玉器1件，集中放置在墓坑的北部。

M39：1，陶双鼻壶。出土时横躺，口朝南。泥质灰陶。敞口，长颈，扁圆腹，圈足。口径6.8、足径7.1、高11.7厘米。（图3-40；彩版3-56：2）

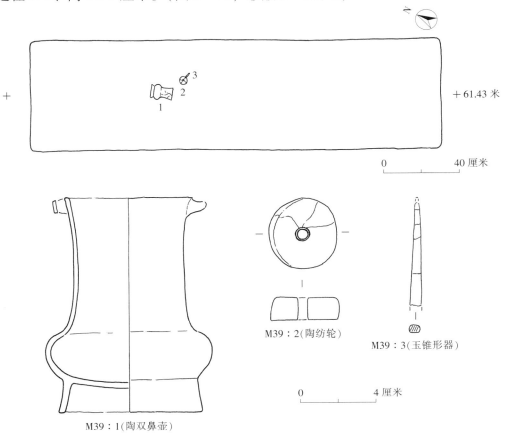

M39：1（陶双鼻壶）

M39：2（陶纺轮）

M39：3（玉锥形器）

图3-40　M39平面图及其出土遗物

M39：2，陶纺轮。夹砂黑灰陶。近圆饼形。直径 3.6～3.8、厚 1.2、孔径 0.5 厘米。（图 3－40；彩版 3－56：3）

M39：3，玉锥形器。鸡骨白。尾端残，截面扁圆形。长 5.7、直径 0.4～0.55 厘米。（图 3－40；彩版 3－56：4）

M40

M40 位于 TN5W5 东北部，东邻 M39。2012 年 5 月 21 日刮面时发现，当日清理完毕。

表土层下开口，打破生土，墓坑上部被挖土破坏。墓坑长方形，直壁，平底，长 2.3、宽 0.76、深 0.48 米。西壁墓口高程 61.16 米。坑内填土为黄褐色细沙土，质地松软，纯净，含零星炭屑。

清理到距墓口 35 厘米时，平面上刮面，发现葬具痕迹。长方形，长 2.0、宽 0.49 米，高不低于 0.15 米，葬具外填土较葬具内偏红褐色。根据随葬品的位置判断，头向东，方向 67°。（图3－41A；彩版 3－57：1）

随葬品共 5 件，石器 4 件，玉器 1 件，均位于棺内。双孔石刀位于东部，玉锥形器位于中部，石镞集中放置在西部北侧。

M40：1，双孔石刀。灰色。扁梯形，整器厚实，中部偏上并列钻左右两孔，左右两侧边打磨呈尖凸状。顶端长 17.4、刃端长 18.8、宽 6.3、厚 1、孔径 1.5 厘米。（图 3－41B；彩版 3－57：6）

M40：2，玉锥形器。暗紫色。截面圆角三角形，首尖，尾端出榫，榫上穿孔。长 3.2、直径 0.8、孔径 0.15 厘米。（图 3－41B；彩版 3－57：2）

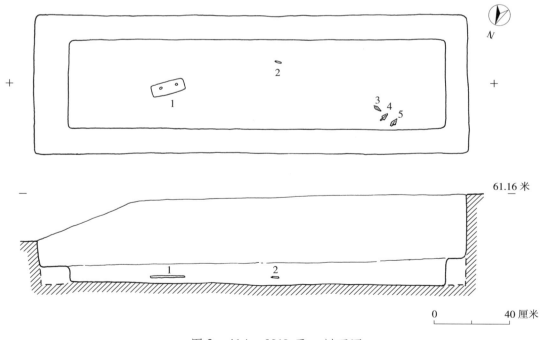

图 3－41A　M40 平、剖面图

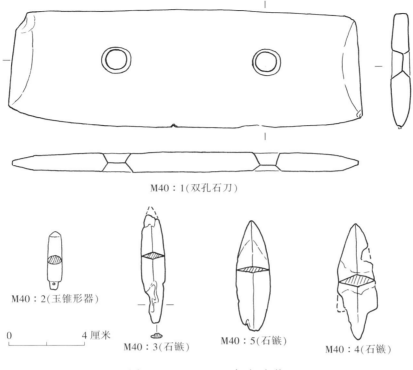

M40：1（双孔石刀）

M40：2（玉锥形器）

0　　　　　4 厘米

M40：3（石镞）　　　M40：5（石镞）　　　M40：4（石镞）

图 3 - 41B　M40 出土遗物

M40：3，石镞。浅灰色。柳叶形，前端残，截面菱形，尾端打磨成扁平状作铤。残长 5.9、宽 1.2、厚 0.4 厘米。（图 3 - 41B；彩版 3 - 57：3）

M40：4，石镞。浅灰色。柳叶形，截面菱形，尾端内收呈三角形尾翼作铤。长 6.4、宽 2.1、厚 0.6 厘米。（图 3 - 41B；彩版 3 - 57：4）

M40：5，石镞。浅灰色。柳叶形，截面菱形，无明显的铤。长 6.1、宽 1.8、厚 0.35 厘米。（图 3 - 41B；彩版 3 - 57：5）

M41

M41 位于 TN5W4 西部，西距 M37 约 1.5 米。2012 年 5 月 26 日刮面时发现，次日清理完毕。

表土层下开口，打破生土。墓坑长方形，直壁，平底，长 2.35、宽 0.62、深 0.37 米。西壁墓口高程 61.31 米。坑内填土为红褐色斑土，质地松软，含零星陶片。向下清理约 10 厘米时，平面上刮面，发现葬具痕迹。长方形，葬具内填土较葬具外含更多黄斑，长 2.1、宽 0.38 米，高不低于 0.25 米。根据随葬品位置判断，头向东，方向 65°。（图 3 - 42；彩版 3 - 58：1）

随葬品共 7 件，均为石器，全部放置在棺内中部。箭头前端朝东，石钺刃向内，石锛、石凿刃向西（彩版 3 - 58：2）。

M41：1，石钺。青灰色。梯形。顶部保留片疤，刃部有使用形成的崩缺。长 10.8、顶宽 9、刃宽 9.8 厘米。（图 3 - 42；彩版 3 - 58：3）

M41：2，石镞。青灰色。柳叶形，截面菱形，尾端打磨成扁平状作铤。长 6.6、宽 1.7、

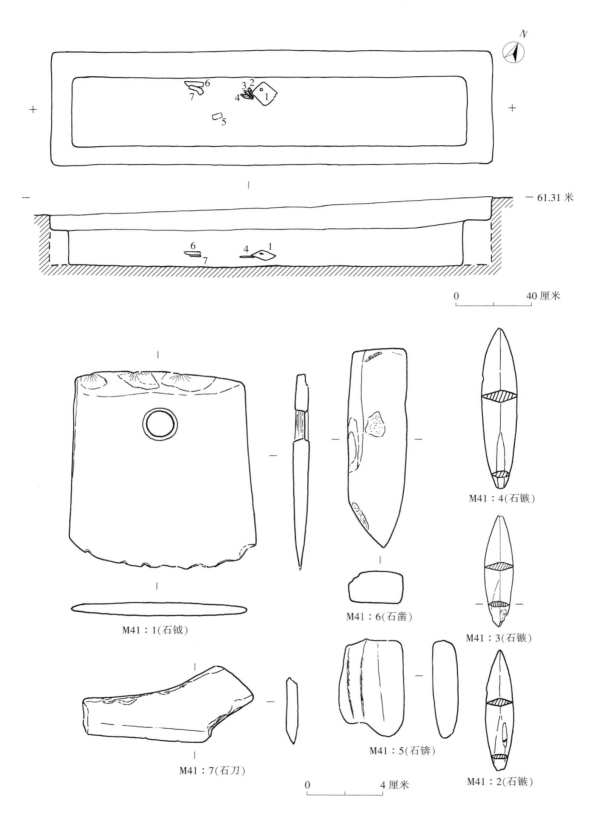

－ 61.31 米

0   40 厘米

M41：1(石钺)

M41：6(石凿)

M41：4(石镞)

M41：3(石镞)

M41：7(石刀)

M41：5(石锛)

M41：2(石镞)

0   4 厘米

图 3－42 M41 平、剖面图及其出土遗物

厚 0.4 厘米。（图 3 - 42；彩版 3 - 59：1）

M41：3，石镞。青灰色。柳叶形，截面菱形，尾端打磨成扁平状作铤。长 6.3、宽 1.5、厚 0.5 厘米。（图 3 - 42；彩版 3 - 59：2）

M41：4，石镞。灰色。柳叶形，截面菱形，尾端打磨成扁平状作铤。长 8.8、宽 1.8、厚 0.6 厘米。（图 3 - 42；彩版 3 - 59：3）

M41：5，石锛。青灰色。长方形，器身有纵向纹理，刃端溶蚀严重。长 5.2、宽 3.5、厚 1.4 厘米。（图 3 - 42；彩版 3 - 59：5）

M41：6，石凿。青灰色。横截面呈长方形。长 11、宽 3、厚 1.8 厘米。（图 3 - 42；彩版 3 - 59：4）

M41：7，石刀。深灰色。器身扁平，斜把，双面锋。刃长 6.5、总长 9、宽 2～3.8、厚 0.5 厘米。（图 3 - 42；彩版 3 - 59：6）

M42

M42 位于 TN2W2 西北角。2012 年 7 月 10 日在清理完 H30②层后，出露一组集中放置的完整陶器，共 3 件。陶器周边填土为灰黄色，长条形，约呈南北向，长约 1.3、宽 0.4、残深约 0.07 米。（图 3 - 43A；彩版 3 - 60：1）

M42：1，陶鼎。夹砂红褐陶。敞口，口沿内壁凹弧，腹中下部弧折，素面鱼鳍形鼎足，足跟残断。口径 14、残高 10 厘米。（图 3 - 43B；彩版 3 - 60：2）

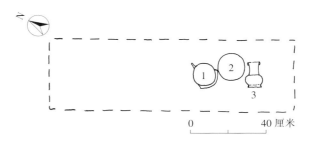

图 3 - 43A　M42 平面图

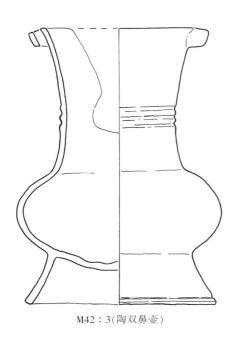

M42：3(陶双鼻壶)

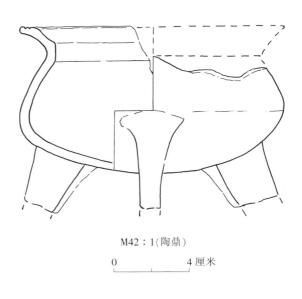

M42：1(陶鼎)

0　　　　　4 厘米

图 3 - 43B　M42 出土遗物

　　M42：2，陶豆。泥质灰陶。残，未能修复。

　　M42：3，陶双鼻壶。泥质灰陶。敞口，长颈，弧腹，喇叭形圈足外撇较甚。口径8.2、底径10、高15厘米。（图3－43A；彩版3－60：3）

M43

　　位于TN2W2西南角。2012年7月31日，清理完H30③层后发现，当日清理完毕。

　　墓坑长方形，东西向，直壁，平底，长2.1、宽0.45、深0.18米。坑内填土为深黄褐色花斑土，含一些陶片。未见随葬品。（图3－44；彩版3－61：1）

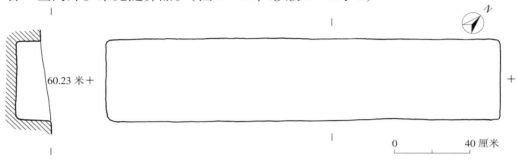

图3－44　M43平、剖面图

M44

　　M44位于TN1W2北部。2012年8月30日刮面时发现，当日清理完毕。

　　表土层下开口，打破H33。墓坑长方形，直壁，弧底，长2、宽0.55～0.6、深0.42米。南壁墓口高程60.87米。坑内填土为黄褐色，夹红斑，质地较硬，未见包含物。向下清理约10厘米时，平面上刮面，发现葬具痕迹。葬具长方形，其外填土含更多灰斑，长1.72、宽0.25～0.35米，高不低于0.2米。人骨朽烂，仅在陶壶东侧发现一段肢骨，长约16厘米。根据随葬品位置判断，头向南，方向165°。（图3－45；彩版3－61：2）

　　坑内填土分5层（彩版3－61：3）：

　　第①层　深黄褐色斑土，厚约10厘米。为葬具外填土。

　　第②层　浅黄色斑土，厚约18厘米。为葬具内塌陷土。

　　第③层　灰白色淤土，松软，厚约2厘米。为尸体与葬具腐烂后形成的淤积土。

　　第④层　浅黄色斑土，含较多灰斑，厚约20厘米。为葬具与墓坑间填土。

　　第⑤层　红褐色沙土，坚硬而光滑，厚约7厘米。为葬具外垫土。

　　随葬品共3件，陶器2件，石器1件，均位于棺内。石器位于南部，陶器位于墓坑中部偏北。

　　M44：1，石器。青黄色。残，器形不明。厚0.8厘米。

　　M44：2，陶纺轮。夹砂灰胎黄褐陶。台形。顶径3.5、底径3、厚1.3厘米。（图3－45）

　　M44：3，陶双鼻壶。泥质灰陶。直口，长颈，扁弧腹，圈足残。口径5.5、残高9厘米。（图3－45；彩版3－61：4）

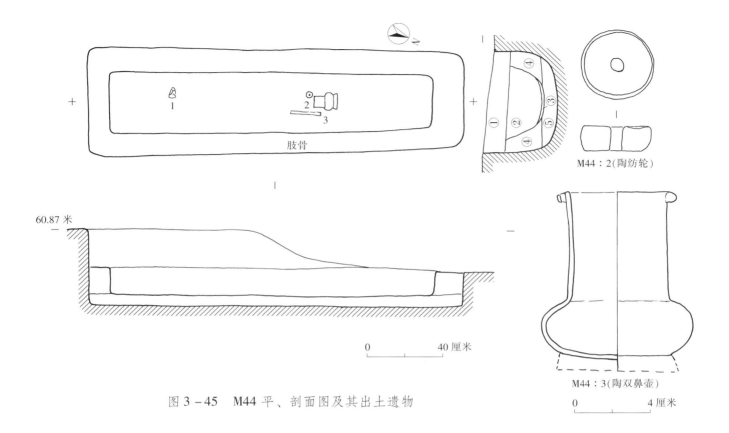

M44∶2(陶纺轮)

M44∶3(陶双鼻壶)

图 3 - 45　M44 平、剖面图及其出土遗物

第二节　灰　坑

一　概述

共清理良渚文化灰坑 28 座，其中北区 20 座，绝大部分集中在 TN18W9 内，南区 7 座，另有 1 座（H29）位于发掘区中部。灰坑平面形状大多为不规则的圆形或椭圆形，直径一般在 1 米左右，南区的灰坑体量均比较大，口径在 4 米左右，H30 口径更是达到了 14 米。多数灰坑比较浅，深度在 0.1 ~ 0.5 米不等，个别深达 1 米左右。绝大多数灰坑内包含物很少，仅含零星的残陶片及石镞、石锛等残石器，唯 H30 包含物异常丰富。

因部分灰坑大小、形状及功能相近，且基本没有完整遗物，以下不一一介绍，仅择要或典型性灰坑进行介绍，其余则以列表形式附后。

二　分述

H1

H1 位于 TN18W10 东隔梁，开口于③层下。平面近圆形，弧壁，圜底，口径 0.88 ~ 1.06、深 0.25 米。（图 3 - 46；彩版 3 - 62∶1）

坑内填土可分为 2 层：

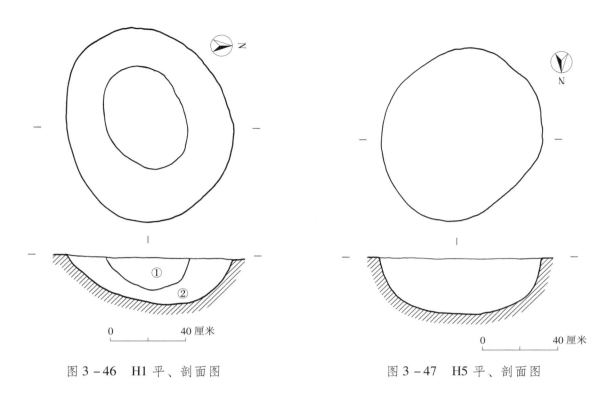

图 3-46 H1 平、剖面图   图 3-47 H5 平、剖面图

第①层 红烧土，凹弧状分布在坑内中部，松软，厚约 15 厘米。

第②层 黄褐色斑土，纯净，松软，连续分布在红烧土的外围，厚约 8～10 厘米。含零星夹砂红褐陶片和残石刀 1 件。

H5

H5 位于 TN18W9 中部偏南，开口于③层下，打破④层和 H15。平面呈近圆形，弧壁，圜底，口径 0.85～0.95、深 0.3 米。坑内填土为黄褐色斑土，中间夹杂较多红烧土颗粒，包含物很少，可辨器形有夹砂红褐陶鼎口沿和零星泥质灰陶残片及石镞 1 件。（图 3-47；彩版 3-62：2）

H13

H13 位于 TN18W9 东南角，开口于③层下，打破④层，被 M3 打破。大部分位于东隔梁及北隔梁下。已清理部分平面呈扇形，弧壁，底中部略高，口径 0.8～1.1、深 0.35 米。（图 3-48；彩版 3-62：3）

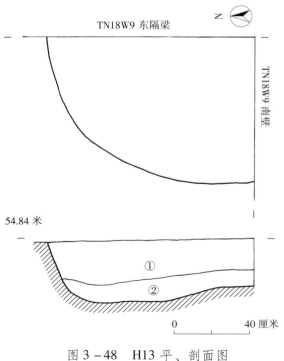

图 3-48 H13 平、剖面图

坑内填土可分为 2 层：

第①层　灰黄色沙土，质地疏松，厚 0.17～0.23 米。含少量陶片，见有夹砂红褐陶、夹砂灰褐陶、泥质灰陶残片。

第②层　黄褐色斑土，纯净，厚约 0～0.13 米。未见包含物。

H18

H18 位于 TN7W5 西南部，表土层下开口，打破生土。形状不规则，西侧被现代树坑打破，直壁，平底，东西长约 4.8、南北宽 1.3～2.5、深 0.1～0.15 米。填土中包含较多陶片和一些残石制品。陶片以夹砂红褐陶为主，少量泥质灰陶。石制品见有石镞、石锛、砺石等。（彩版 3 - 62：4）

H18：1，陶鼎足。夹砂红褐陶。残，鱼鳍形，素面，横截面由外向内渐薄。残高 9、最厚 1.5 厘米。（图 3 - 49）

H18：2，陶鼎足。夹砂红褐陶。上部残，凿形。残高 8 厘米。（图 3 - 49）

H18：3，陶鼎足。夹砂红褐陶。下部残，圆锥形，截面扁圆。残高 4.8 厘米。（图 3 - 49）

H18：4，石锛。青灰色。上部残。残长 2.2、厚 1 厘米。（图 3 - 49）

H18：5，砺石。形状不规则，两个磨面相交，脊线分明，磨面保留清晰的划线痕，侧边

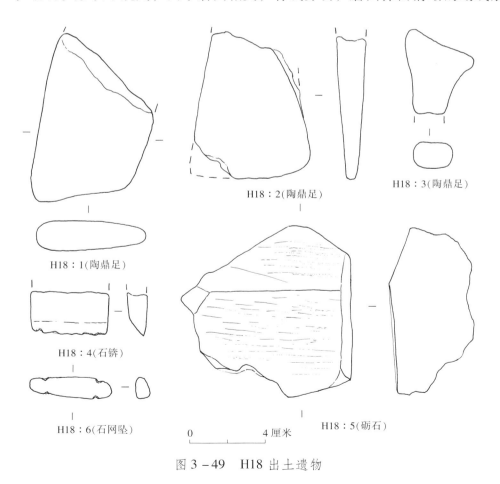

图 3 - 49　H18 出土遗物

及背面自然，凹凸不平。长9、宽9.2、厚4.2厘米。（图3-49；彩版3-62：5）

H18：6，石网坠。青灰色，系自然砾石加工。截面呈弧角三角形，左右两端分别上下对称切割凹缺。长4.2、宽1.2厘米。（图3-49）

H23

H23 位于 TN6W6、TN6W5、TN7W6、TN7W5 四个探方交界处。表土层下开口。平面形状不规则，凹弧底。清理部分口径2.25~4.2、深0.5米。坑内填土为灰黄色土，质地略硬，填土中含少量陶片和零星石器。陶片主要为泥质灰陶和夹砂红褐陶，石器2件均为石镞。

H23：1，石镞。紫色。柳叶形，后端磨平作铤。长8.2、宽3、厚1厘米。（图3-50；彩版3-63：1）

H23：2，石镞。浅灰色。柳叶形，无铤。长7.9、宽1.6、厚0.7厘米。（图3-50）

H23：3，陶纺轮。夹砂灰褐陶。圆台形。台面直径3、最大径3.6、厚1.3、孔径0.5厘米。（图3-50）

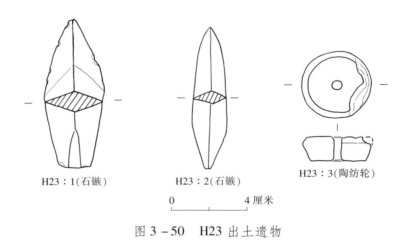

H23：1（石镞）　　　　H23：2（石镞）　　　　H23：3（陶纺轮）

0　　　　　　　4厘米

图3-50　H23 出土遗物

H24

H24 位于 TN6W5、TN5W5、TN6W6、TN5W6 四个探方交界处。表土层下开口。平面形状约呈梨形，TN5W6 东北角未发掘，凹弧底，口径4.4~5.6、深0.90米。坑内填土为灰黄色土，质地略硬，填土中含少量夹砂红褐陶片和零星石器。陶器可见器形有纺轮等，石器有网坠4件、石镞3件、石锛2件。（图3-51）

H24：2，石镞。青灰色。前端略残，柳叶形，截面菱形，后端磨平作铤。长5.7、宽2.1、厚0.45厘米。（图3-51；彩版3-63：2）

H24：3，石锛。浅灰色。器身扁平，无段。上部保留片疤，刃部有使用崩缺。长4、宽3、厚0.7厘米。（图3-51；彩版3-63：3）

H24：4，石镞。灰色。柳叶形，截面菱形，铤为扁圆柱形。长7、宽1.5、厚0.7厘米。（图3-51）

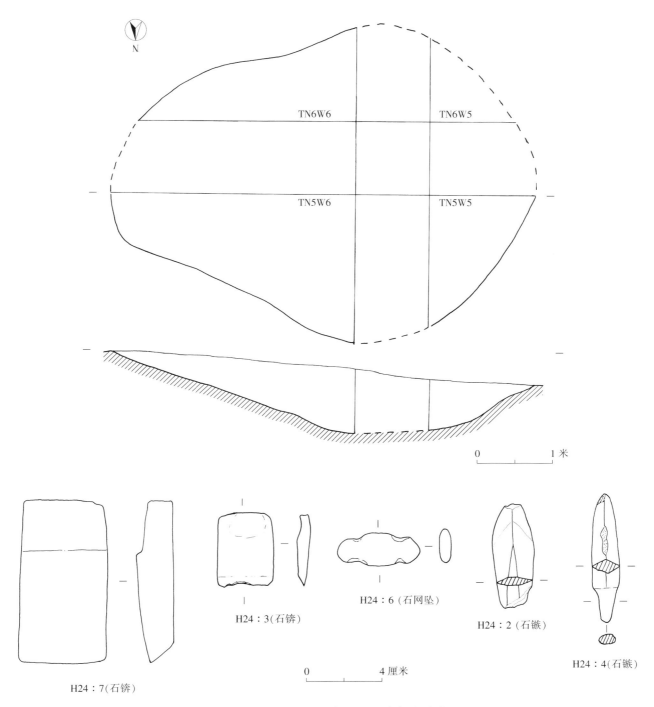

图 3－51　H24 平、剖面图及其出土遗物

　　H24：6，石网坠。青黄色。器身扁平。长 4.2、宽 1.8、厚 0.6 厘米。（图 3－51；彩版 3－63：4）

　　H24：7，石锛。青灰色。长方形，有段，有段面略呈弧背状。长 8.8、宽 4.7、厚 1.4～1.9 厘米。（图 3－51；彩版 3－63：5）

H27

H27 位于 TN8W3 西南部。表土层下开口，打破烧火坑。平面形状呈不规则椭圆形，底部略弧，南部有一近圆形浅坑，口径 1.9～2.5、深 0.08～0.5 米。坑内填土为黄褐色细沙土，质地松软，填土中包含少量夹砂红褐陶、泥质灰陶、泥质红陶残片。器形见有鱼鳍形鼎足等。（图 3－52；彩版 3－64：1）

H29

H29 位于发掘区中部 TN10W8 与 TN9W8 交界处。表土层下开口，打破生土。平面形状不规则，东部被辟路取土破坏，底部浅平，略

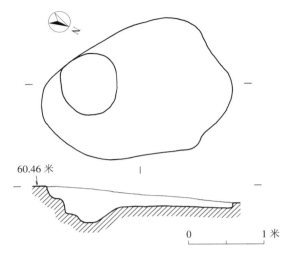

图 3－52　H27 平、剖面图

有凹凸，残长 7、最宽 3.5、深 0～0.2 米。坑内填土为黄色细沙土，质地松软，填土中包含少量陶片及石镞等零星残石器，陶片多为夹砂红褐陶。（图 3－53；彩版 3－64：2）

H29：1，石镞。灰色。柳叶形，截面菱形，前端残，后端磨平作铤。残长 6、宽 2.3、厚 0.7 厘米。（图 3－53）

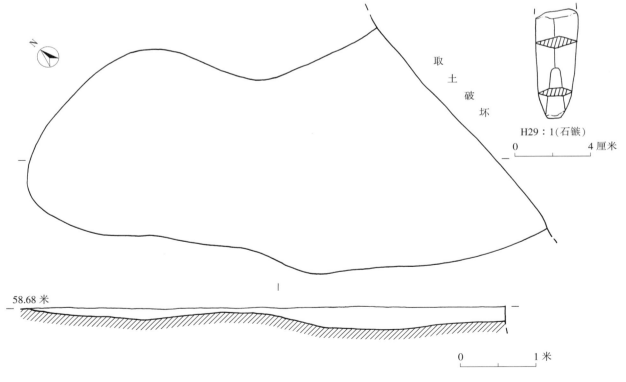

图 3－53　H29 平、剖面图及其出土遗物

H30

H30 位于发掘区最南端 TN3W3、TN3W2、TN2W3、TN2W2、TN1W2 五个探方交界处，开口于表土层下，打破生土。平面约呈不规则圆角方形，底略凹弧。长 14、宽 8、深 0.85 米。（图 3－54A；彩版 3－65：1）

坑内堆积分为 4 层（彩版 3－65：2）：

第①层，分两个亚层①。

①A 层　黄色细沙土，质地松软，东北部高、西南部低，呈斜坡状堆积，厚 0～20 厘米。出土少量陶片、残石器及数枚酸枣，陶片以夹砂红褐陶为主，少量泥质灰陶、泥质红陶。陶器可辨器形有鼎、鱼鳍形鼎足等，石器有锛、镞、网坠等。

①B 层　红烧土堆积，形状不规则，底部略凹弧，分布在坑内东北部。长 5.8、宽 2、厚 0～0.2 米。本层含有少量陶片，以夹砂红褐陶、泥质红陶为主，出土石镞、石锛、磨石等多件残石器。

第②层　灰黄色沙土，质地松软，东北高、西南低，略呈坡状堆积，厚 0～0.25 米。本层出土的陶片及石器较上层丰富，陶片以夹砂红褐陶为主，少量泥质灰陶、泥质红陶。陶器可辨器形有鼎、鱼鳍形鼎足、罐、桥形錾耳等，石器有锛、镞、网坠、刀、磨石等。

第③层　黄褐色斑土，含少量炭屑、烧土颗粒，略硬，东北高、西南低，略呈坡状堆积，厚 0～0.27 米。本层出土大量陶片、不少石块和残石器及酸枣核等遗物。陶片以夹砂红褐陶为主，其次为泥质红陶，另有少量泥灰陶及泥质黑皮陶。器形以各种形态的鱼鳍形鼎足及鼎罐类口沿片为主，另有少量豆、盆、器盖、把手等。

第④层　浅黄色斑土，厚 0～0.3 米。纯净，未见包含物，似为次生土。

H30 内的出土物以陶片为大宗，其次是各类石制品。陶片按陶质、陶色可以分为夹砂红褐陶、泥质灰陶、泥质黑皮陶、泥质红陶四大类，另有零星夹炭陶。本报告按重量对各类陶片进行了统计（图 3－54B）。按器类则包括鼎（口沿、鼎足）、豆、罐、盆、壶、錾手、大口缸等，其中鼎和罐占绝对优势。鼎以鼎足数量最多，经统计，H30①～③层出土陶片共重 117.8 千克，其中鼎足重 65 千克，包含约 650 件鼎足个体，占陶片总重量的 55.2%。本报告对鱼鳍形鼎足在各层的分布数量进行了统计（图 3－54C）。总的来说，坑内包含物的数量从上至下逐层增加，

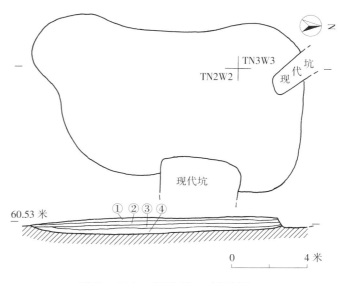

图 3－54A　H30 平、剖面图

---

①　坑内东北部原①、②层交界面处分布的红烧土堆积，野外记录中未作地层编号，为描述方便，本报告中将其编为①B 层，原①层编为①A 层。

以第③层最为丰富，最具代表性，因此，重点对H30③层出土陶片的陶系与器类、纹饰的组合关系及各类陶片的数量比例进行了统计（图3－54D；表3－1）。

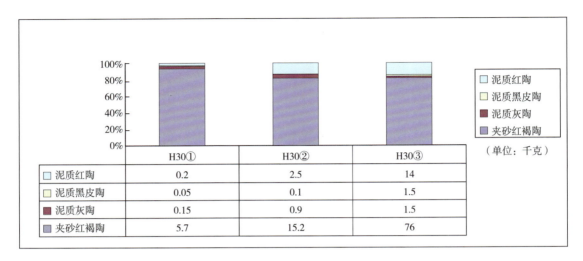

图3－54B　H30①～③层陶系重量柱状图

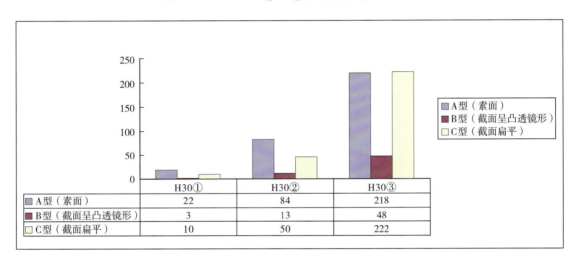

图3－54C　H30①～③层各型鱼鳍形鼎足数量柱状图

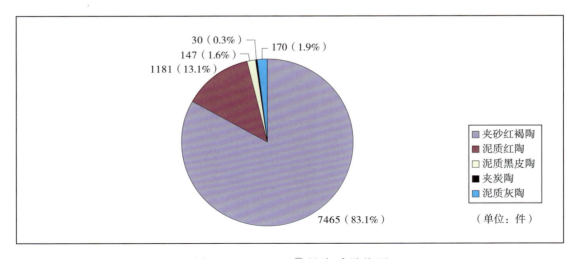

图3－54D　H30③层陶系饼状图

表 3 - 1　H30③陶系与器类、纹饰数量关系统计表

H30③	夹砂红褐陶						泥质红陶		夹炭陶		黑皮陶			泥质灰陶
	鼎足	鼎罐口沿	圈足	羊角把手	錾耳	器形不明	罐、盆	其他	罐圈足	罐口沿	豆把	豆圈足	其他	
刻划纹	423													
锥刺纹							5							
瓦楞纹							24							
弦纹		5					60				> 7			
镂孔														
素面	223	330	19	14	6	6445	15	1077	26	4		> 10	130	
总计	7465						1181		30		147			170

H30①层出土遗物

陶器

H30①A：126，陶鼎口沿。夹砂红褐陶。侈口，短沿。口径不明。（图 3 - 54E）

H30①A：127，陶鼎足。夹砂红褐陶。鱼鳍形，器身扁平，两面施交叉的刻划纹。高 21、厚 0.8 厘米。（图 3 - 54E）

H30①A：128，陶鼎足。夹砂红褐陶。鱼鳍形，器身厚实，截面呈圆角长方形，个体较小。高 7.7、厚 1.5 厘米。（图 3 - 54E；彩版 3 - 66：1）

H30①A：129，陶鼎足。夹砂红褐陶。鱼鳍形，外侧较内侧略厚，素面。残高 11.5、厚 0.5 ~ 1.1 厘米。（图 3 - 54E）

H30①B：138，陶罐。泥质红陶。仅存底部，平底假圈足。底径 15.5 厘米。（图 3 - 54F）

石器

H30①A：41，石锛。长方形，弧背。长 3.5、宽 2.1、厚 0.6 厘米。（图 3 - 54E；彩版 3 - 66：2）

H30①A：125，石锛。上部残。残长 4.7、宽 5.8、厚 1.2 厘米。（图 3 - 54E）

H30①A：38，石镞。柳叶形，截面呈菱形，尾端打磨扁平作铤。长 8、宽 2.4、厚 0.8 厘米。（图 3 - 54E）

H30①A：124，石镞。前端残，尾端内收作铤，器身扁平。残长 10、宽 4.2、厚 1 厘米。（图 3 - 54E；彩版 3 - 66：3）

H30①A：49，石网坠。利用自然砾石加工而成。鞋底形，器身扁平。长 5.1、宽 2.4、厚 0.5 厘米。（图 3 - 54E）

H30①B：26，石锛。灰白色。有段，上下断裂，发现时两段位于异处，整理时拼合而

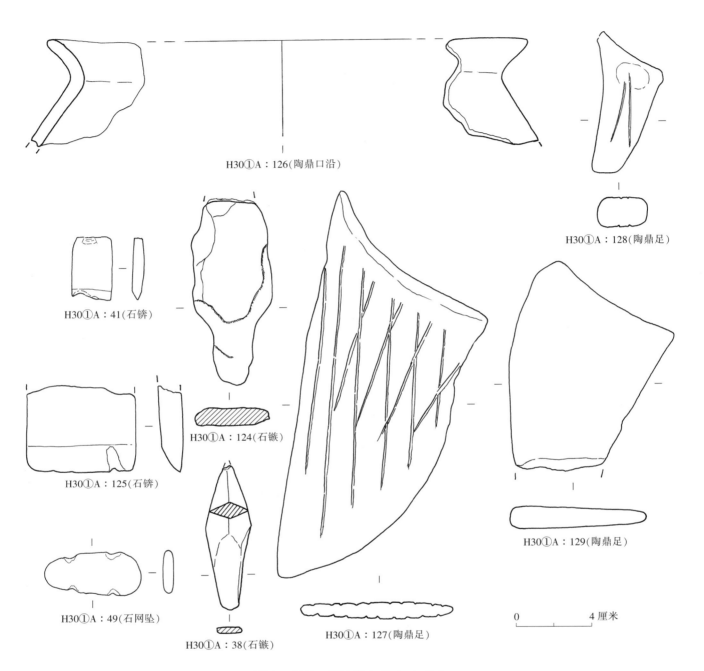

H30①A：126（陶鼎口沿）

H30①A：128（陶鼎足）

H30①A：41（石锛）

H30①A：124（石镞）

H30①A：125（石锛）

H30①A：129（陶鼎足）

H30①A：49（石网坠）

H30①A：38（石镞）

H30①A：127（陶鼎足）

0   4 厘米

图 3 - 54E   H30①A 层出土遗物

成。长 7、宽 4.5、厚 1 厘米。（图 3 - 54F）

　　H30①B：121，石刀。大部残，形状不明，器身扁平，双面锋，器身残存两个圆形钻孔。通体磨光。残长 4.3、宽 3.5、厚 0.5、孔径 0.4 厘米。（图 3 - 54F）

　　H30①B：137，砺石。长方体，使用两个磨面，磨面凹弧。长 19.5、宽 10、厚 8 厘米。（图 3 - 54F；彩版 3 - 66：4）

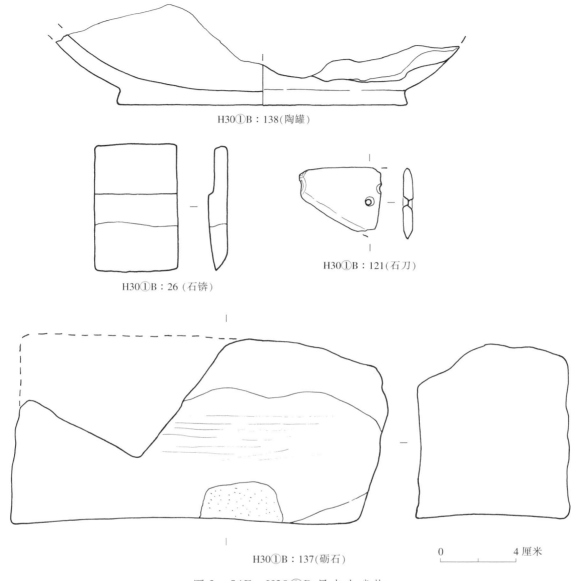

H30①B：138(陶罐)

H30①B：26（石锛）

H30①B：121(石刀)

H30①B：137(砺石)

0　　　　　4 厘米

图 3 – 54F　　H30①B 层出土遗物

H30②层出土遗物

陶器

H30②：143，陶罐。夹砂红褐陶，仅存底部圈足，圈足部保留拼接痕。圈足高 1.5 厘米，底径不明。（图 3 – 54G）

H30②：144，陶罐。平底，上部残。残高 3.5 厘米，底径不明。（图 3 – 54G）

H30②：145，陶鼎。夹砂红褐陶。圆唇，侈口，腹部残。口径不明。（图 3 – 54G）

H30②：146，陶鼎。夹砂红褐陶。尖圆唇，侈口，高领。口径不明。（图 3 – 54G）

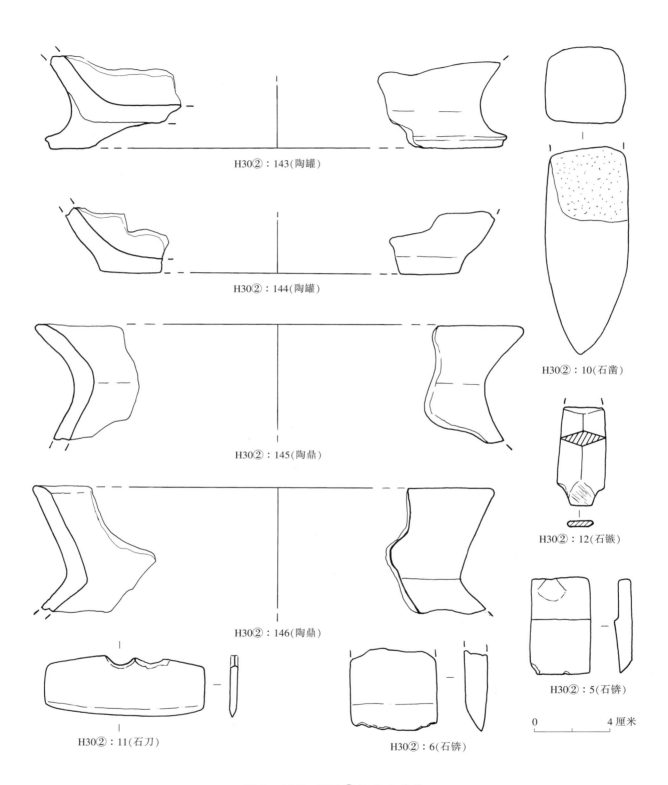

H30②：143（陶罐）

H30②：144（陶罐）

H30②：145（陶鼎）

H30②：146（陶鼎）

H30②：10（石凿）

H30②：12（石镞）

H30②：5（石锛）

H30②：11（石刀）

H30②：6（石锛）

0　　　　　4厘米

图 3－54G　H30②层出土遗物

石器

H30②：5，石锛。长方形，有段。刃部有使用片疤。长5.2、宽3.2、厚0.9厘米。（图3－54G；彩版3－67：1）

H30②：6，石锛。上部残，长方形，器身扁平。刃部有使用片疤。残长4.5、宽4.6、厚1.2厘米。（图3－54G；彩版3－67：2）

H30②：10，石凿。方柱体，上端残，双面锋。长11.3、宽4.5厘米。（图3－54G）

H30②：11，石刀。长方形，背部略呈三角形，背部中央施半圆形钻孔，双面锋。长8.5、宽3.2、厚0.4、孔径1.5厘米。（图3－54G；彩版3－67：4）

H30②：12，石镞。柳叶形，前端残，截面呈菱形，尾端打磨呈扁平状作铤。残长5.5、宽2.5、厚0.8厘米。（图3－54G；彩版3－67：3）

H30③出土遗物

陶器

陶片数量较多，多不能复原。可辨器形有鼎、罐、豆、盆、壶、器盖、纺轮、大口缸等。

陶鼎口沿 依口沿的形制，可分四型，另有108件未能分型。

A 型 约70件。侈口，口沿较宽，胎一般较厚，口径一般也较大。

H30③：152，鼎。夹砂红褐陶。敞口，扁圆腹，素面鱼鳍形足，足下部残。口径22、残高16.2厘米。（图3－54H；彩版3－68：1）

H30③：154，鼎。夹砂红褐陶，圆唇，侈口，圆弧腹，最大径在腹下部，鱼鳍形足，横截面从中间向两侧渐薄。残高21厘米。（图3－54H；彩版3－68：2）

H30③：94，夹砂红褐陶。侈口，圆唇，束颈，上腹斜直。口径不明。（图3－54I）

B 型 约50件。侈口或敞口，口沿一般较窄，口径一般不大，多为圆唇或尖圆唇，个别方唇。

H30③：93，夹砂红褐陶。敞口，圆唇。口径不明。（图3－54I）

C 型 共105件。高领。

H30③：100，侈口，口沿内侧上部形成一周斜面，口沿内壁施两周凹弦纹。口径不明。（图3－54I）

H30③：101，高领微侈，领腹交界处戳印一周篦点纹。口径不明，领高8.5厘米。（图3－54I）

H30③：98，夹砂红褐陶。侈口，尖唇，颈部安对称的横錾耳。口径不明。（图3－54I）

D 型 共5件。沿面内凹。均破碎，无绘图标本。

陶鼎腹片

H30③：121，夹砂红褐陶，残，器身内壁有一周隔挡。胎厚0.7厘米。（图3－54I）

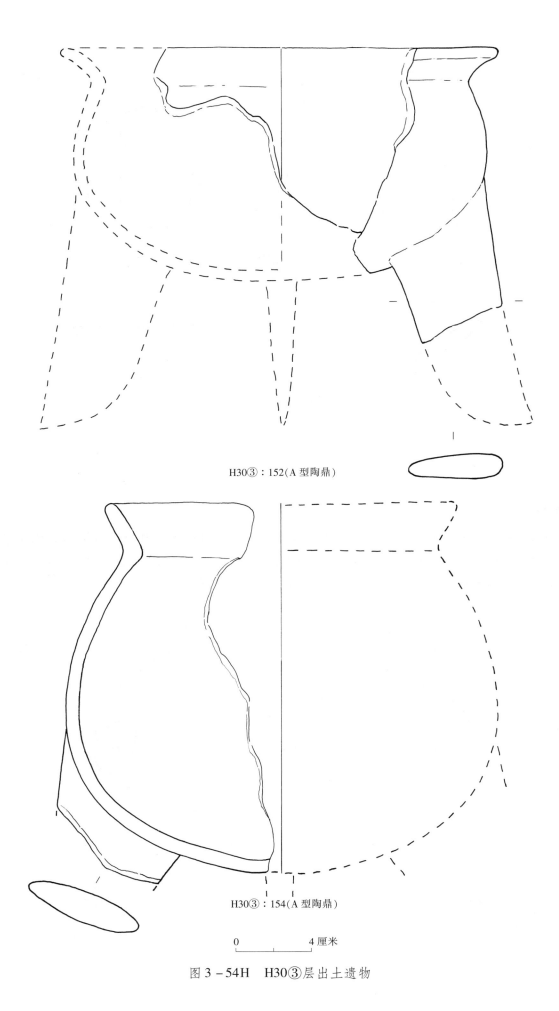

H30③:152(A 型陶鼎)

H30③:154(A 型陶鼎)

0   4 厘米

图 3-54H   H30③层出土遗物

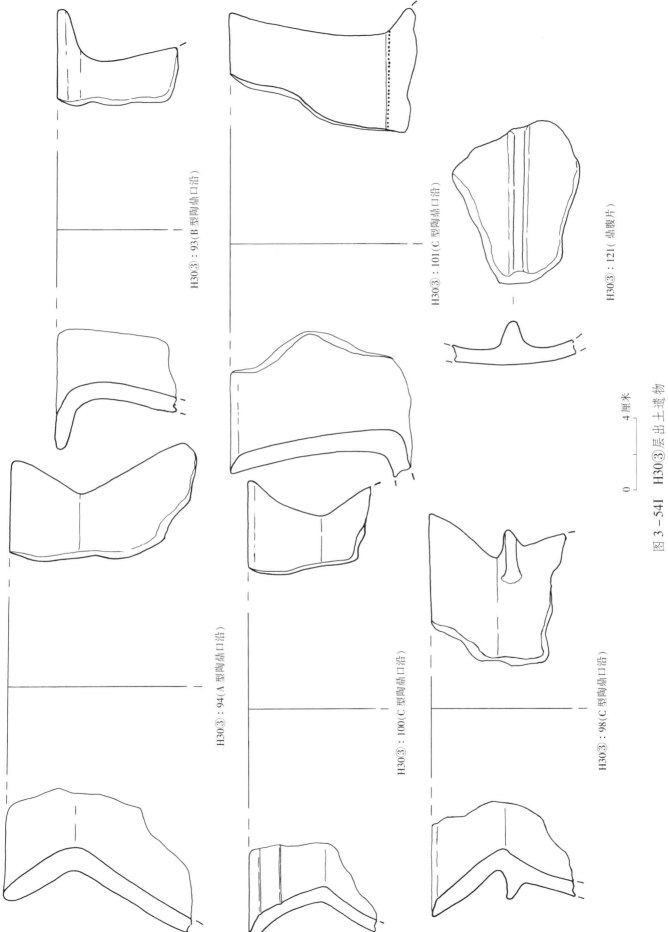

H30③：93（B 型陶鼎口沿）

H30③：101（C 型陶鼎口沿）

H30③：121（鼎腹片）

H30③：94（A 型陶鼎口沿）

H30③：100（C 型陶鼎口沿）

H30③：98（C 型陶鼎口沿）

0   4 厘米

图 3 - 54I H30③层出土遗物

陶鼎足① 　　绝大部分为鱼鳍形，根据形制、纹饰的差别可以分为四型，鼎足大部分施刻划纹，其余为素面。（表3-2）

表3-2　H30鼎足类型统计表

类别	刻划纹	素面
A型		218
B型	48	
C型	222	
D型		3
型式不明	155	

A型　鱼鳍形，素面。218件。

H30③:76，横截面中间厚、往两侧渐薄，截面呈凸透镜形。高18.8、厚2.1厘米。（图3-54J；彩版3-69:1）

H30③:77，外侧厚，内侧稍薄。高16.7、最厚2.4厘米。（图3-54J；彩版3-69:2）

H30③:79，下端残，横截面扁平。残高13.5、厚1.3厘米。（图3-54J；彩版3-69:3）

H30③:140，横截面中间较两侧稍厚，足尖。高7、厚0.7~1.2厘米。（图3-54J；彩版3-69:4）

B型　鱼鳍形，横截面中间厚、往两侧渐薄，呈凸透镜形，两面施刻划纹或戳印纹，个体较大且厚实。48件。

H30③:81，鱼鳍形，下端弧尖，两面施纵向短划槽。残高16.5、厚1.9厘米。（图3-54K；彩版3-69:7）

H30③:82，鱼鳍形，下端平直，两面施曲尺形短划槽。高10.5、厚1.6厘米。（图3-54K；彩版3-69:6）

H30③:141，鱼鳍形，下部残，两面施纵向短划槽。残高16.5、厚1.9厘米。（图3-54K；彩版3-69:5）

C型　鱼鳍形，足身大多扁平，少数外侧较内侧略厚，个别横截面近"T"形，两面均施刻划纹。222件。

H30③:83，较扁平，侧边锐折，横截面基本呈长方形，两面刻划纵向交错的平行线，上部戳印长粒形凹槽。高21.5、厚0.6~0.9厘米。（图3-3-54L）

H30③:84，足身较扁平，侧边扁弧，两面刻划纵向交错的平行线。高19、厚0.4~1厘米。（图3-54L；彩版3-69:8）

H30③:87，下端残，扁平状，侧边锐折，横截面呈长方形，两面施密集的纵向刻划线。残高8.5、厚0.8厘米。（图3-54L）

① 鼎足均为夹砂红褐陶，以下鼎足质地略。

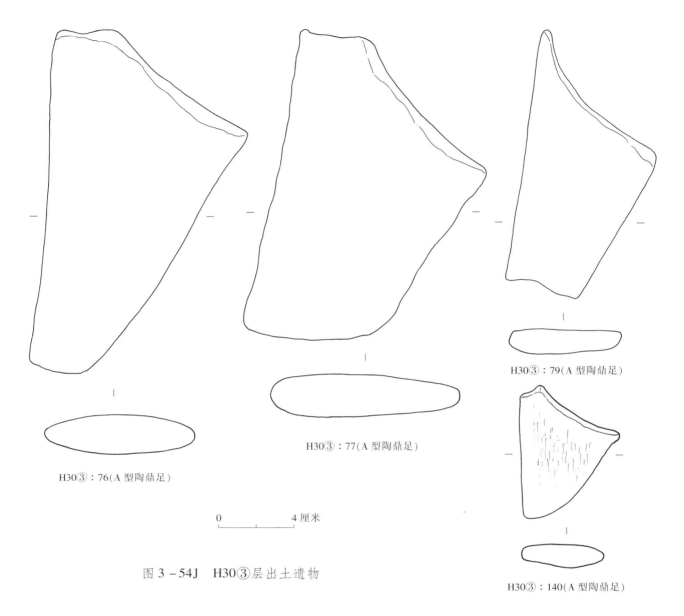

H30③：79（A 型陶鼎足）

H30③：77（A 型陶鼎足）

H30③：76（A 型陶鼎足）

0　　　　　　　4 厘米

图 3 - 54J　H30③层出土遗物

H30③：140（A 型陶鼎足）

　　H30③：88，横截面略呈楔形，两面施纵向短刻划线。高 16、厚 0.4~1.7 厘米。（图3 - 54L；彩版 3 - 69：9）

　　H30③：90，上部残，窄鱼鳍形，横截面略呈长方形，两面施纵向刻划线。残高 8、厚 1.7 厘米。（图 3 - 54L；彩版 3 - 69：10 ）

　　H30③：92，残，横截面呈明显"T"形，未发现施刻划线。残高 6、厚 0.5~4.4 厘米。（图 3 - 54L）

　　H30③：156，残，横截面略呈"T"形，两面施纵向刻划线。残高 8、厚 0.7~2.4 厘米。（图 3 - 54L）

　　D 型　铲形，数量很少。3 件。

　　H30③：122，根部有一仅圆形按窝。高 9、宽 3.3 厘米。（图 3 - 54L）

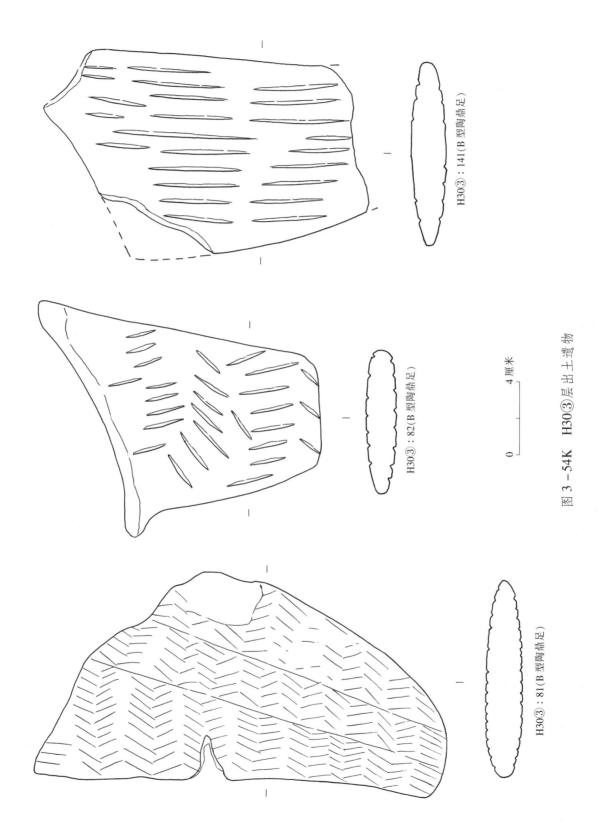

图 3 - 54K　H30③层出土遗物

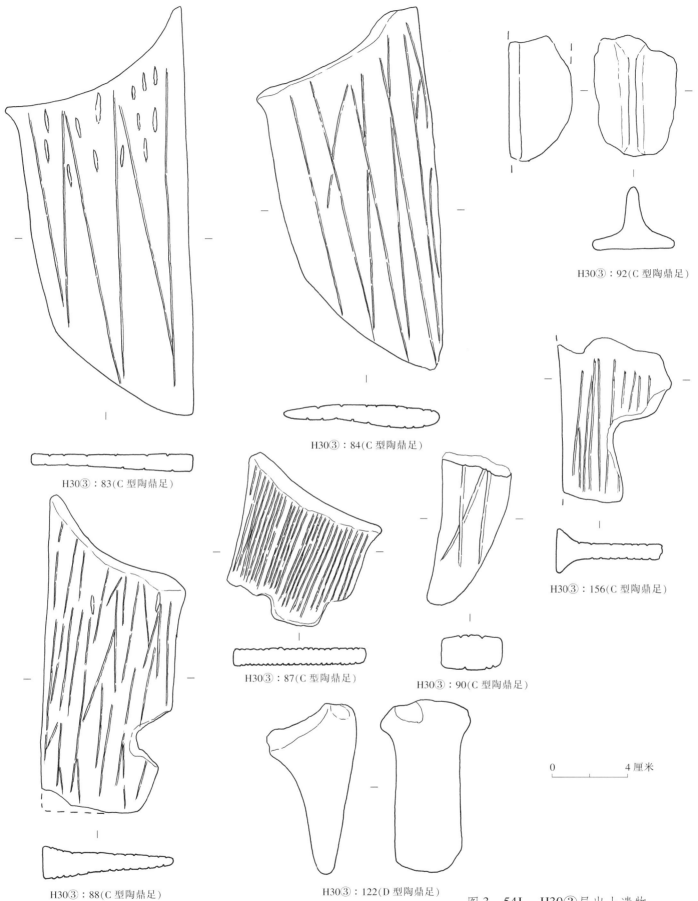

H30③：92(C 型陶鼎足)

H30③：84(C 型陶鼎足)

H30③：83(C 型陶鼎足)

H30③：156(C 型陶鼎足)

H30③：87(C 型陶鼎足)

H30③：90(C 型陶鼎足)

H30③：88(C 型陶鼎足)

H30③：122(D 型陶鼎足)

0   4厘米

图 3－54L　H30③层出土遗物

陶罐　未见完整器，从口沿看，形制多样，以侈口窄沿为主，另有部分高领和直口罐。大多为圈足。

H30③：18，陶罐口沿。夹炭红陶。敞口，高领。口径不明。（图3-54M）

H30③：96，陶罐口沿。夹砂红褐陶，侈口，圆唇，窄沿。口径不明。（图3-54M）

H30③：97，陶罐口沿。夹砂红褐陶，侈口，方唇，窄沿。口径不明。（图3-54M）

H30③：119，陶罐口沿。夹炭红陶。侈口，圆唇，高领。口径不明。（图3-54M）

H30③：124，陶罐口沿。泥质红陶。直口，广肩，肩上部施凸棱纹。（图3-54M）

H30③：126，陶罐口沿。泥质红陶。直口，短颈，广肩。口径不明。（图3-54M）

H30③：112，陶罐圈足。夹砂红褐陶，胎较厚。平底假圈足。底径10.8厘米。（图3-54M）

H30③：113，陶罐圈足。夹砂红褐陶。矮圈足。足径11.4、残高2.3厘米。（图3-54M）

H30③：114，陶罐圈足。夹砂红褐陶。矮圈足。足径8、残高4.5厘米。（图3-54M）

H30③：116，陶罐圈足。泥质红陶。假圈足。足径18.2、残高4.3厘米。（图3-54M）

H30③：117，陶罐圈足。夹炭红陶。较高，凹弧。残高4厘米，足径不明。（图3-54M）

陶豆

H30③：157，陶豆。窄平折沿，浅坦腹，圈足高且宽，呈束腰筒状，口沿上等距施三处凹缺，把上部呈竹节状并施长方形镂孔。口径26、足径17.6、高13.8厘米。（图3-54N；彩版3-70：1）

H30③：155，陶豆。泥质灰胎黑皮陶。直口，圈足矮且宽，圈足上施凹弦纹和凸棱纹，并施两个横向长方形镂孔。口径19.4、足径14、高8厘米。（图3-54O；彩版3-70：3）

H30③：103，陶豆盘。直口，外壁口与腹转折处施一周凹弦纹。口径不明。（图3-54O）

H30③：104，陶豆盘。直口，窄沿，尖圆唇，弧腹。口径不明。（图3-54O）

H30③：105，陶豆盘。夹砂红褐陶。直口，浅腹，平底。口径不明。（图3-54O）

H30③：108，陶豆盘。敛口，弧腹，腹外壁施两个对称的横鋬耳。（图3-54O）

H30③：158，陶豆把。泥质灰胎黑皮陶。喇叭形，矮且宽，豆把中部施两条平行的凹弦纹，弦纹带的间施横向长方形和圆形组合镂孔。足径约16.2厘米，残高约8.5厘米。（图3-54O；彩版3-70：4）

H30③：102，陶豆把。泥质灰胎黑皮陶。矮且宽，豆把上施多道凹弦纹，弦纹带的间施横向长方形镂孔。直径约11.5厘米，残高约5厘米。（图3-54O）

H30③：106，陶豆把。泥质灰胎黑皮陶。细长，施成组的凸棱纹，每组两条，凸棱纹间施横向扁圆形盲孔。直径约4厘米，残高6厘米。（图3-54O）

陶盆

H30③：69，泥质红陶。敞口，翻沿，斜腹内凸，口沿戳印成组的篦点纹，外壁施细弦纹。个体应较大，口径不明。（图3-54P）

H30③：107，泥质灰陶黑皮陶。口微侈，直领，斜弧腹。口径不明。（图3-54P）

H30③：127，敞口，泥质红陶，翻沿，短颈，斜弧腹，底残。口径不明。（图3-54P）

H30③：129，泥质红陶。敛口，短颈，斜弧腹，底残。口径不明。（图3-54P）

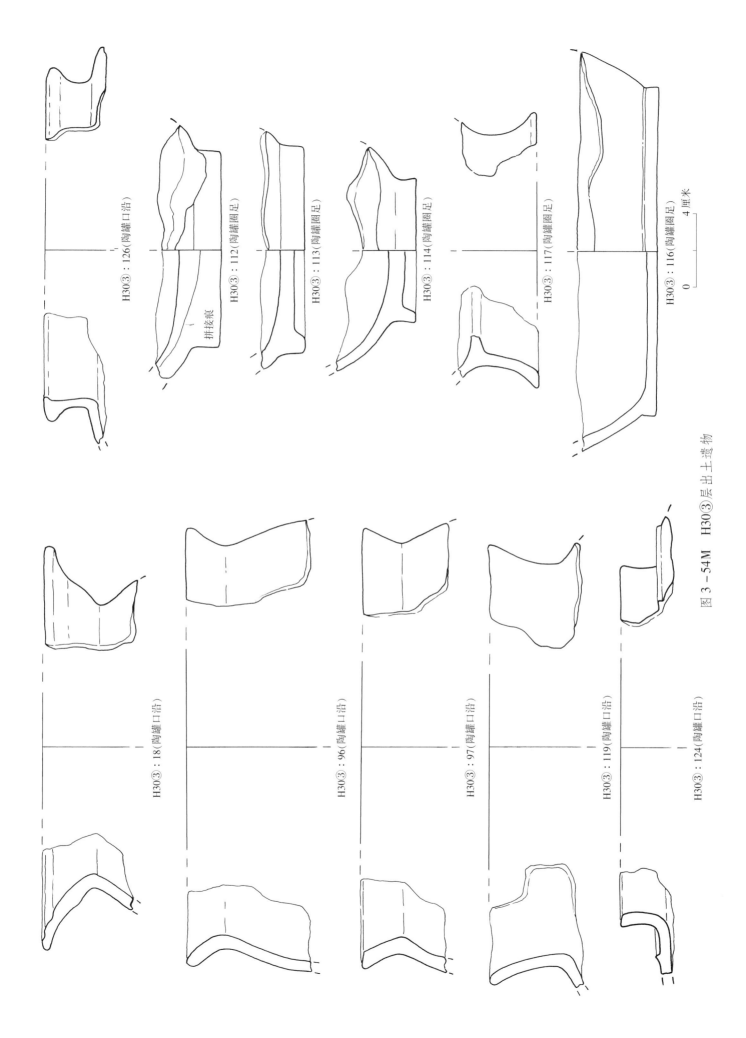

H30③∶126(陶罐口沿)

拼接痕

H30③∶112(陶罐圈足)

H30③∶113(陶罐圈足)

H30③∶114(陶罐圈足)

H30③∶117(陶罐圈足)

H30③∶116(陶罐圈足)

0 ___ 4 厘米

H30③∶18(陶罐口沿)

H30③∶96(陶罐口沿)

H30③∶97(陶罐口沿)

H30③∶119(陶罐口沿)

H30③∶124(陶罐口沿)

图 3−54M H30③层出土遗物

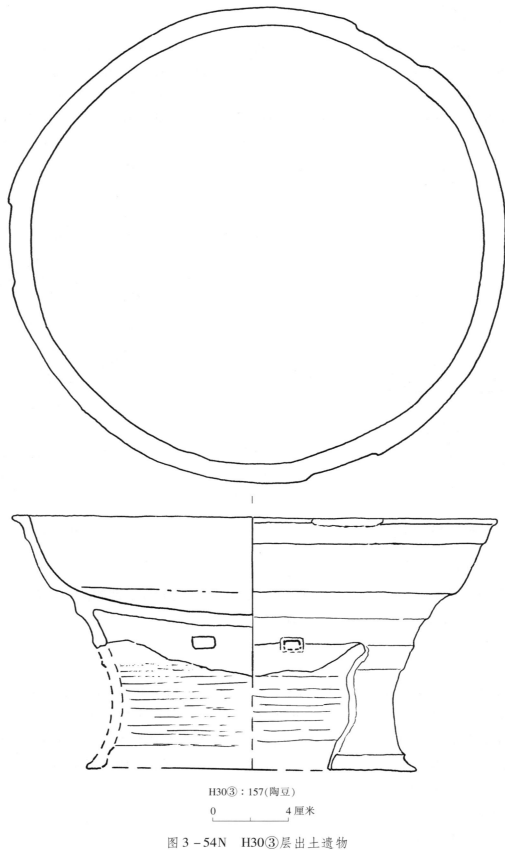

H30③：157(陶豆)

0   4厘米

图 3 – 54N   H30③层出土遗物

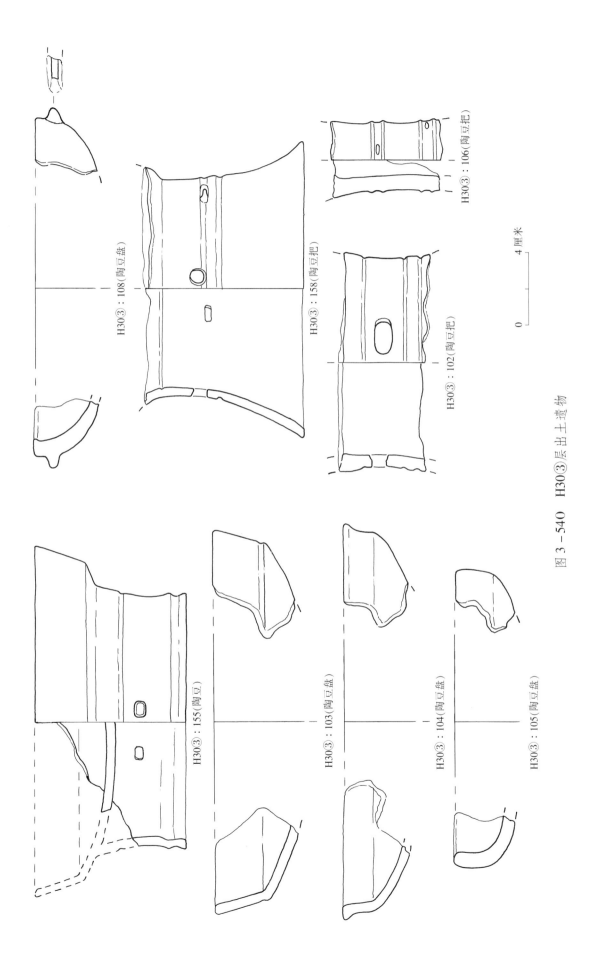

图 3 - 540　H30③层出土遗物

H30③∶108(陶豆盘)

H30③∶158(陶豆把)

H30③∶106(陶豆把)

H30③∶102(陶豆把)

0　　　4 厘米

H30③∶155(陶豆)

H30③∶103(陶豆盘)

H30③∶104(陶豆盘)

H30③∶105(陶豆盘)

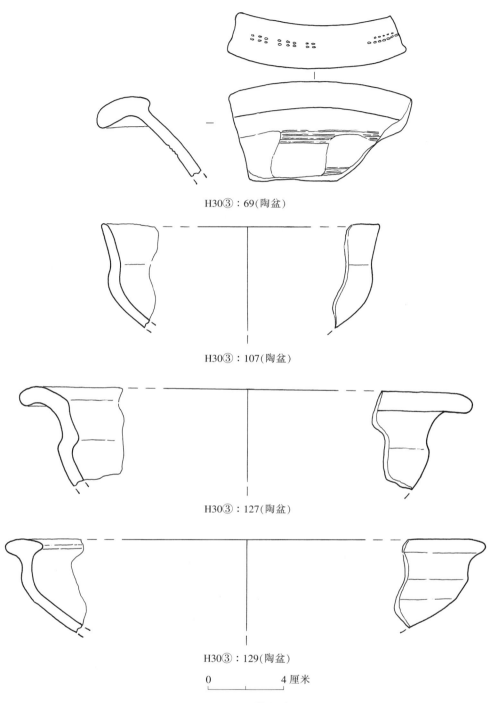

H30③：69(陶盆)

H30③：107(陶盆)

H30③：127(陶盆)

H30③：129(陶盆)

0 _____ 4 厘米

图 3 - 54P　H30③层出土遗物

陶壶　完整器仅双鼻壶 1 件。

H30③：150，双鼻壶，长颈，扁弧腹，喇叭形高圈足。口径 8、足径 9.8、高 14 厘米。（图 3 - 54Q；彩版 3 - 70：2）

陶器盖

H30③：153，器盖。泥质红褐胎红衣陶。馒头形，表面施密集的凹弦纹。口径约 24.8 厘米。（图 3 - 54Q；彩版 3 - 70：5）

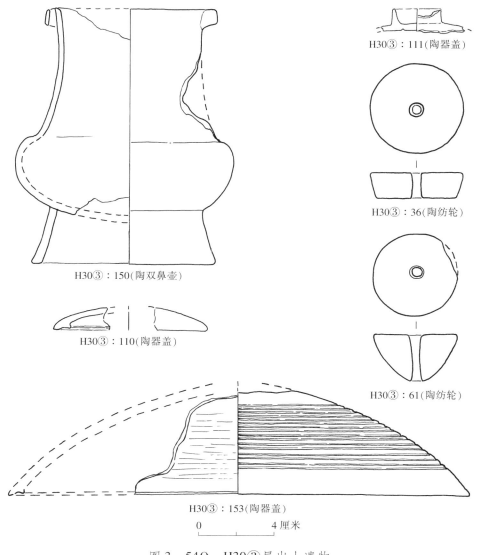

H30③：111(陶器盖)

H30③：36(陶纺轮)

H30③：61(陶纺轮)

H30③：150(陶双鼻壶)

H30③：110(陶器盖)

H30③：153(陶器盖)

0　　　　　　　　4厘米

图 3－54Q　H30③层出土遗物

H30③：110，器盖。弧顶，内壁带子口。残高 1.2 厘米。（图 3－54Q）

H30③：111，器盖。大部残，圈足纽。残高 1.2 厘米。（图 3－54Q）

陶纺轮　主要为台型和馒头形，前者居多。

H30③：36，圆形，截面呈梯形。顶面直径 4.9、孔径 0.8、厚 1.4 厘米。（图 3－54Q；彩版 3－70：6）

H30③：61，馒头形。顶面直径 4.4、孔径 0.8、厚 2.5 厘米。（图 3－54Q；彩版 3－70：7）

陶大口缸　2 件

H30③：120，夹砂红褐陶。直口，斜直腹，口下部安横錾耳。腹壁厚 1 厘米。（图 3－54R）

H30③：151，夹砂红褐陶，掺白色云母。敛口，直壁，口沿上有一周凹弦纹，外壁上部施凸棱纹，口沿下或施乳突。胎厚约 1 厘米，残高 26 厘米。（图 3－54R；彩版 3－68：3）

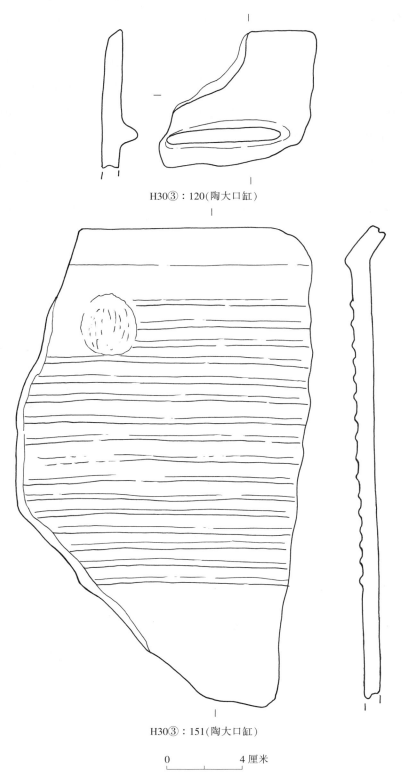

H30③：120(陶大口缸)

H30③：151(陶大口缸)

0　　　　　4厘米

图3-54R　H30③层出土遗物

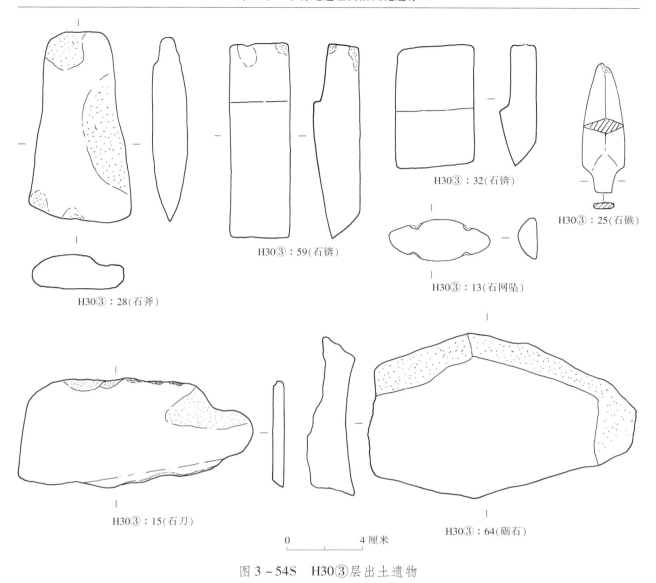

H30③：32(石锛)

H30③：25(石镞)

H30③：59(石锛)

H30③：13(石网坠)

H30③：28(石斧)

H30③：15(石刀)

H30③：64(砺石)

0　　　　　4 厘米

图 3 - 54S　H30③层出土遗物

石器

H30③出土不少石器，多为残件，少数半成品。器类主要为斧、镞、锛、网坠、磨石等。

H30③：28，石斧。长梯形，器身扁薄。通体打磨，留有打制的片疤，刃部有使用崩缺。长 10.3、顶端宽 3.1、刃端宽 5.5、厚 1.8 厘米。（图 3 - 54S；彩版 3 - 71：4）

H30③：32，石锛。长方形，有段，直背。通体磨光。长 6.5、宽 4.2、厚 1.9 厘米。（图 3 - 54S；彩版 3 - 71：1）

H30③：59，石锛。长条形，有段，直背。通体磨光，上端保留打制的片疤。长 10.5、宽 3.1、厚 2.4 厘米。（图 3 - 54S；彩版 3 - 71：2）

H30③：15，石刀。近似横梯形，器身扁平，单面锋。上端保留打制的片疤，通体磨光。长 12.5、最宽处 6、厚 0.6 厘米。（图 3 - 54S；彩版 3 - 71：5）

H30③：25，石镞。柳叶形，截面呈菱形，有铤，铤部扁平。长 7、宽 2.3、厚 0.8 厘米。（图 3 - 54S；彩版 3 - 71：3）

H30③：64，砺石。形状不规则，正面凹弧，背面高低不平。长14、最宽9、厚2.2厘米。（图3－54S）

H30③：13，石网坠。橄榄形，两端切割对称的缺口以作捆绑，一面平整，另一面弧凸。长5.3、宽2.3、厚1厘米。（图3－54S；彩版3－71：6）

H31

H31位于TN15W7中东部，表土层下开口，打破生土。形状不规则，凹弧底，东高西低，长2.32、宽1.5、深0～0.23米。填土为灰褐色，质地松软，包含少量陶片等。可辨器形有夹砂红褐陶鱼鳍形鼎足，泥质红陶盆、罐口沿，泥质灰陶豆把，石镞、石刀残件等。（图3－55A）

H31：1，石镞。青灰色。柳叶形，截面呈菱形，尾部打磨扁平作铤。长8、宽2、厚0.5厘米。（图3－55B）

H31：2，石锛。灰色。长方形，器身扁平。左侧片疤未打磨，右侧欲双面开锋，可能系利用残石器改制。长6.6、宽4、厚0.5厘米。（图3－55B；彩版3－71：7）

H31：3，陶豆把。泥质灰胎红衣陶。残，喇叭形，上施数道平行的瓦棱纹。残高8.5厘米。（图3－55B）

H31：4，陶盆口沿。泥质红陶。敞口，宽沿，沿外侧略弧凸。腹部不明。（图3－55B）

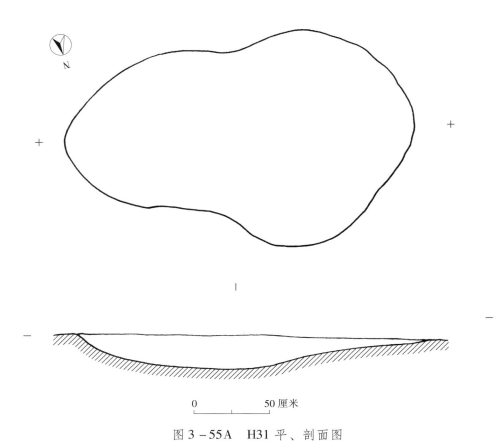

0   50厘米

图3－55A　H31平、剖面图

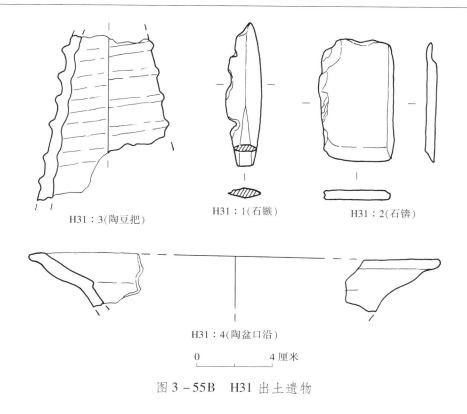

H31：3（陶豆把）　　　　H31：1（石镞）　　　　H31：2（石锛）

H31：4（陶盆口沿）

0　　　　　　　　4 厘米

图 3 - 55B　H31 出土遗物

H33

①层下开口，被 M44 打破。位于 TN1W2 西北部。近椭圆形，弧壁，浅圜底，南半部坑底分布四个不规则状坑，坑内壁呈烧结状，坚硬光滑。长径 5、短径 2.5、深 0.15 米。填土为浅黄色斑土，质地较硬，纯净，未见包含物。（图 3 - 56；彩版 3 - 72）

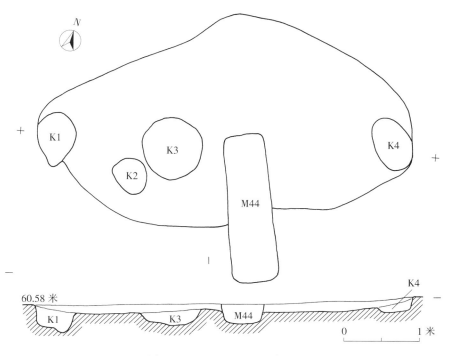

图 3 - 56　H33 平、剖面图

第三节　烧火坑

　　位于 TN8W3 西南部，表土层下开口，打破生土，被 H27 打破，南部被现代树坑打破。东西向，依托地势，呈西高东低的倾斜状。由一个火塘和两个塘口构成。火塘为椭圆形，凹弧底，坑底有诸多凹窝，似为遗留的加工痕迹。长径约 2.3、短径约 1.4、深 0～0.2 米。东南塘口近圆角方形，平底，东西宽长 0.75、南北宽 0.65、深约 0.07 米。南塘口近圆形，平底，直径约 0.8、深约 0.1 米。西部被烧土块和烧结面叠压。南塘口的外围较塘口底部略高，也似被火烧烤过，但烧烤程度低于塘口和火塘底部。塘口内填土均为沙性黄色斑土，纯净，未见包含物，仅在火塘底部采集到一小块木炭。火塘及塘口壁面均呈烧结状，坚硬光滑，且火塘与塘口内的烧结面连为一体，值得注意的是，火塘内西北部还发现上下叠压的 3 层烧结面，表明可能有多个使用阶段，两个塘口可能也并非同时使用。（图 3-57；彩版 3-73）

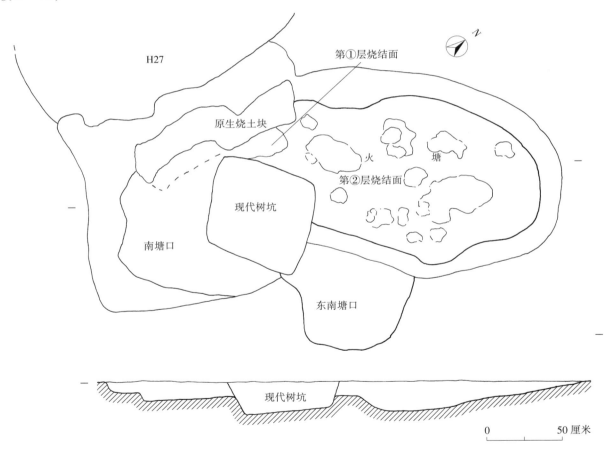

图 3-57　烧火坑平、剖面图

第四节　建筑遗迹

共清理建筑遗迹 3 处，编号为 F1、F3、F4，位于北区墓地南侧，均开口于战国时期的文化层下并直接打破生土。

一　F1

（一）发现经过与说明

2011 年 12 月 5 日首先发现于 TN14W10 东北角，清理完表土后，于此探方第②层黄色沙土层中出露三处石堆，呈西北—东南向排列，间隔 20~50 厘米，但石堆周围未发现柱洞或基槽（彩版 3 − 75：1）。清理完②层黄沙土，对石堆拍照后，起取了石块，重新刮面，确认基槽及基槽内的柱洞，并顺着基槽的走向，向东扩方，确定 F1 − 1 的平面形状。此时，再往东则为沿山脊铺设的水泥道路，考虑到路基下可能还有墓葬、建筑遗迹等分布及北区东、西部的地层通连问题，因此，请建设方机械配合，破拆水泥路基。结果发现路基下分布一层战国文化层，清理完此层后重新刮面，确认还有建筑遗迹分布，只是东部被晚期沟渠 G2 破坏。同时，在 F1 的北部发现两组柱洞遗迹，在其南部发现两条基槽（JC1、JC2）。清理完以上遗迹后，统一进行测绘并用氢气球进行了低空拍照（彩版 3 − 75：2）。

路基下的建筑遗迹野外编号 F2，已发表的简报中，考虑到各间建筑紧密分布且排列整齐，应该视作一个整体单元，故将 F2 与 F1 合称 F1。本报告中沿用 F1 这一代称，并将各间建筑从西往东，依次编号为 F1 − 1、F1 − 2、F1 − 3、F1 − 4。考虑到 F1 北部的两组柱洞及南部的沟槽可能为 F1 的有机组成部分，将它们合并介绍。

（二）形制

F1，位于北区墓地南侧山脊附近，起建于生土层上，被第②B 层叠压，东部被晚期沟渠 G2 破坏。由四个长方形单间构成，呈东西向一字排开（与北区西部东西向墓葬方向基本一致），门向均朝北，面向墓地，单间宽 1.5~1.8 米，进深 3~5 米不等，房间相距约 1.5 米，东西总长 17 米。（图 3 − 58A）

采用开槽立柱的建筑方法，在后部即南部有意将基槽开挖成长条形深坑，所埋设的柱子也明显较其他部位的柱子粗壮，应该是出于承重的需要。在基槽中共清理柱洞 43 个，直径多在 0.5 米左右，柱洞的口部常填埋块石，起到加固柱子的作用。柱洞中的填土一般为深黄褐色或红褐色花土，填土中常见炭屑、零碎泥质灰陶片和夹砂红褐陶片，可辨器形有鱼鳍形陶鼎足、陶纺轮、石镞等。（图 3 − 58B；表 3 − 4；彩版 3 − 76）

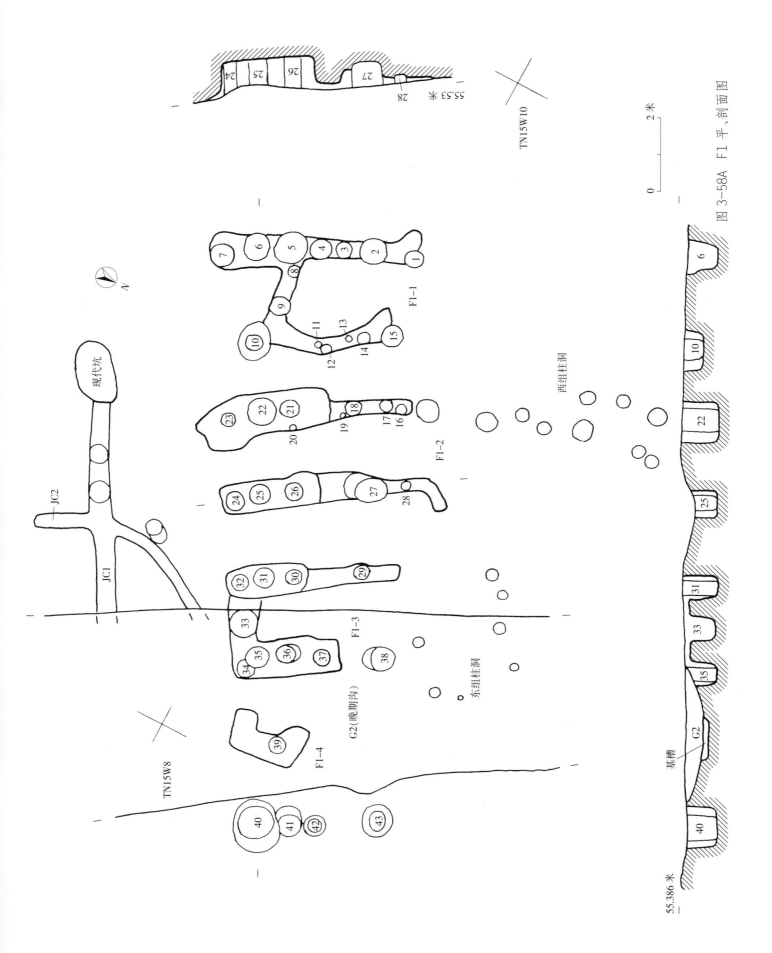

图 3-58A F1 平、剖面图

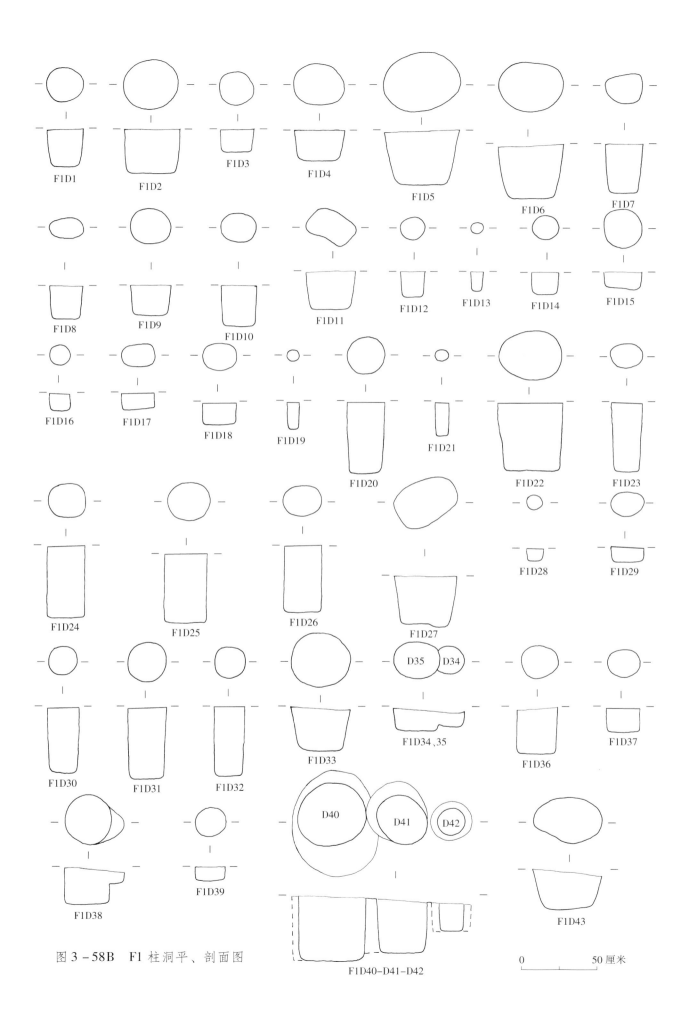

F1D1

F1D2

F1D3

F1D4

F1D5

F1D6

F1D7

F1D8

F1D9

F1D10

F1D11

F1D12

F1D13

F1D14

F1D15

F1D16

F1D17

F1D18

F1D19

F1D20

F1D21

F1D22

F1D23

F1D24

F1D25

F1D26

F1D27

F1D28

F1D29

F1D30

F1D31

F1D32

F1D33

D35 D34

F1D34、35

F1D36

F1D37

F1D38

F1D39

D40 D41 D42

F1D40-D41-D42

F1D43

图 3-58B F1 柱洞平、剖面图

0   50厘米

表 3 - 5　F1 柱洞登记表

编号	形状	壁面	底部	口径（米）	深度（米）	包含物
D1	圆形	斜壁	平底	0.24	0.26	
D2	圆形	直壁	平底	0.36	0.30	
D3	圆形	直壁	平底	0.22	0.16	
D4	圆形	斜壁	平底	0.33	0.21	石镞、陶纺轮
D5	扁圆形	斜壁	平底	0.50	0.38	
D6	扁圆形	斜壁	平底	0.43	0.37	
D7	圆角方形	斜壁	平底	0.25	0.33	
D8	椭圆形	直壁	平底	0.22	0.23	
D9	圆形	直壁	平底	0.27	0.20	
D10	圆形	直壁	平底	0.24	0.27	
D11	长方形形	斜壁	平底	0.33	0.26	
D12	圆角方形	直壁	平底	0.16	0.17	
D13	圆形	直壁	平底	0.08	0.13	
D14	圆形	直壁	平底	0.18	0.15	
D15	圆形	直壁	近平	0.25	0.10 ~ 0.12	
D16	圆形	直壁	平底	0.14	0.12	
D17	椭圆形	直壁	倾斜	0.16 ~ 0.22	0.10 ~ 0.12	
D18	圆形	直壁	平底	0.22	0.16	
D19	圆形	直壁	平底	0.08	0.20	
D20	圆形	直壁	平底	0.25	0.50	
D21	圆形	直壁	平底	0.09	0.24	
D22	圆形	直壁	平底	0.42	0.48	
D23	圆形	直壁	平底	0.20	0.48	
D24	圆形	直壁	平底	0.25	0.50	
D25	圆形	直壁	平底	0.28	0.48	
D26	圆形	直壁	平底	0.26	0.46	
D27	近长方形	直壁	平底	0.30 ~ 0.43	0.32 ~ 0.35	鱼鳍形陶鼎足
D28	圆形	直壁	平底	0.11	0.10	
D29	扁圆形	直壁	平底	0.23	0.10	
D30	圆形	直壁	倾斜	0.20	0.42 ~ 0.45	
D31	圆形	直壁	平底	0.26	0.49	
D32	圆形	直壁	平底	0.20	0.47	
D33	圆形	直壁	平底	0.40	0.30	
D34	圆形	直壁	平底	0.19	0.15	
D35	圆形	斜壁	平底	0.30	0.15	
D36	扁圆形	直壁	平底	0.25	0.32	
D37	圆形	直壁	平底	0.22	0.17	
D38	圆形	直壁	平底	0.30	0.26	
D39	圆形	直壁	平底	0.20	0.10	
D40	圆形	直壁	平底	0.42	0.42	
D41	圆形	直壁	平底	0.35	0.35	
D42	圆形	直壁	平底	0.18	0.18	
D43	近椭圆形	斜壁	平底	0.45	0.27	

（三）北部西组柱洞

位于 F1-2 西侧基槽北面，②层下开口，打破生土。共由 10 个柱洞组成，分东、西两列，西列柱洞 3 个，总长 2.3 米，东列柱洞 7 个，总长 6.2 米，各列柱洞均南北向分布，略呈弧形。柱洞均为近圆形，直径 0.40 米左右，深 0.20~0.30 米。（图 3-58C、3-58D）

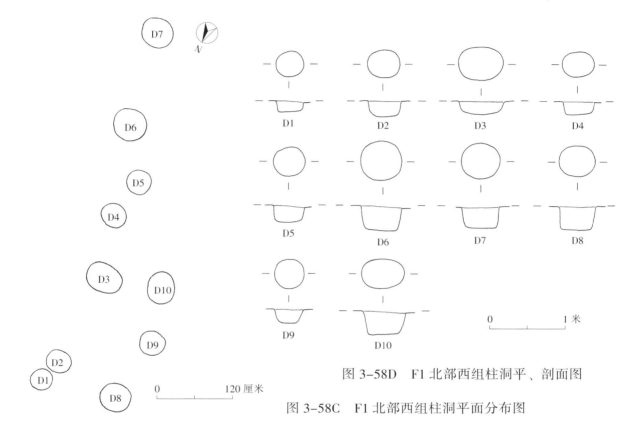

图 3-58D　F1 北部西组柱洞平、剖面图

图 3-58C　F1 北部西组柱洞平面分布图

表 3-6　F1 北部西组柱洞登记表

编号	形状	壁面	底部	口径（米）	深度（米）
D1	圆形	直壁	平底	0.36	0.16
D2	圆形	直壁	平底	0.42	0.20
D3	近圆形	直壁	平底	0.60	0.18
D4	近圆形	直壁	平底	0.40	0.20
D5	圆形	直壁	平底	0.40	0.22
D6	圆形	斜壁	平底	0.55	0.35
D7	圆形	斜壁	平底	0.50	0.30
D8	圆形	斜壁	平底	0.48	0.32
D9	圆形	斜壁	平底	0.40	0.20
D10	椭圆形	斜壁	平底	0.56	0.32

（四）北部东组柱洞

位于 F1 – 2 北面，②层下开口，打破生土，东侧上部被 G2 破坏。平面呈"匚"形，敞口朝向西北，南列长 1.7 米，东列长 2.5 米，北列长 2.8 米，总面积约 7 平方米。柱洞平面形状呈近圆形或椭圆形，多为直壁、平底，大多口径 0.2 ~ 0.3 米，个别口径 0.1 米，深 0.13 ~ 0.4 米。（图 3 – 58E、3 – 58F；彩版 3 – 77：1）

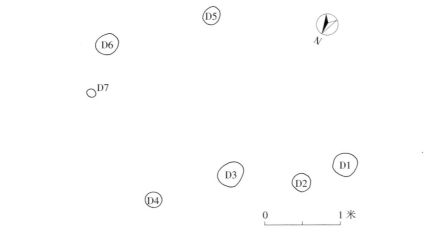

图 3 – 58E　F1 北部东组柱洞平面分布图

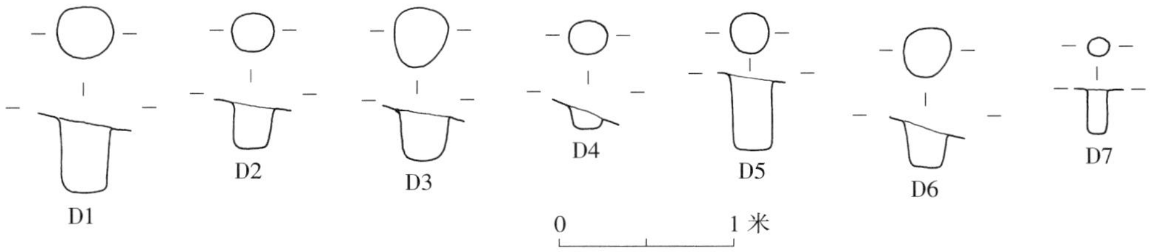

图 3 – 58F　F1 北部东组柱洞平、剖面图

表 3 – 7　F1 北部东组柱洞统计表

编号	形状	壁面	底部	口径（米）	深度（米）
D1	近圆形	直壁	平底	0.30	0.44
D2	近圆形	直壁	平底	0.24	0.30
D3	不规则圆形	直壁	平底	0.30 ~ 0.36	0.30
D4	近圆形	直壁	平底	0.20	0.13
D5	圆形	直壁	平底	0.20	0.44
D6	不规则圆形	斜壁	平底	0.26 ~ 0.30	0.30
D7	圆形	直壁	平底	0.10	0.26

（五）南部基槽

位于 F1 南面，②层下开口，打破生土。共有 2 条基槽。（图 3-58G；彩版 3-77：2）

JC1 呈长条形，东西向，东端被 G2 破坏，西端被现代坑打破，东西长约 6.5、宽约 0.5、深约 0.2 米。基槽内西部发现柱洞两个，圆角长方形，长径约 0.5、深约 0.3 米。

JC2 呈弧形，南部与 JC1 交叉并被后者打破，东北端被 G2 破坏。长度、深度与 JC1 接近，宽约 0.3 米。基槽中部外侧发现柱坑一个，坑内埋柱。柱坑圆角长方形，长径 0.8、短径 0.5、深 0.4 米。柱洞近圆形，近直壁，底部略凹，直径约 0.45、深约 0.5 米。

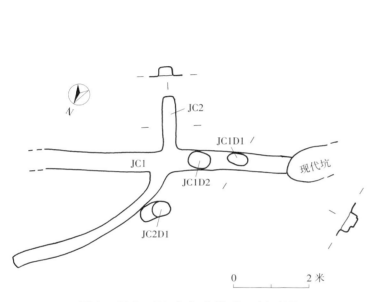

图 3-58G　F1 南部基槽平、剖面图

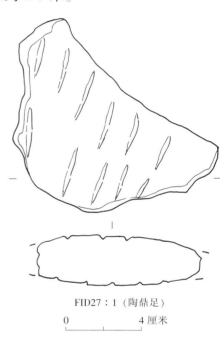

FID27：1（陶鼎足）

图 3-58H　F1 柱洞出土遗物

（六）出土遗物

F1D27：1，鱼鳍形陶鼎足。夹砂红褐陶。大部残，器身较厚、两侧薄，表面戳印短凹槽。残高 10 厘米，胎厚 2.6 厘米。（图 3-58H）

二　F3

位于 TN15W7 北部偏西，西距 F1 约 8.5 米，北距 F4 约 3 米。本方③层（战国时期）下开口，打破生土。建筑方法与 F1 相同，即先开挖基槽，在基槽里挖坑埋柱。平面呈"L"形，此处地势南高北低，东西向基槽在东端向南转折。东西向基槽长 5.3、宽约 0.5、深 0~0.2 米，南北向基槽长 2.1、宽约 0.3、深 0~0.15 米。（图 3-59；彩版 3-78：1）

基槽内共清理 6 个柱洞，分述如下：

D1，圆形，直壁，平底。填土为黄褐色斑土，含少量炭屑，质地偏硬，见有泥质红陶残片 1 件。直径 0.48、深 0.3 米。

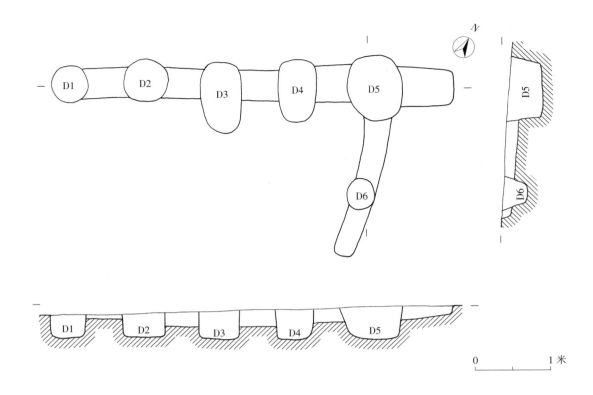

图 3 - 59 F3 平、剖面图

D2，近圆形，直壁，平底。填土为黄褐色斑土，质地偏硬，中见有夹砂红褐陶残片 2 件。直径 0.6、深 0.33 米。

D3，椭圆形，南壁斜，北壁直，平底。填土为黄褐色斑土，含少量炭屑，质地偏硬。长径 1、短径 0.5、深 0.35 米。

D4，椭圆形，弧壁，平底。填土为黄褐色斑土，质地偏硬，填土中见有夹砂红褐陶残片 1 件。长径 0.9、短径 0.53、深 0.4 米。

D5，近圆形，斜壁，平底。填土为黄褐色斑土，质地偏硬，未见遗物。直径 0.9、深 0.43 米。

D6，圆形，直壁，平底。填土为黄褐色斑土，未见遗物。直径 0.4、深 0.33 米。

三 F4

（一）遗迹

位于 TN16W7 南部。本方②层下开口，打破生土。由 10 个大小不一的柱洞组成，略呈东西向排列，总长 3.7 米。未见基槽，采用直接挖坑埋柱的方法，有的多个柱子共用一个柱坑，大多数柱洞口部周围还填埋块石以加固柱子，有的柱洞下部也填埋块石。（图 3 - 60A；彩版 3 - 78：2，3 - 79）

各柱洞分述如下（图 3 - 60B）：

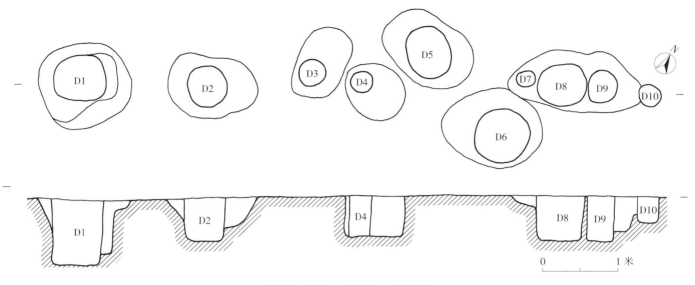

图 3 – 60A　F4 平、剖面图

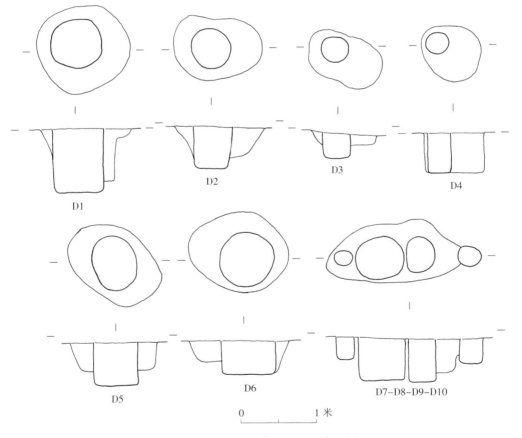

图 3 – 60B　F4 柱洞平、剖面图

D1，柱坑近圆形，敞口，下部内收呈直壁，平底，坑内填土为黄褐色斑土。柱洞近圆形，洞口西南部放置块石 2 件，坑底中部置块石 1 件。柱坑口径 1.2、深 0.7 米，柱洞直径 0.68、深 0.9 米。（彩版 3 – 79：1）

D2，柱坑呈长圆形，弧壁，坑内填土为黄褐色斑土。坑口西南部放置块石2件。柱洞圆形，直壁，平底。柱坑口径0.8~1.15、深0.4米，柱洞直径0.5、深0.6米。

D3，柱坑呈长圆形，弧壁，平底，坑内填土为黄褐色斑土。柱洞圆形，直壁，平底，柱洞口部周边放置块石4件。柱坑口径0.6~1、深0.14米，柱洞直径0.36、深0.36米。

D4，柱坑近圆形，直壁，平底，坑内填土为黄褐色斑土。柱洞圆形，直壁，平底。柱坑口径0.85、深0.56米，柱洞直径0.3、深0.56米。

D5，柱坑长圆形，斜壁，平底，坑内填土为黄褐色斑土。坑口东南部放置块石数件。柱洞近圆形，直壁，平底。柱坑口径0.9~1.3、深0.38米，柱洞直径0.6、深0.6米。（彩版3-79：2）

D6，柱坑近圆形，斜壁，底部呈台阶状，坑内填土为红褐色土。坑口中部放置块石2件。柱洞圆形，直壁，平底。柱坑口径1.3、深0.3米，柱洞直径0.68、深0.45米。

D7，与D8、D9、D10共用柱坑，柱坑略呈椭圆形，直壁，底部东、西两端高，中间凹，坑内填土为黄褐色斑土。柱洞圆形，直壁，平底。柱坑口径1.7、深0.6米，柱洞直径0.25、深0.3米。

D8，柱坑形制、尺寸同上。柱洞圆形，直壁，平底。直径0.6、深0.6米。（彩版3-79：3）

D9，柱坑形制、尺寸同上。坑口东部放置块石。柱洞长圆形，直壁，平底。直径0.36、深0.6米。

D10，柱坑形制、尺寸同上，南部放置块石。柱洞圆形，直壁，平底。直径0.3、深0.34米。

（二）出土遗物

F4D4：1，陶纺轮。夹砂灰黑陶。圆台形。顶径3.8、底径3.2、厚1.3、孔径0.4厘米。（图3-60C）

F4D4：2，石镞。青灰色，柳叶形，截面呈菱形，铤截面近圆形。长9.3、厚1.2厘米。（图3-60C）

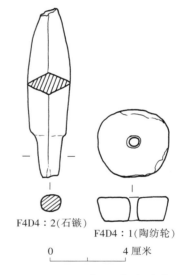

图3-60C　F4柱洞出土遗物

四　小结

F1被战国时期文化层叠压，说明其年代不晚于战国。柱洞填土中的包含物均为良渚文化时期的遗物，而未见印纹硬陶等战国时期的遗物。结合F1与墓地的空间关系及其排列方向与北区西部高等级墓葬方向一致等信息综合判断，F1的建造和使用年代应与北区西部墓地相当。

F3开口层位与F1相同，均开口于战国文化层下，打破生土；从建筑方法上看，它们与F4均采用开槽立柱或挖坑立柱的方法，且柱洞口部多填以块石，加固柱子。从空间布局上看，三者均位于墓地的南侧，基本呈线形排列，似有整体和共同的布局考虑，综合以上各方面判断，F1、F3、F4三者的文化性质应该是相同的，均为良渚文化时期。

F3、F4与F1之间可能存在早晚演变的关系。从空间分布上看，F1与北区西部墓葬对应，

F3、F4 则位于北区东部墓地的东南，可能与墓地也存在关联，按墓葬的分期，北区东部墓地的年代总体上早于北区西部墓地，依此判断 F3、F4 的建筑和使用年代或早于 F1。另外，从三者的建筑结构上看，F3、F4 与 F1 北部西组柱洞结构相似，F1 或是由 F3、F4 的发展而来的复杂形式。

若 F1 是地面建筑，则其结构有两种可能：一、四间联排式建筑，二、单体七连间。从平面空间关系分析，各间建筑未发现基槽或柱洞相通连，说明彼此有相对的独立性，因此，为四间联排式的可能性较大。但考虑到各房间室内空间狭窄，室内外未发现相关生活设施及红烧土墙体构件等，不排除其为杆栏式建筑的可能。

关于 F1、F3、F4 的功能，如上所述，F1 各房间室内空间狭窄，室内外未发现相关生活设施，不像是一处居址。F3、F4 的柱洞呈单条线形或"L"形排列，而不形成闭合的空间，也支持以上判断。从它们与墓地的空间关系看，很可能是与墓地相关的具有特殊功能的建筑遗迹。

第四章　小青龙遗址商周遗存

小青龙遗址主体发掘区内商周时期的遗存并不丰富，仅在北区东部发现有商周时期的文化层堆积，并在这一范围内清理了 3 座商周时期的灰坑，即 H21、H22、H28。

第一节　地层遗物

商周时期地层中的遗物包括 1 件铜斤和少量陶片，陶片以夹砂灰红陶和灰色印纹硬陶为主，前者主要为鼎足和鼎类残片，后者主要为各种罐，器表常见方格纹、曲尺形纹等（图 4 - 1）。择要介绍如下：

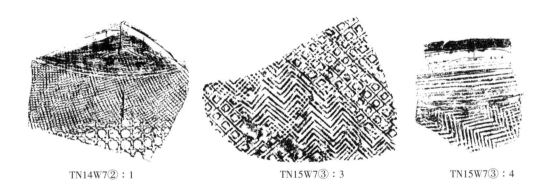

TN14W7②：1　　　　　TN15W7③：3　　　　　TN15W7③：4

图 4-1　商周地层出土印纹硬陶纹饰拓片

TN16W9②：1，陶鼎足。夹砂红褐陶。侧扁形，截面近长方形，一面施斜向刻划线，另一面素面。残高 9.5、厚 1.9 厘米。（图 4 -2）

TN16W11②：1，陶鼎足。夹砂红褐陶。侧扁形，上、下端残，截面呈圆角方形，一面中部施两道短划线。残高 8.6、厚 2.3 厘米。（图 4 -2）

TN15W7②：7，陶鼎足。夹砂红褐陶。铲形，正面呈三角形，素面。高 7.5 厘米。（图 4 -2）

TN15W7②：3，硬陶罐。灰色。残，鼓腹，平底。残高 4.8、厚 0.5～0.9 厘米。（图 4 -2）

TN15W7②：4，硬陶罐。灰色。残，斜腹，平底，器表施方格纹。残高 7.4 厘米。（图 4 -2）

TN15W7②：6，硬陶罐。灰色。垂沿，短颈，广肩，颈部施弦纹，肩部施曲折形刻划纹。残高 3.6 厘米。（图 4 -2）

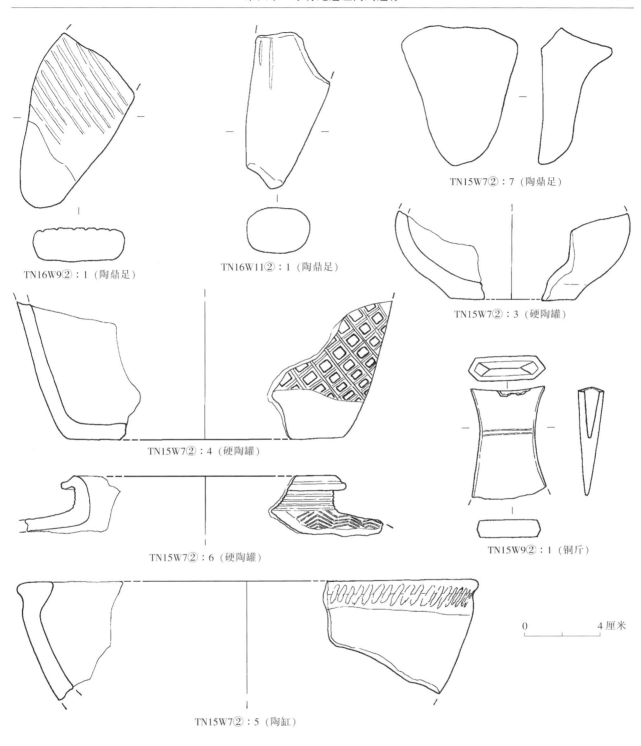

TN16W9②：1（陶鼎足）　　　　　TN16W11②：1（陶鼎足）

TN15W7②：7（陶鼎足）

TN15W7②：3（硬陶罐）

TN15W7②：4（硬陶罐）

TN15W7②：6（硬陶罐）

TN15W9②：1（铜斤）

0　　　　　　　4厘米

TN15W7②：5（陶缸）

图4-2　商周地层出土遗物

　　TN15W7②：5，陶缸。灰色，夹砂厚胎。厚唇，敛口，斜腹，口沿下压印斜向短槽线。口沿及沿面施青釉。残高6.4厘米。（图4-2）

　　TN15W9②：1铜斤。发掘时，前后端均有破坏。"风"字形，顶端略呈凹弧状，从上往下器身渐薄，直槽銎，銎平面呈六边形，纵截面呈"V"形。残长6.2、宽3.0~4.0、厚1.0

厘米，銎宽 3.4、厚 0～0.7、深 2.8 厘米。（图 4 - 2；彩版 4 - 1）

第二节　遗　迹

H22

位于 TN16W10 西北角，表土层下开口，打破 H21，西南部被现代坑破坏。2012 年 4 月 20 清理，当日清理完毕。

平面呈不规则圆形，弧壁，浅圜底，口径 3.2、深 0.45 米。填土为灰红色沙土，含少量红烧土颗粒和炭屑，出土少量陶片，包括夹砂红褐陶鼎足和印纹硬陶残片。（图 4 - 3）

H22：1，陶鼎足。夹砂红褐陶。铲形，正面弧凸，背面平直，正面上部捺窝并施三束纵向刻划线。残高 4 厘米。（图 4 - 3）

H22：2，印纹硬陶片。灰色。器表施方格纹。（图 4 - 3）

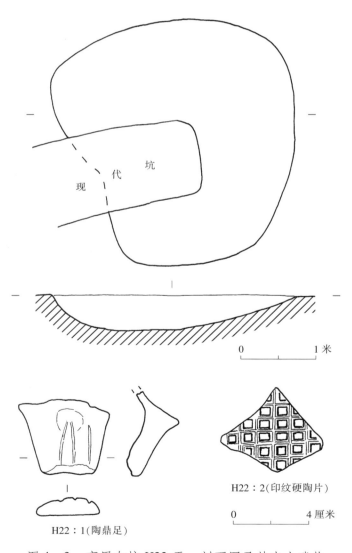

H22：1（陶鼎足）

H22：2（印纹硬陶片）

图 4 - 3　商周灰坑 H22 平、剖面图及其出土遗物

第五章　小青龙周边的调查与试掘

　　为了进一步了解小青龙遗址的聚落结构及周边史前聚落的分布情况，发掘将近尾声时，考古队对小青龙遗址所在的岗地及周边进行了调查。根据村民提供的线索，小青龙岗地南、北部均有明确的地点分别出土斜把石刀与双孔石刀、石斧与石钺等石器（彩版 5－1）。因此，首先对以上地点进行了试掘，其中小青龙发掘区南试掘 2 处，发掘区北试掘 1 处，从南向北依次编号为第 2 地点、第 3 地点、第 4 地点，主体发掘区视为第 1 地点（图 5－1）。

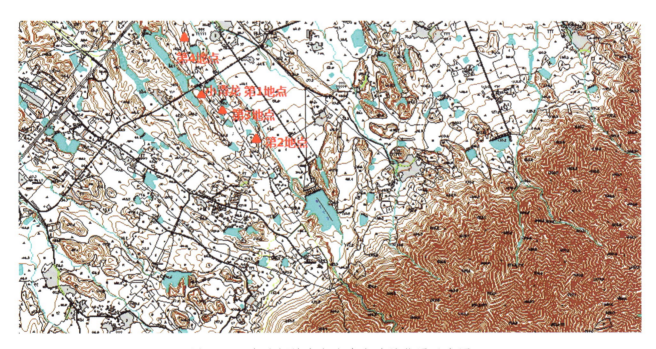

图 5－1　各试掘地点与小青龙遗址位置示意图

第一节　第 2 地点

　　第 2 地点位于小青龙发掘区南约 500 米，海拔 80 米。试掘探沟 3 条，编号 TG1～TG3，TG1 位于养猪场厂房北侧，即出土斜把石刀和双孔石刀的位置，TG2、TG3 位于厂房的西侧，两者呈 "T" 形分布。TG1 南北长 7、东西宽 1.5 米。TG2 南北长 10、东西宽 1 米。TG3 东西长 7.5、南北宽 1 米。以上各探沟均为正方向。

一 **TG1 地层堆积** （图 5 - 2；彩版 5 - 2）

第 1 层 灰褐色沙土，质地松软，厚约 10 厘米。出土少量印纹硬陶残片。

第 2 层 浅黄色细沙土，质地松软，厚约 30 厘米。含零星炭屑，出土少量陶片和石器残件，陶片主要为夹砂红褐陶和印纹硬陶，

第 3 层 深黄褐色沙土，质地较上层硬，包含少量烧土块，灰黑色，火候不高，厚 40 ~ 60 厘米。出土遗物以陶片为主，零星石器。陶片以夹砂红褐陶为主，少量泥质灰陶，可辨器形有鱼鳍形鼎足 6 件、杯 1 件。石器包含磨石断块和石镞。本层下开口灰坑 1 座，编号 TG1H1，坑底出土石器 2 件。

第 4 层 亮黄色斑土，纯净，未见包含物。

以上地层均南高北低，倾斜状分布。

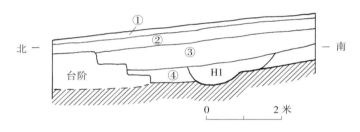

图 5 - 2 小青龙第 2 地点 TG1 东壁剖面图

二 **TG1 出土遗物**

TG1②：1，石斧。灰青色。风字形，双面锋，剥片后琢打成型并修理，未磨光。长 12.5、宽 5 ~ 7、厚 1.7 厘米。（图 5 - 3）

TG1②：2，石锛。青黄色。长方体，有段。长 7.3、宽 3.1、厚 1.5 ~ 2.1 厘米。（图 5 - 3）

TG1②：3，石锛。浅灰色。上部残，长方体，器身扁平。残长 5.5、宽 4.8、厚 1.4 厘米。（图 5 - 3；彩版 5 - 3：1）

TG1②：4，石斧。青灰色。长方形，双面锋，器身保留大量片疤，下半部简单打磨。长 11.3、宽 4.5、厚 3.7 厘米。（图 5 - 3）

TG1②：5，石锛。青灰色。长方体，有段，弧背。长 12、宽 3、厚 2 ~ 2.7 厘米。（图 5 - 3）

TG1②：6，石镞。青灰色。圭形，横截面呈扁平六边形。长 7.1、宽 2.3、厚 0.5 厘米。（图 5 - 3；彩版 5 - 3：2）

TG1③：1，石刀。青灰色。由残石器改制而成，三角形，上部有一残的圆形钻孔，顶部及侧边保留打制的石片疤，双面锋。高 7、厚 1.4、孔径 2 厘米。（图 5 - 3；彩版 5 - 3：3）

TG1③：2，石锛。灰色粉砂岩。长方形，双面锋，背面中下部有脊。长 4、宽 2.3、厚 0.6 厘米。（图 5 - 3；彩版 5 - 3：4）

TG1③：3，陶鼎足。夹砂红褐陶。侧装三角形，横截面扁平。高 5、厚 0.7 厘米。（图 5 -

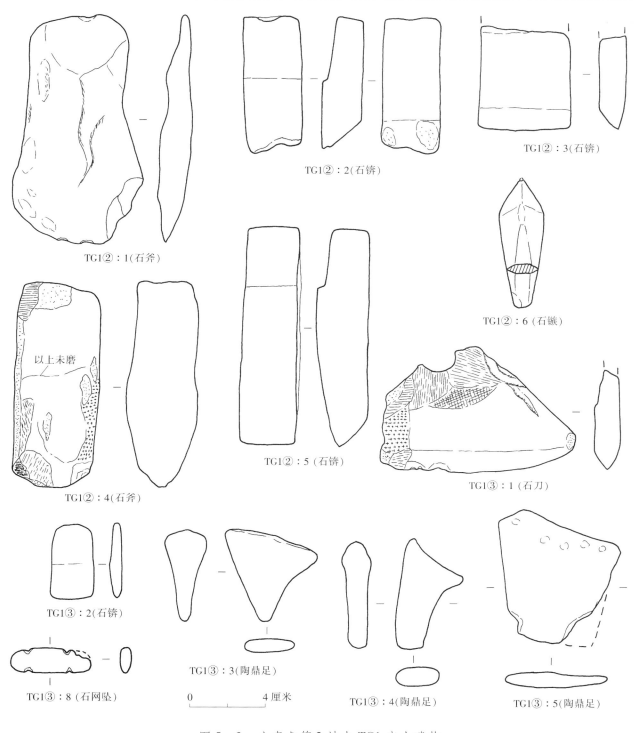

TG1②：2(石锛)

TG1②：3(石锛)

TG1②：1(石斧)

TG1②：6(石镞)

以上未磨

TG1②：5(石锛)

TG1③：1(石刀)

TG1②：4(石斧)

TG1③：2(石锛)

TG1③：3(陶鼎足)

TG1③：4(陶鼎足)

TG1③：5(陶鼎足)

TG1③：8(石网坠)

0　　　　　　　4厘米

图 5 - 3　小青龙第 2 地点 TG1 出土遗物

3；彩版 5 - 3：5)

　　TG1③：4，陶鼎足。夹砂红褐陶，侧扁足，横截面呈椭圆形。高 6、厚 1 厘米。（图 5 -
3）

　　TG1③：5，陶鼎足。夹砂红褐陶，侧扁足，整体宽矮，上部戳印凹窝点。高 7、厚 0.8 厘
米。（图 5 - 3）

TG1③：8，石网坠。紫色，利用自然卵石加工而成，椭圆形，截面扁平。长4.2、宽1.3、厚0.6厘米。（图5-3；彩版5-3：6）

第二节　第 3 地点

第 3 地点紧邻本次工程用地红线南侧，北距小青龙发掘区约40米。共布设探沟4条，分别编号TG4、TG5、TG6、TG7。TG4 南北向，13 米×1 米，TG5 东西向，15 米×1 米，两者呈十字相交。TG6 南北向，12 米×1 米，TG7 东西向，10 米×1 米。TG6 位于最南部，北距工程用地红线约80米，未发现任何遗迹和遗物，其他三个探沟均出土少量新石器时期的遗物。这一地点的堆积情况以 TG4 为例进行介绍。

一　地层堆积

TG4 东壁剖面（图5-4；彩版5-4）：

第①层　浅灰色沙土，松软，厚0～20厘米。

第②层　灰黄色沙土，南高北低，倾斜状分布，厚0～50厘米。本层含少量陶片及红烧土块。

第③层　黄色斑土，含少量炭屑，南高北低，倾斜状分布，厚10～50厘米。未见遗物。本层下开口一坑，编号TG4H1。

第④层　灰黄色，南高北低，倾斜状分布在探方的东部，厚0～40厘米，未见遗物。

以下为红褐色生土。

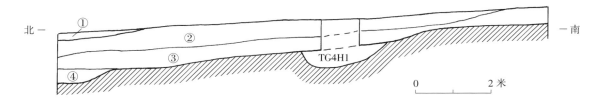

图5-4　小青龙第 3 地点 TG4 东壁剖面图

二　出土遗物

TG4②：1，陶鼎足。夹砂红褐陶，铲形，上部两侧施捺窝。高9厘米。（图5-5）

TG7②：2，陶鼎足。鱼鳍形，下部残，器身扁平，内侧较外侧略薄，根部戳印凹窝。残高6、厚0.5～0.8厘米。（图5-5）

TG4②：2，石镞。灰色，柳叶形，截面呈菱形，有铤。残长6.2、宽2、厚0.5厘米。（图5-5）

TG7②：3，石锛。灰色，长方形，有段，刃部保留修理疤。长9.5、宽5、厚1.7厘米。（图5-5）

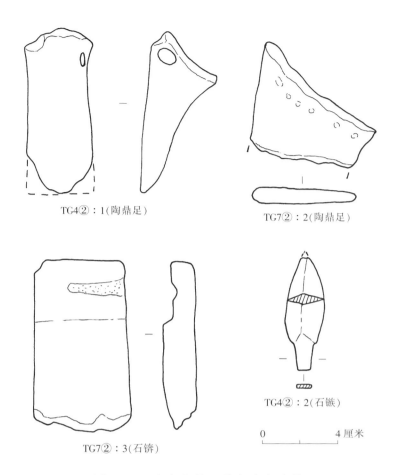

TG4②：1(陶鼎足)　　　　TG7②：2(陶鼎足)

TG7②：3(石锛)　　　　TG4②：2(石镞)

0　　　　　4厘米

图 5－5　小青龙第 3 地点出土遗物

第三节　第 4 地点

位于岗地的北端，石珠村西。据村民反映，20 世纪 90 年代，在这里翻土种田时曾出土完整的石钺。考古队在调查时，此处地表采集到一些印纹硬陶残片和石镞。这一地点共布设 4 条探沟，试掘表明，均是表土下即为生土，生土面上也未发现任何遗迹。据了解，这里曾进行过土地平整，遗址可能已遭彻底破坏。

以上几个地点试掘结束后，考古队对小青龙周边的其他岗地进行了调查，调查的方法是地表采集遗物与剖面观察相结合，由于地表植被非常茂密，自然断面少等客观原因，未能发现新的遗址。

第六章　大麦凸遗址

第一节　地理环境与工作经过

　　大麦凸遗址位于桐庐县横村镇柳岩村（图6-1），地理坐标为北纬29°48′43.9″~29°48′52.8″，东经119°34′45.7″~119°34′55.9″。遗址地处富春江支流分水江流域，坐落在一南北走向的自然岗地上，总体为一向分水江倾斜的台地。顶部较平缓，南高北低，南部海拔61.3米，北部外畈坞海拔51.3米，高出周边地表5~6米。遗址南北长约200米，东西宽50余米，面积约1万平方米（图6-2；彩版6-1）。

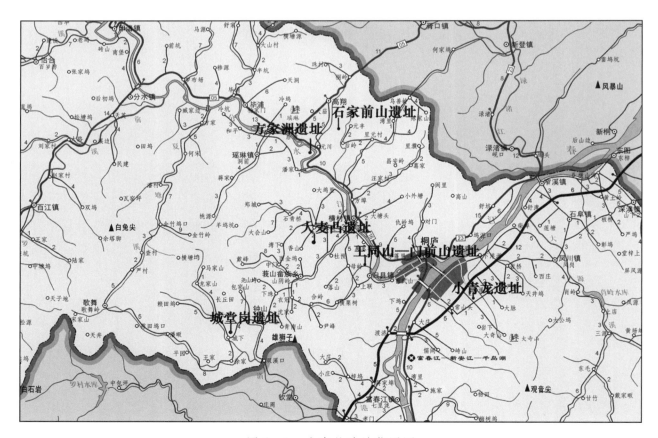

图6-1　大麦凸遗址位置图

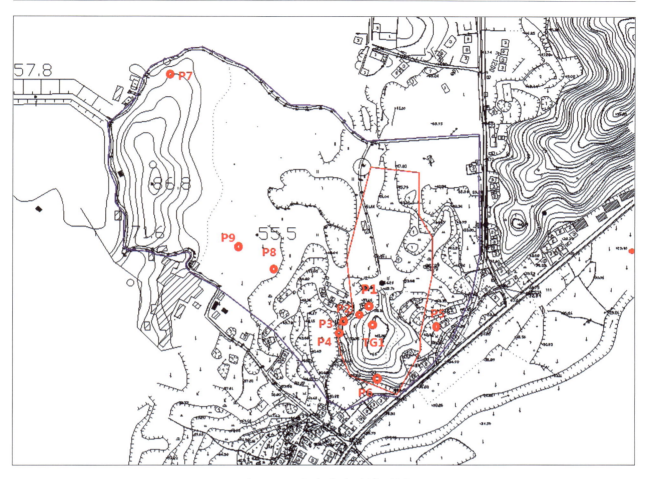

图 6-2　大麦凸遗址地形图

　　1993 年以前，大麦凸遗址是柳岩村红砖厂取土点。1993 年 4 月 7 日，桐庐县文管会接到横村镇柳岩村王国良同志在柳岩村红砖厂取土工地发现文物的报告后，立即前往现场察看，现场采集文物 5 件，并了解到 1992 年红砖厂取土时，该处就陆续有陶器、石器出土，由于当时村民对出土的文物缺乏认识，大多被破坏遗弃，村民出于好奇甚至将玉璧打断为两半，见是石头便丢弃。通过走访，征集到当时出土的文物 9 件。这样共获得文物 14 件，其中石器 11 件，玉器 3 件，包括当时被打断的半块玉璧，桐庐县文管会组织人员现场翻土查找多时未能找到另半块玉璧。至此，大麦凸遗址被正式发现。

　　大麦凸遗址是桐庐县发现的第一处新石器文化遗址。为弄清遗址的年代和文化内涵，桐庐县文管会邀请杭州市文物考古所进行实地调查，经过对出土器物的分析判断，杭州市文物考古所将大麦凸遗址初步定性为新石器时代遗址。1993 年 4 月中旬，桐庐县文管会向县人民政府报告，请求对大麦凸新石器遗址进行抢救性考古试掘并很快得到了批复，同年 6 月 8 日至 13 日杭州市文物考古所会同桐庐县文管会，共同对大麦凸遗址进行了试掘。试掘的地点选择在遗址东南面岗地上，共布设探沟 7 条，每条探沟面积约 20 平方米，发掘深度 0.7～3.2 米，出土了陶纺轮、鼎足及石锛、石刀、石镞等器物共 29 件，但未发现墓葬等遗迹。

为了保护遗址不再遭受破坏，桐庐县人民政府划定了柳岩村红砖厂的取土范围，并于2003 年将大麦凸遗址公布为县级文物保护单位。2011 年 1 月 7 日，大麦凸遗址被公布为浙江省级文物保护单位，保护范围面积为 44214 平方米，建设控制地带面积为 238682 平方米。

2008 年开展全国第三次文物普查期间，文物普查队在大麦凸遗址西面水塘边和西北面发现两处早期窑址：一处发现少量印纹陶片和残存窑壁，一处为带烟道的馒头窑残壁。

2010 年 3 月、2011 年 4 月桐庐方家洲遗址发掘期间，方家洲遗址考古队曾先后两次对大麦凸遗址进行调查（彩版 6－2：1），在遗址岗地下东南方地表 1.5 米以下曾采集到红烧土标本，证明文化层保存较厚。

第二节　2013 年度调查

为准确划定大麦凸遗址的保护范围，受桐庐博物馆委托，浙江省文物考古研究所于 2013年 12 月对大麦凸遗址进行了考古调查。首先，收集遗址的卫星图片及矢量地形图，了解遗址的整体地形地貌。其次，查阅遗址的相关资料，并对参与遗址 1993 年试掘的当事人许重岗先生进行采访（彩版 6－2：2），了解大麦凸遗址的发现和发掘经过。第三，针对遗址主体及周边台地暴露大量自然断面的实际情况，本次调查主要是借助剖面观察地层堆积，辅以地面采集遗物。调查步骤是由内而外，即先认识中心岗地的堆积情况，然后逐渐向外围扩大调查范围。为了了解中心岗地的地层堆积情况同时又不破坏遗址，考古队将 1993 年杭州市文物考古所试掘的部分探沟重新揭露出来，进行清理，刮铲剖面，绘制地层图和拍照。参加调查的人员有浙江省文物考古研究所仲召兵、技术人员渠开营以及桐庐博物馆刘志方、陈淑珍、胡孟波、张士栋。

一　地层堆积

1. TG1（图 6－3、6－4；彩版 6－3：1）

位于现存大麦凸岗地的北部，呈卜形，南北部分长 9 米、宽 2 米，东西部分长 5 米、宽 1.5 米，为 1993 年杭州市文物考古所试掘的探沟。本次对其壁面重新刮铲，并于回填土中及壁面上采集到若干遗物。

第①层　黄褐色土，厚约 1.1 米，为之前试掘的堆土。

第②层　灰褐色斑土，质地较硬，厚约30 ~ 65 厘米，基本水平分布。本层出土陶片以夹砂红褐陶、印纹硬陶为主，少量石制品残件，可见器形有陶鱼鳍形鼎足和铲形鼎足、原始瓷碗及石斧、石镞等。本层为现表

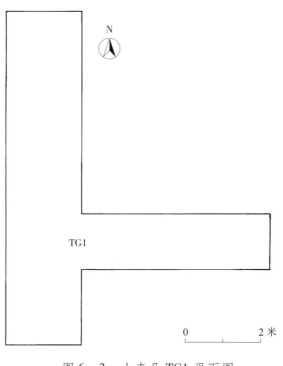

图 6－3　大麦凸 TG1 平面图

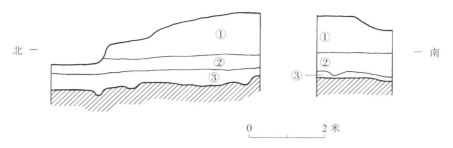

图 6 - 4 大麦凸 TG1 东壁剖面图

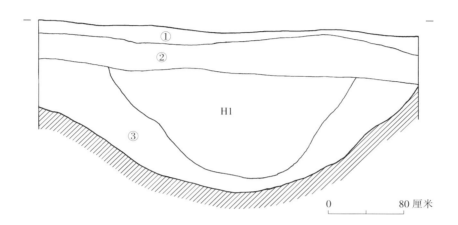

图 6 - 5 大麦凸 P5 剖面图

土层。

第③层 浅黄褐色斑土，纯净，未见遗物，厚约 20 ~ 45 厘米，底部凹凸不平。

TG1 因为是重新清理原探沟试掘的填土，出土遗物混杂，但根据 TG1 西侧台地自然断面的观察，第③层应为良渚时期地层堆积。

2. P5（图 6 - 5；彩版 6 - 3：2）

位于中心岗地东约 100 米的三级台地上，东距公路约 80 米，南距高压铁塔 30 米。地理坐标为北纬 29°48′45″，东经 119°34′54″，海拔 51.3 米。

第①层 表土，灰褐色沙土，厚约 8 ~ 20 厘米。

第②层 灰黄色沙土，厚约 25 ~ 40 厘米。包含有印纹硬陶等陶片。本层下开口一坑状堆积，编号 P5H1，口径约 2.6、深约 1.12 米，填土为灰黄色沙土，含炭屑，壁面上可见较多陶片，以夹砂红褐陶与泥质红陶（有的外表施红衣）居多，其次泥质灰陶，火候较低，质地疏松。

第③层 浅黄褐色沙土，呈凹弧状堆积，厚约 0 ~ 80 厘米。未见包含物。

以下为红褐色沙土层，生土。

3. P6（图 6 - 6；彩版 6 - 3：3）

位于中心台地的南缘，南距水塘约 5 米。

第①层 表土，褐色沙土，厚约 30 ~ 50 厘米。

第②层 浅黄褐色沙土，含零星红烧土块，厚约 25 ~ 40 厘米。基本不见陶片。

第③层 暗黄色沙土，质地较上层硬密，厚约 40 ~ 55 厘米。本层断面上可见丰富的陶片

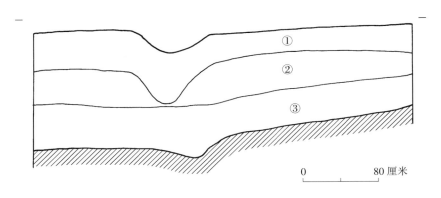

图6-6　大麦凸P6剖面图

和一些石器残件、自然石块等，陶片以夹砂红褐陶为主，少量泥质灰陶，石器见有石镞、穿孔石刀、砺石断块等。

以下为黄白色斑土，纯净，生土。

4. P7（图6-7；彩版6-4：1）

位于大麦凸西部山岗的东坡北端，西距上堰水库约40米，地势低缓。地理坐标为北纬29°48′58″，东经119°34′39″，海拔49.8米。因取土破坏，山岗的东坡形成一簸箕形缺口，在缺口的北壁剖面上，可见非常明显的红烧土堆积，底部呈凹弧状，烧土中包含较多的陶片，疑似陶窑，编号Y1。

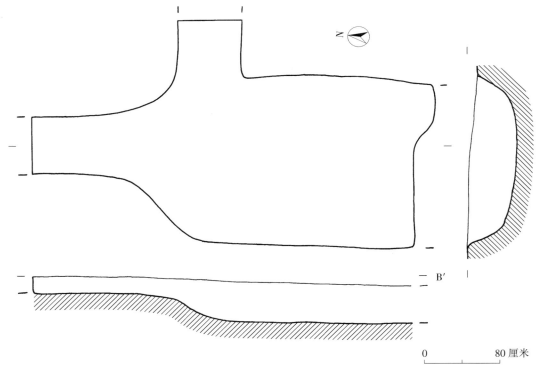

图6-7　大麦凸P7Y1平、剖面图

　　Y1 表土下开口，上部及南部被修路和取土破坏。东侧中部偏北处有一分叉，平面总体上呈"凸"字形。南部呈圆角长方形，残长 2.8、宽 1.84、深 0.45 米，弧壁，平底。北部平面略呈喇叭形，其北端位于路基下未清理完整，直壁，平底，残长 1.4、北宽 0.6、南宽 1.6 米，底部高出南部约 0.2 米。南、北连接处呈缓坡状。东侧分叉残存部分为方形，长 0.65、宽0.66、深 0～0.15 米，直壁，底部东高西低呈斜坡状，与 Y1 南部窑底相连接。（彩版 6 - 5）

　　Y1 内的填土全部为红烧土堆积，质地紧密较硬，含较多陶片和零星石器。陶片以夹砂红褐陶为主体，少量泥质红陶、泥质灰胎黑皮陶，可辨器形有夹砂红褐陶鱼鳍形鼎足、牛鼻状鋬耳，圈足器底等。石器见有石锛、石片。

　　从 Y1 形状、结构来看，显然是人工有意加工而成，填土的质地、堆积性状也不像后期搬运堆积。综合判断，为废弃陶窑的可能性比较大，从填土中的包含物初步判断，其年代为良渚文化时期。

　　5. P8（图 6 - 8；彩版 6 - 4：2）

　　位于中心岗地下西部的农田里，地理坐标为北纬 29°48′48″，东经 119°34′42″，海拔 63.3 米。

　　第①层　表土，灰褐色沙土，厚约 50 厘米。

　　第②层　灰黄色沙土，北薄南厚，厚约 0～35 厘米。含少量印纹硬陶残片。

　　第③层　浅黄褐色沙土，含较多粗砂粒，南薄北厚，厚约 0～40 厘米。未见遗物。

　　第④层　深黄褐色沙土，含红烧土颗粒，厚约 30～60 厘米。剖面可见少量夹砂红褐陶片及印纹硬陶片。

　　第⑤层　浅黄褐色沙土，与上层土质土色相近。未清理见底，厚度在 60 厘米以上。未见遗物。

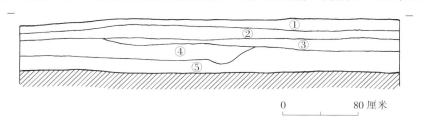

图 6 - 8　大麦凸 P8 剖面图

　　6. P9（图 6 - 9；彩版 6 - 4：3）

　　位于中心岗地下西部的农田里，地理坐标为北纬 29°48′48″，东经 119°34′43″，海拔 63 米。

　　第①层　表土层，灰黄色沙土，质地松软，厚约 20 厘米。

　　第②层　深黄褐色土，质地较硬，厚约 20～28 厘米。含夹砂红褐陶、夹砂灰褐陶、印纹硬陶残片及少量残石器、石片等。

　　第③层　黄褐色土，颜色较上层浅，质地较硬，厚约 20～35 厘米。出土少量红烧土块、夹砂红褐陶片、残石斧、残石锛等。

　　以下为黄色黏土，质地致密，纯净，为生土。

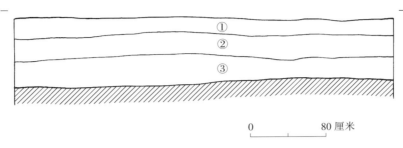

0 ⸺⸺⸺ 80 厘米

图 6 - 9　大麦凸 P9 剖面图

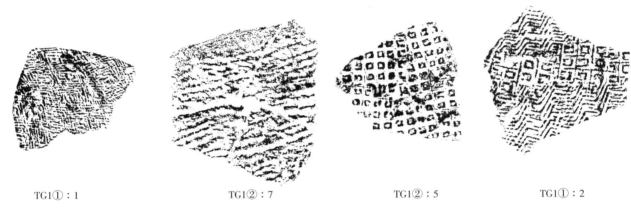

TG1①：1　　　　　　TG1②：7　　　　　　TG1②：5　　　　　　TG1①：2

图 6 - 10　大麦凸 TG1 出土印纹硬陶纹饰拓片

二　出土遗物

出土遗物以陶器为主，少量石制品。陶器均为陶片和残件，以夹砂红褐陶和印纹硬陶为主，少量泥质红陶。夹砂红褐陶主要为铲形、鱼鳍形等鼎足，印纹硬陶表面纹饰常见曲折纹、方格纹及两者的组合形式，少量绳纹、云雷纹（图 6 - 10）。石器数量不多，主要为石锛、石镞。

P4：1，陶鼎足。夹砂红褐陶。残，鱼鳍形，器身扁平，内侧略薄，两面施纵向刻划线，残高 6.5 厘米。（图 6 - 11）

TG1②：4，陶鼎足。夹砂红褐陶。铲形。残高 6.5 厘米。（图 6 - 11）

TG1②：3，陶鼎足。夹砂红褐陶。下端残，上宽下窄，上下等厚。足根所连带的鼎腹片下部施绳纹。残高 9、厚 1.8 厘米。（图 6 - 11）

TG1②：7，陶鼎（甗）。夹砂红褐陶。尖圆唇，折沿，口沿内侧下凹，腹微外弧。下腹外壁有火烧痕迹。器身施交错绳纹。复原口径约 25、腹残深 9.5 厘米。（图 6 - 11）

P7Y1：2，陶鼎。夹砂红褐陶。短沿，口微侈，上腹较直。口径不明。（图 6 - 11）

P7Y1：1，陶器耳。牛鼻形。下部刻划两行平行的短划线，器耳下的腹片上见有两条平行的凸棱纹。（图 6 - 11）

P8③：1，硬陶罍。灰色。子母口内敛，上腹微弧。器表施圆圈纹及方格与圆圈组合纹并贴附泥条编织纹。（图 6 - 11）

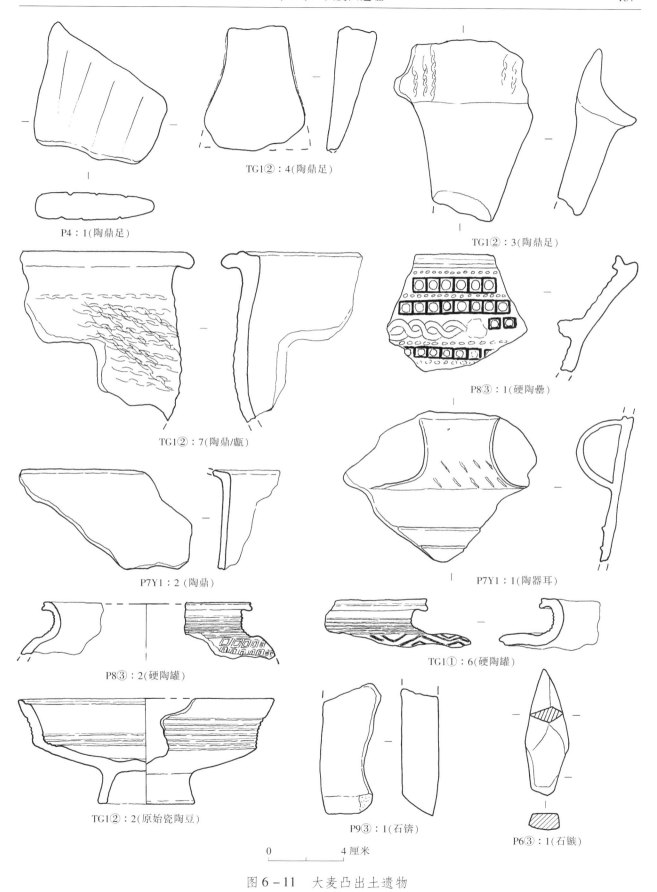

TG1②:4(陶鼎足)

P4:1(陶鼎足)

TG1②:3(陶鼎足)

TG1②:7(陶鼎/甗)

P8③:1(硬陶罍)

P7Y1:2(陶鼎)

P7Y1:1(陶器耳)

P8③:2(硬陶罐)

TG1①:6(硬陶罐)

TG1②:2(原始瓷陶豆)

P9③:1(石锛)

P6③:1(石镞)

0　　　　4厘米

图6-11　大麦凸出土遗物

P8③：2，硬陶罐。灰色。口微侈，唇下垂，短颈，溜肩，以下残。颈部施细密的凹弦纹，肩部施斜方格纹。口径约11厘米。（图6－11）

TG1①：6，硬陶罐。灰色。口微侈，唇下垂，短颈，广肩，以下残。颈部施细密的凹弦纹，肩部施曲折纹。口径不明。（图6－11）

TG1②：2，原始瓷豆。青黄色。敞口，折腹，矮圈足。上腹外壁施细密的凹弦纹。口径13.6、高5.6厘米。（图6－11；彩版6－6：1）

P9③：1，石锛。青黄色。残，长方形。残长7、宽2.8、厚2厘米。（图6－11）

P6③：1，石镞。青黄色。柳叶形，截面呈菱形，尾端内收并打磨扁平作铤。长6.8、宽2.4、厚0.7厘米。（图6－11）

第三节　1993年出土与采集遗物

T32/0422，陶鼎足。夹砂红褐陶。鱼鳍形，下端残，双面施纵向刻划线，横截面由内往外渐薄呈楔形。残高9.5、最厚1.8厘米。（图6－12；彩版6－6：2）

T29/0406，陶鼎足。夹砂红褐陶。鱼鳍形，下端残，双面施纵向刻划线，器身扁平。残高8.5、厚1.2厘米。（图6－12；彩版6－6：3）

T35/0462，陶鼎足。夹砂红褐陶。鱼鳍形，上、下端残，双面施叶脉形刻划线，器身扁平。残高5.6、厚0.7厘米。（图6－12；彩版6－6：4）

0449，石斧。浅灰色。平面大体呈"凸"字形，纵截面略呈浅勺形。打制而成，一面简单打磨，另一面保留较多片疤，刃部有使用形成的崩缺。器身有多处刻划，其中打磨一面的下部有一"父"字形刻划符号。长21.5、宽13.5、厚约3厘米。（图6－13；彩版6－7：1~3）

0455，石斧。近长方体，上端稍窄，双面锋，刃部有使用崩缺。长16、宽4.2~5.7、厚3.7厘米。（图6－13；彩版6－8：1）

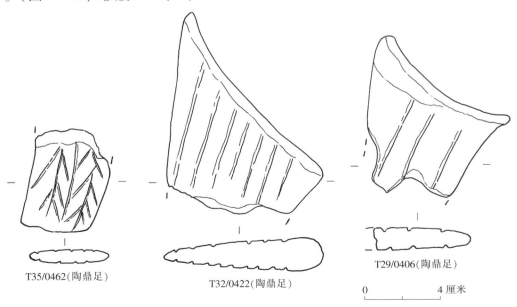

T35/0462（陶鼎足）　　T32/0422（陶鼎足）　　T29/0406（陶鼎足）

0　　　　　4厘米

图6－12　大麦凸出土遗物

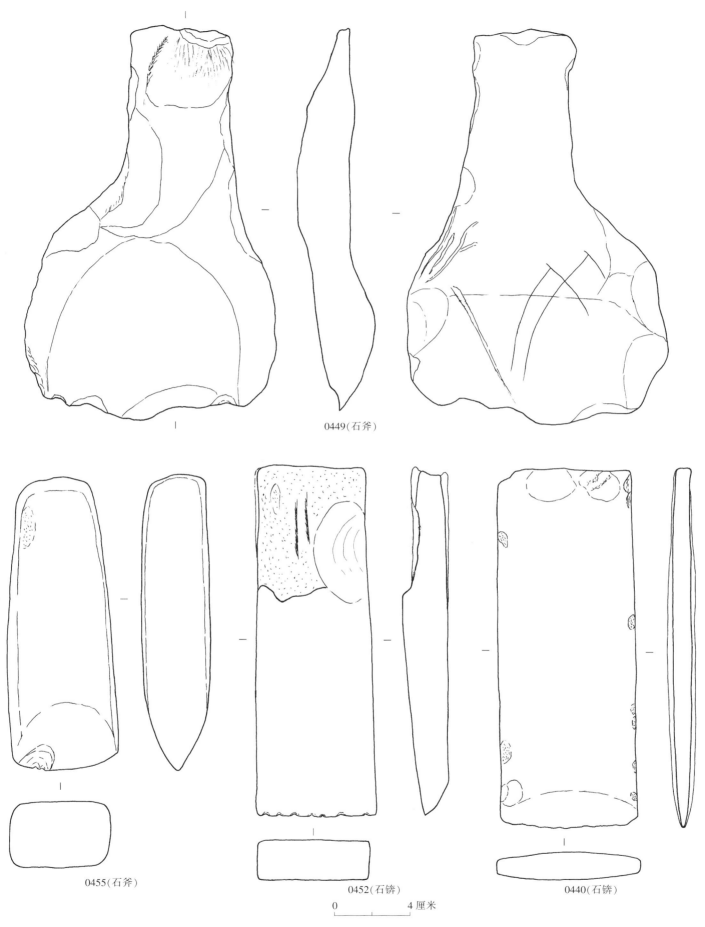

0449(石斧)

0455(石斧)

0452(石锛)

0440(石锛)

0　　　　4厘米

图6-13　大麦凸采集遗物

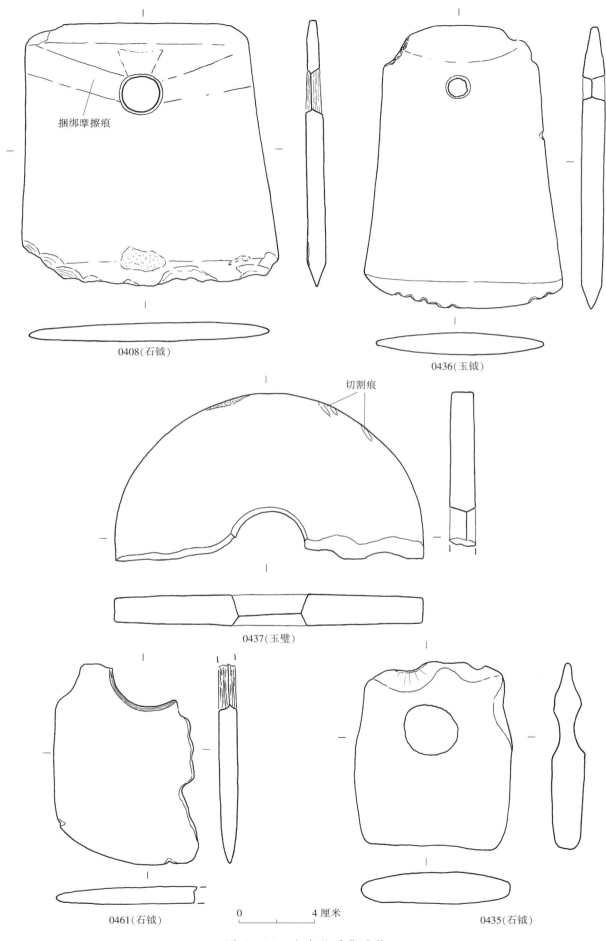

捆绑摩擦痕

0408（石钺）

0436（玉钺）

切割痕

0437（玉璧）

0461（石钺）

0   4 厘米

0435（石钺）

图 6 - 14   大麦凸采集遗物

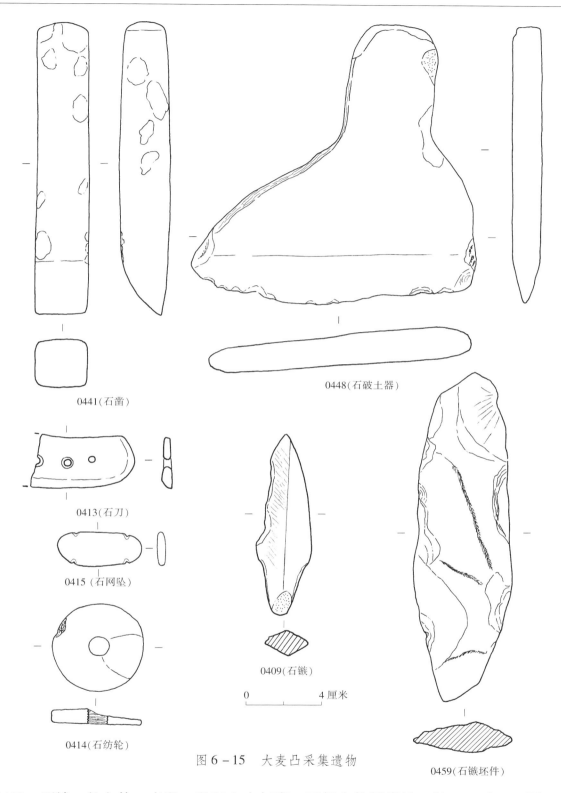

0441（石凿）

0448（石破土器）

0413（石刀）

0415（石网坠）

0409（石镞）

0　　　　　　4厘米

0414（石纺轮）

图6-15　大麦凸采集遗物

0459（石镞坯件）

　　0452，石锛。长方体，有段，段以上未打磨，刃部有使用崩缺。长19、宽6、厚2.2厘米。（图6-13；彩版6-9：1）

　　0440，石锛。长方形，双面锋，刃部有使用痕迹，横截面、纵截面均中间厚、两侧薄，通体磨光，局部保留片疤。长19.5、宽7.3、厚0.8~1.5厘米。（图6-13；彩版6-9：2）

0408，石钺。梯形，中间厚，两侧渐薄，从上至下渐厚，双面锋，刃部有较多的使用崩缺，钻孔左上、右上、正上方保留捆绑磨擦形成的三叉形痕迹，钻孔内壁保留细密的钻痕。高 14.5、宽 12~13.5、厚 0.6~1、孔径 2.3 厘米。（图 6-14；彩版 6-10：1、2）

0461，石钺。梯形，大部残，大孔，刃角圆弧，通体磨光。残长 10.7、厚 1、孔径约 4 厘米。（图 6-14；彩版 6-10：3）

0435，石钺。浅青色。半成品，长方形，顶端保留修理的片疤，双面实心钻未透。长 10、宽 8、厚 1.5、孔径 2.8 厘米。（图 6-14；彩版 6-10：4）

0441，石凿。窄方柱体，顶部弧凸，通体磨光，局部遗留片疤。长 16、宽 2.8、厚 2.7 厘米。（图 6-15；彩版 6-9：3）

0448，石破土器。靴形，直把，器身扁平，双面锋，刃部有使用崩缺。高 15、宽 15.2、厚 1.6、把长约 7 厘米。（图 6-15；彩版 6-8：2）

0413，石刀。近长方形，残，上端薄刃端厚，背面平直，单面锋，器身中部施横向钻孔至少三个，其中最右侧为盲孔。残长 5.2、宽 2.8、厚 0.3~0.45 厘米。（图 6-15；彩版 6-7：4）

0414，石纺轮。圆饼形，通体磨光，一面遗留切割痕，圆形钻孔内保留繁密的螺纹钻痕。直径 4.9、厚 0.7、孔径 1 厘米。（图 6-15；彩版 6-9：4）

0415，石网坠。自然卵石制成，鞋底形，器身扁平，两端各切割上下对称的缺槽。长 4.5、宽 1.8、厚 0.4 厘米。（图 6-15；彩版 6-9：5）

0459，石镞坯件。柳叶形，截面近菱形，器身保留较多的修理疤痕。长 18、宽 5、厚 1.7 厘米。（图 6-15；彩版 6-9：6）

0409，石镞。残，柳叶形，尾部内收作铤，截面呈菱形，通体磨光。长 10、宽 3、厚 1.4、铤长 2.7 厘米。（图 6-15；彩版 6-9：7）

0436，玉钺。梯形，顶端留双肩，并打磨呈尖榫状以便安插，双面锋，刃部有使用崩缺，器身横截面中间厚，两侧渐薄，双面管钻圆孔。长 15.5、宽 6~10.5、厚 1.2、孔径 1.3 厘米。（图 6-14；彩版 6-11：1）

0437，玉璧。残剩半圆，中间较周边略厚，边缘保留切割痕，通体磨光。经复原，直径 16.4、孔径 4、厚 1.3~1.7 厘米。（图 6-14；彩版 6-11：2）

第四节 初步认识

1993 年，大麦凸遗址的试掘，已明确其遗存的主体年代为良渚文化时期，而且玉璧、玉钺的出土也表明这里分布有这一时期的高等级墓葬。但囿于试掘的资料未发表，对遗址的堆积情况、文化面貌都不清楚。据 1993 年试掘所获资料及数次的考古调查，明确了遗址的范围、了解了遗址的地层堆积、保存状况、文化面貌等情况，同时也获得了若干重要的学术线索。

通过 TG1 的揭露及诸多剖面的观察，可以明确大麦凸遗址包含良渚文化和东周两个时期的遗存。1993 年之前，大麦凸岗地北至外畈坞，长度约 200 余米，岗地的中北部现已被夷为平地，上文的玉璧、玉钺等大部分遗物也都是这一地点出土的。现存的南部岗地上普遍分布一层厚约 40 厘米左右的良渚文化层。2011 年，在南部岗地以东的台地上钻探，了解到文化层距地表深约 1.8 米，并于文化层的下部采集到红烧土。大麦凸西侧的相邻岗地上则发现了良渚文化时期遗迹 Y1。以上信息表明，大麦凸遗址良渚文化时期的聚落以大麦凸岗地为中心，东西两侧岗地均为遗址的范围。

东周时期遗址的范围则更大，在大麦凸岗地上部及其东、西两侧的各级台地上普遍有东周时期的文化层分布，且堆积较厚，但这一时期的遗址内涵与聚落结构尚不清楚。

大麦凸遗址的陶器仅采集到数件鱼鳍形鼎足，陶器面貌尚不清楚，但出土了丰富的石制品和少量玉器。肉眼观察出土的玉钺、玉璧，玉器的材质粗糙，光泽感差，似与小青龙玉器有别，可能年代较早，抑或两个遗址玉料有不同的来源。石器中石锛占有较大的比重，石锛多为长方体，器身扁平，体量较大，石凿呈方柱体，均无段，颇有崧泽文化的风格，或许大麦凸遗址还有崧泽阶段遗存。另外，石制品中还有不少石钺、石镞等半成品，可知，至少部分石器产品是自给自足的。

大麦凸遗址的试掘与调查，还提供了以下信息或线索：

1. 0408 石钺从刃部观察，是实用器，而且可能使用了较长时间，钻孔周围的三叉形磨划痕应该也是捆绑后长期摩擦形成的，为探讨玉石钺的捆绑方式提供了强有力的佐证。

2. 0449 石斧，从器形上看，应该不会晚于商周时期。从其上刻划符号的结构上看，可能为单体的"父"字形符号，也可以分解为并列的两个"入"字形象形表意符号，总之，为探讨早期文字或观念符号的形成提供了非常珍贵的资料。

3. 考古发掘中，史前时期的陶窑是非常难得的发现，Y1 陶窑的发现，表明大麦凸西侧的岗地上很可能还有良渚文化时期的陶窑分布，为今后探索陶器的烧造提供了非常有价值的线索。

第七章　多学科考古研究

第一节　小青龙遗址玉器的初步科学分析

小青龙遗址清理良渚文化墓葬44座，出土了较多的玉石器。遗址地处浙西南山地丘陵地带，距离良渚文化核心区有一定的距离，是良渚文化向其西南山地扩散、影响的一处非常重要的遗址，对于探索山地丘陵地区在良渚文化发展过程中的地位和作用提供了极其重要的考古资料。

鉴于小青龙遗址的重要性，也为了更深入地研究良渚文化中玉器的使用对于山地丘陵地区的影响，2012年5月，小青龙出土的部分玉器由杭州市余杭博物馆、浙江省文物考古研究所、北京大学古文博学院三家合作的"玉架山遗址出土玉器无损分析研究"课题组在北京大学考古文博学院科技考古实验室进行了成分分析。

一　分析方法

利用能量色散X荧光光谱仪（ED－XRF）进行了化学成分分析。仪器型号为日本堀场制作所（Horiba Inc.）生产的XGT－7000型X荧光显微镜。分析条件：X入射线光斑直径：1.2mm；X光管管电压：30kV；X光管管电流：0.029mA；数据采集时间：150s。解谱方法为单标样基本参数法。

二　分析结果

共分析玉器11件，具体成分结果参见表7－1。

表7－1　小青龙玉器成分检测结果

序号	编号	名称	MgO	Al_2O_3	SiO_2	P_2O_5	K_2O	CaO	TiO_2	MnO	Fe_2O_3	质地
1	M4：3	玉锥形器	36.83	6.32	53.98	0.47	0.17	0.03	0.06	0	2.15	蛇纹石
2	M4：4	玉套管	30.43	9.96	56.4	0.54	0.24	0.02	0.08	0	2.33	蛇纹石
3	M6：1	玉管	30.65	12.27	55.09	0.45	0.28	0.02	0.04	0	1.21	蛇纹石
4	M6：4	玉璧	20.49	2.63	57.87	0	0.11	14.68	0.04	0.08	4.11	透闪石
5	M6：6	玉钺	20.52	3.75	59.24	0	0.07	13.93	0.02	0.07	2.40	透闪石
6	M13：1	玉琮	18.25	6.65	59.02	0	0.21	14.32	0.07	0.07	1.39	透闪石

续表 7 - 1

序号	编号	名称	MgO	Al₂O₃	SiO₂	P₂O₅	K₂O	CaO	TiO₂	MnO	Fe₂O₃	质地
7	M14:9	玉璧	20.91	1.06	61.18	0	0.05	13.54	0.02	0.05	3.19	透闪石
8	M15:1	玉珠	37.80	3.38	57.26	0	0.10	0.04	0.06	0.01	1.36	蛇纹石
9	M15:3	玉镯	43.94	0.88	53.71	0	0.03	0.04	0.07	0	1.33	蛇纹石
10	M33:6	玉钺	22.43	0.73	62.30	0	0.04	12.86	0.03	0.05	1.57	透闪石
11	0437	大麦凸玉璧	18.54	2.75	55.9	0	0.09	14.55	0.02	0	7.08	蛇纹石

　　根据 ED - XRF 分析结果，11 件玉器中，透闪石—阳起石类软玉 5 件，占比约 45%；蛇纹石玉 6 件，占比约 55%（图 7 - 1）。

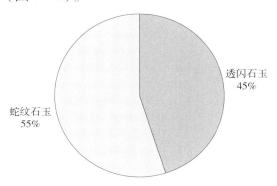

图 7 - 1　小青龙玉器质料比例图

三　结果讨论

（一）小青龙良渚先民玉材的选择

　　"玉"的定义可以有狭义、广义之分。广义的"玉"可包括各类珍贵的宝石，如绿松石、玛瑙、水晶、琥珀、透闪石—阳起石、蛇纹石等，即所谓"石之美者为玉"。但狭义的"玉"仅仅指的是透闪石—阳起石软玉。

　　根据我们之前的研究，杭嘉湖地区将软玉作为主要的玉材是从崧泽时期开始的，在其之前的马家浜时期，"白玉髓（白玛瑙）"是先民们眼中的"玉"。而进入马家浜—崧泽时期的方家洲遗址，虽然在自己的治玉作坊里仍旧使用玉髓做玉器，但其墓葬的随葬品已经全为软玉了。进入崧泽时期，经过分析的桐乡普安桥遗址、海宁小兜里遗址，软玉的使用比例达到了90% 左右，表明崧泽时期对玉材的选择已经完全趋向于软玉。而进入良渚时期，经过分析的玉材中透闪石软玉仍占主要地位，可达 75% 左右，此时玉器的材质更加丰富，蛇纹石质玉的比例有所提高，但以反山、瑶山为代表的良渚核心区域所使用的玉器材质软玉占比可达100%，说明良渚文化的统治群体已经将软玉确立为"真玉"，其重要地位是别的材质无法比拟的，其他美石仅能作为玉料贫乏时的替代材质。

　　小青龙遗址的玉器分析结果表明，该遗址用于制作玉器的材质主要是蛇纹石和透闪石两种类型。这和良渚时期其他遗址分析的情况类似。经过玉器材质分析的一些良渚文化遗址，其玉器材质中透闪石和蛇纹石的占比都居第一、第二位。其他有一些玉髓、叶蜡石等质地，但比例都较这两种材质为低。小青龙遗址最大的特点是蛇纹石玉的比例较透闪石玉为高，这或许是由于分析样品量不足的原因。但从分析的单位来看，至少二者的比例是接近的，如 M4 和 M15 两件都是蛇纹石，M6 的 3 件玉器，有 1 件是蛇纹石，2 件是透闪石。看不出两种材质在小青龙先民心目中的地位孰高孰低。但和同时期高等级或核心区域比较的情况看，显然小青龙遗址的透闪石原料来源相对缺乏。

（二）小青龙良渚先民软玉玉质的选择

根据矿物学中对于透闪石和阳起石的划分标准，当比值 $MgO/（MgO + Fe_2O_3）$ 大于 0.9 时，软玉属于透闪石玉；而当该比值小于 0.9 大于 0.5 时，属于阳起石玉。比值越大，意味着呈色离子 Fe^{2+} 的含量越低，因此软玉呈现白色，此时属于青白玉至白玉的范围；而该比值处于阳起石玉范围时，玉质属于青玉至墨玉的范围。我们按照这个标准，我们计算了小青龙遗址软玉的玉质（表 7 - 2）。

表 7 - 2　小青龙软玉质地判别

样品编号	器物名称	$MgO/（MgO + Fe_2O_3）$	材质
M6：4	玉璧	0.833	阳起石玉
M6：6	玉钺	0.895	阳起石玉
M13：1	玉琮	0.929	透闪石玉
M14：9	玉璧	0.868	阳起石玉
M33：6	玉钺	0.935	透闪石玉

从上表看来，小青龙五件软玉中有三件属于阳起石的范畴，而透闪石玉仅有两件。这意味着质地较好的白玉所占比例低，而颜色较深的青玉则比例高。偏阳起石化玉，表明其 Fe 含量较高，颜色更深，更多的属于青玉至墨玉的范围。

我们做了 MgO 和 Fe_2O_3 散点图（图 7 - 2）。

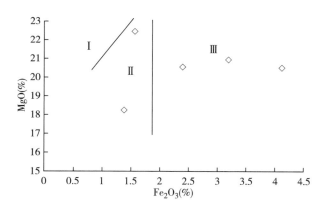

图 7 - 2　$MgO - Fe_2O_3$ 散点图

图中两条线是我们在研究浙北地区崧泽—良渚时期玉器质地时按照 $MgO-Fe_2O_3$ 关系分的类型，两条线将图分为三个区域，我们分别称之为 I 型闪石玉、II 型闪石玉和 III 型阳起石玉。根据宏观观察和成分分析结果看，I 型闪石玉质地较 II 型和 III 型更优。经过分析的良渚核心区的高等级墓葬如反山、瑶山大墓所出的软玉绝大多数属于 I 型闪石玉，凸显了高质量白玉在良渚先民尤其是统治集团心目中的重要地位。但小青龙遗址玉器的质地明显不如良渚核心区域。本次分析并没有发现有 I 型透闪石玉，而颜色更深的阳起石玉数量还较 II 型闪石玉为多，这一情况显然反映出小青龙遗址优质软玉来源较为匮乏，因此更多地选择质量较差、颜色较深的 II 型闪石玉甚至是阳起石玉。

（三）小青龙遗址玉料来源初探

根据我们的分析经验，软玉的来源可以通过 $Al_2O_3-K_2O$ 关系加以确定。因此我们使用这两个氧化物做了散点图（图 7 - 3）。

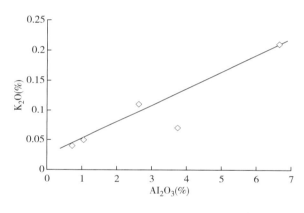

图 7 - 3　$Al_2O_3-K_2O$ 散点图

从上图散点分布情况看，除 M6∶6 略有偏离外，其小青龙遗址的几件透闪石玉器很有可能来自同一矿源。另外，与之前的分析数据进行对比，小青龙遗址的软玉来源更接近海宁小兜里遗址良渚中期玉器的 $Al_2O_3-K_2O$ 分布关系，暗示了小青龙遗址的软玉来源可能和小兜里遗址有关。在之前的研究当中，小兜里遗址到了良渚中期后，软玉制品比例下降，同时软玉中的偏阳起石软玉比例大幅度提高。这种情况表明，良渚中晚期以后，可能由于崧泽及良渚早中期大规模地开发透闪石软玉，致使优质软玉资源开始枯竭，质地较差的 II 型软玉和 III 型阳起石软玉不得已被利用。对于地处尚且如此，地处山地丘陵的小青龙遗址则更难以得到优质玉料了。

由于玉矿中通常透闪石玉和蛇纹石玉伴生，如辽宁的岫岩等大型玉矿，因此我们认为小青龙遗址的蛇纹石玉和透闪石玉很有可能是同一来源，其被开发使用的原因也应该是优质透闪石软玉开发殆尽，而之前被弃之不用的蛇纹石玉可能也由于其和软玉外观相近而被重新开发。

四　结论

综上所述，小青龙遗址玉器从玉材、玉质等方面都和良渚核心区域特别是良渚遗址群有所区别。其所选的玉材以蛇纹石玉和软玉并重，且蛇纹石玉比重略高于软玉。所选软玉以氧化铁含量更高的Ⅱ型透闪石玉和Ⅲ型阳起石玉为主，没有发现质地较好的Ⅰ型透闪石玉。经过成分比较，我们认为小青龙遗址的玉料来源很可能和海宁小兜里晚期玉料来源相同。

和反山、瑶山等王陵级大墓以及良渚古城周边的位于平原地区的较高等级聚落如桐乡普安桥、海宁小兜里等遗址相比较，小青龙遗址在玉器使用等级上可能略逊一筹。这表明虽然小青龙遗址是山地丘陵区域很重要的聚落，但是可能并不居于良渚文化用玉核心集团当中，因此其并不容易得到优质的玉材。加之到了良渚中期，由于前期对优质玉矿的大量开采，导致良渚中心获得Ⅰ型软玉都已不易，处于山地丘陵的小青龙遗址可能更加困难。当然这也从另一方面说明，小青龙遗址所处的桐庐地区可能并没有软玉出产。

第二节　小青龙、大麦凸遗址石器石质鉴定

一　石质鉴定原则与方法

石器的石质鉴定原则，是尽可能地不破坏石器。因此，采用的方法主要是肉眼鉴定，即通过肉眼或借助于10倍放大镜，观察各类石器石质，按造岩矿物及其组合、岩石的结构构造，进行描述、分类与命名。

石器的石质，按岩石成因，分火成岩、沉积岩、变质岩三大类。三大类岩石在成因上常有过渡类型，如火山碎屑岩即为火成岩与沉积岩之过渡类型，其缘起于岩浆喷发，但成岩方式基本与沉积岩相同，即火山碎屑物质经过堆积或被搬运后再堆积，通常把火山碎屑岩并入火成岩类。

二　石器石质岩性特点

此次共鉴定石器87件，类型有石钺、石锛、石凿、石镰、石镞、石刀、石犁、耘田器、砺石、石片及纺轮等。

石器石质的岩性以沉积岩类为主，占鉴定石器的84.0%，少数属火成岩和变质岩，前者占鉴定石器的10.3%，后者占5.7%。沉积岩具体岩类包括各式泥岩、粉砂岩和砂岩；火成岩岩类包括辉长辉绿岩及各种火山碎屑岩，如熔结凝灰岩、凝灰岩、沉凝灰岩等；变质岩岩类包括斑点板岩、千枚岩和角岩。

三　石器的石质描述与定名（表 7 - 2）

表 7 - 2　石器石质登记表

序号	编号	名称	描述	岩性
1	M36：2	石钺	表面深灰色，细腻光滑，断口呈灰黑色。硬度 4 左右。成分以泥质为主，含一些粉砂级长石和石英碎屑。受岩浆热影响，原岩角岩化，硬度变大	角岩化粉砂质泥岩
2	M38：2	石锛	表面土黄色，断面青灰色。粉砂质泥质结构，水平层理构造，细层厚 1 毫米左右。主要由粉砂级长石、石英碎屑及泥质组成，含少量 1 毫米大小的砂粒。当砂粒淋失，则在风化面上留下小的孔洞。石器主面垂直层理面	含砂泥质粉砂岩
3	M31：1	石钺	灰黄色，表面光洁，断口较粗糙。砂状结构，块状构造。主要由石英和长石碎屑组成，总含量 80% 左右，碎屑粒径 0.5 ~ 1 毫米，少量粒径 1 ~ 1.5 毫米，泥质胶结	细粒长石石英杂砂岩
4	M5：4	石钺	颜色很杂，有深灰色、土黄色等，表面光滑，但有许多淋失空洞。凝灰结构，块状构造，主要由晶屑、玻屑等组成，含少量角砾，晶屑含量约 10% ~15%，其成分为石英和长石，粒径 1 ~2 毫米，少量角砾被风化淋失，留下孔洞，其余成分为玻屑和火山尘埃	含角砾晶屑凝灰岩
5	M9：9	石锛	浅灰白色，表面有风化之粉末，断口细腻。粉砂质泥质结构，水平纹层构造，纹层厚度 0.1 ~1 毫米。含 10% ~20% 粉砂级石英和长石，其余为泥质。石器主面垂直层理面	粉砂质泥岩
6	M21：18	石锛	风化较强，浅灰白色。粉砂质泥质结构，粉砂质层和泥质层互层，构成水平层理构造。粉砂质层较粗糙，由粉砂级长石和石英组成；泥质层细腻，由高岭石等黏土矿物组成。石器主面斜切层理面	粉砂质泥岩
7	M10：7	石锛	风化较强，呈浅灰色。粉砂质泥质结构，隐约可见层理，层厚 6 ~7 毫米。主要由粉砂质和泥质组成。风化表面见有几颗较粗的岩屑砂粒	粉砂质泥岩
8	M37：1	石钺	石器表面强风化，成片剥落。表面灰黄色，有淋失孔洞，孔径 0.1 毫米左右；鲜断面呈灰黑色，断面硬度 4 ~5。砂状结构，块状构造，砂粒直径 0.1 毫米左右，含量 30% ~40%，主要为石英和长石，被更细粒级的粉砂及泥质胶结	细粒长石英杂砂岩
9	M37：2	石锛	强风化，成片剥落。表面呈浅青灰色，新鲜断口呈灰色，手感较粗，硬度为 4 ~5。由粉砂质长石、石英及泥质组成	泥质粉砂岩
10	M16：4	石钺	与 M37：2 石锛相似，强风化，光面浅青灰色，成片剥落，新鲜断口呈灰色，手感较粗，硬度为 4 ~5。由粉砂质长石、石英及泥质组成	泥质粉砂岩
11	M7：3	石锛	风化较强，表面有粉末。石器呈浅灰白色。粉砂质泥质结构，水平纹层构造，细层厚 1 毫米。由粉砂质长石、石英及泥质组成。石器主面垂直层理面	粉砂质泥岩
12	M6：12	石锛	弱风化。小于浅灰白色，粉砂质泥质结构，水平纹层构造，细层厚小于 1 毫米。由粉砂质长石、石英及泥质组成。石器主面垂直层理面	粉砂质泥岩

续表 7-2

序号	编号	名称	描述	岩性
13	M36:1	石锛	强风化，表面呈明显的细棱。土黄色。粉砂质泥质结构，水平纹层构造很清楚。由粉砂级长石、石英及泥质组成。石器主面垂直层理面	粉砂质泥岩
14	M23:2	石锛	风化较强，表面呈浅青灰色，断口细腻，呈贝壳状。粉砂质泥质结构，不明显的水平层理构造。由长石、石英粉砂和泥质组成。石器主面垂直层理面	粉砂质泥岩
15	M10:8	石锛	风化较强，表面见二条近平行斜切石器主面和层理的细脉，脉宽小于1毫米。石器呈浅青灰色，粉砂质泥质结构，不明显的水平层理构造。由长石和石英粉砂及泥质组成。石器主面斜切层理面	粉砂质泥岩
16	M10:9	石锛	风化较强，表面有片状剥落。粉砂质泥质结构，水平纹层构造。由粉砂和泥质组成，有的层中粉砂质较多，比较粗糙；有的层由泥质组成，较细腻。石器主面近平行斜切层理面，导致石器主面有弧形横纹	泥质粉砂岩
17	M1:1	石钺	表面光洁，呈浅青灰色，新鲜断口呈深灰色。砂状结构，块状结构。断口硬度5左右。主要由60%石英和含量大于25%的长石组成。长石和石英粒径约0.2~1毫米，次圆状，分选性较好。胶结构为泥质，孔隙式胶结	长石石英细砂岩
18	M41:5	石锛	风化强，表面呈浅青灰色，具明显的细棱，基本同M36:1。水平层理构造清楚，细层厚0.1~1毫米。主要由粉砂级长石、石英及泥质组成。石器主面垂直层理面	砂粒质泥岩
19	M13:3	石锛	风化较强，表面呈土黄色，有砂粒突起。砂状结构，平行层理构造。主要由长石和石英细砂组成，含量80%左右，大部分砂粒粒径1毫米左右，部分砂粒直径约1~1.5毫米。长石与石英颗粒被更细的粉砂和泥质胶结。石器主面垂直层理面	长石石英杂砂岩
20	M6:8	石锛	风化较强，表面呈青灰色，粉砂质泥质结构，水平层理构造，细层厚约1~2毫米，主要由粉砂级长石、石英及泥质组成。石器主面垂直层理面	粉砂质泥岩
21	M6:9	石锛	弱风化，表面呈青灰色，断口致密细腻，硬度5左右。具水平纹层构造，细层厚0.1~1毫米，主要由泥质和硅质组成。石器主面垂直层理面	硅质泥质岩
22	M30:2	石锛	风化较强，表面有粉末出现。石器呈灰白色，新鲜断面呈灰黑色，硬度4左右，水平纹层构造，风化后手感较粗。主要由泥质、长石和石英等粉砂级碎屑组成。石器主面垂直层理面	泥质粉砂岩
23	M7:4	石锛	弱风化，表面呈中灰色，断口细腻，呈贝壳状。粉砂质泥质结构，平行层理构造，细层厚1.5~6毫米。主要由泥质和粉砂质组成。石器主面垂直层理面	粉砂质泥岩
24	M6:13	石锛	弱风化，表面呈浅灰白色，细腻光滑，断口呈贝壳状，硬度低。具不明显的水平纹层构造，主要由泥质和硅质组成。石器主面垂直层理面。其原岩性应较致密坚硬，受风化作用，导致硬度降低	硅质泥质岩
25	M7:10	石锛	中等风化，表面呈青灰色，较粗糙。具平行层理构造，层厚约10毫米左右，主要由细砂—粉砂级长石、石英等碎层组成，含较多的泥质。石器主面斜切层理面	泥质粉砂岩

续表 7 - 2

序号	编号	名称	描述	岩性
26	M10:10	石锛	与 M6:13 类似。表面呈浅灰色，细腻光滑，断面呈深灰色，硬度 4～5。平行层理构造，层厚 1～2 毫米。由硅质和泥质组成。石器主面垂直层理面。	硅质泥质岩
27	M41:1	石钺	表面以灰绿色为主，有不规则的带状或块状灰白色色斑，新鲜断面呈灰绿色。硬度 4 左右。砂状结构，具平行层理构造，砂级碎屑粒径 1 毫米左右，无色到灰白色，次圆状，含量约 70%～80%。孔隙式—基底式胶结，胶结构为泥质，可能受绿泥石化，导致石器呈绿色。石器主面斜切层理面，使表面呈现弧形或不规则形态的花纹	蚀变石英杂砂岩
28	M41:7	石刀	表面呈深灰色，具水平层理构造。原岩为泥质粉砂岩，受岩浆热变质影响，形成堇青色及红柱石等新生变质矿物，又因风化淋失作用，在表面留下芝麻点大小的不规则小空洞。石器主面平行层理面	变质泥质粉砂岩
29	M8:4	石钺	石器表面呈灰紫色，光滑。具沉凝灰结构。见少量长石晶屑，浅绿色，粒径 1～2 毫米，含量 3%～5%，其余为细粒级火山灰和沉积物，如泥质等	沉凝灰岩
30	M6:2	石钺	紫灰、浅黄等杂色，塑变凝灰结构，由岩屑、晶屑及玻屑等火山碎屑组成，岩屑呈紫色，棱角状，为泥岩碎屑，含量 5% 左右。晶屑肉红色，其成分为钾长石，粒径 1 毫米左右，含量约 3%。其余为玻屑及火山尘埃，它们压扁拉长构成假流纹构造	熔结凝灰岩
31	M6:10	石镞	中灰色，硬度 4～5，质地细腻，表面光滑。隐晶质、泥质结构，块状构造。由硅质和泥质组成	硅质泥岩
32	M14:18	石镞	灰绿色，硬度 4～5，质地细腻，表面光滑。隐晶质、泥质结构，块状构造。由硅质和泥质组成。基本同 M6:10	硅质泥岩
33	M14:19	石镞	灰绿色，硬度 4～5，质地细腻，表面光滑。隐晶质、泥质结构，块状构造。由硅质和泥质组成。基本同 M6:10	硅质泥岩
34	M21:14	石镞	灰绿色，硬度 4～5，质地细腻，光滑。隐晶质、泥质结构，块状构造。由硅质和泥质组成。基本同 M6:10。	硅质泥岩
35	M6:11	石镞	灰绿色，硬度 4～5，细腻，光滑。隐晶质、泥质结构，块状构造。由硅质和泥质组成。基本同 M6:10	硅质泥岩
36	M41:4	石镞	中灰色，硬度 4～5，细腻，光滑。隐晶质、泥质结构，块状构造。由硅质和泥质组成。基本同 M6:10	硅质泥岩
37	M16:6	石镞	中灰色，硬度 4～5，细腻，光滑。隐晶质、泥质结构，块状构造。由硅质和泥质组成。基本同 M6:10	硅质泥岩
38	M37:4	石镞	灰绿色，硬度 4～5，细腻，光滑。隐晶质、泥质结构，块状构造。由硅质和泥质组成。基本同 M6:10	硅质泥岩
39	M5:7	石镞	灰绿色，硬度 4～5，较粗糙。粉砂质泥质结构，块状构造。由粉砂质和泥质组成	粉砂质泥岩
40	M30:8	石镞	深灰色，硬度 5 左右。粉砂质泥质结构，块状构造。由粉砂质和泥质组成	粉砂质泥岩

续表 7-2

序号	编号	名称	描述	岩性
41	M7：8	石镞	浅灰绿色，硬度 5 左右。粉砂质泥质结构，块状构造。由粉砂质和泥质组成。基本同 M30：8	粉砂质泥岩
42	M38：5	石镞	深灰色。质地细腻。隐晶质、泥质结构，块状构造。由硅质和泥质组成。基本同 M6：10	硅质泥岩
43	M14：16	石镞	深灰色。质地细腻。隐晶质、泥质结构，块状构造。由硅质和泥质组成	硅质泥岩
44	M7：7	石镞	深灰色。质地细腻。隐晶质、泥质结构，块状构造。由硅质和泥质组成。基本同 M6：10	硅质泥岩
45	M37：5	石镞	浅灰绿色，表面光滑，断口较粗糙。硬度 4~5。粉砂质泥质结构，块状构造。由粉砂质和泥质组成	粉砂质泥岩
46	M41：3	石镞	浅灰绿色，有深绿色斑。断口较粗糙。硬度 4~5。粉砂质泥质结构，块状构造。由粉砂质和泥质组成。基本同 M37：5	粉砂质泥岩
47	M5：8	石镞	浅灰绿色。断口较粗糙。硬度 4~5。粉砂质泥质结构，块状构造。由粉砂质和泥质组成。基本同 M37：5	粉砂质泥岩
48	M5：9	石镞	浅灰绿色。断口较粗糙。硬度 4~5。粉砂质泥质结构，块状构造。由粉砂质和泥质组成。基本同 M37：5	粉砂质泥岩
49	M38：4	石镞	浅灰绿色。断口较粗糙。硬度 4~5。粉砂质泥质结构，块状构造。由粉砂质和泥质组成。基本同 M37：5	粉砂质泥岩
50	M16：5	石镞	浅灰绿色，有细的深绿色色带和色斑，断口较粗糙。硬度 4~5。粉砂质泥质结构，块状构造。由粉砂质和泥质组成。基本同 M37：5	粉砂质泥岩
51	M30：7	石镞	浅灰绿色。断口较粗糙。硬度 4~5。粉砂质泥质结构，块状构造。由粉砂质和泥质组成。基本同 M37：5	粉砂质泥岩
52	M5：10	石镞	灰绿色，硬度 4~5。粉砂质结构，块状构造。成分主要为粉砂级碎屑石英和长石，含少量泥质	泥质粉砂岩
53	M40：5	石镞	灰绿色，手感较粗糙。变余粉砂质结构，千枚状结构，由粉砂级长石、石英及绢云母，绿泥石等组成，其中绢云母、绿泥石等系泥质重结晶的矿物，它们定向排列，构成千枚状构造	千枚岩
54	M16：6	石镞	中灰色，硬度 5 左右。粉砂质泥质结构，块状构造。由粉砂质和泥质组成	粉砂质泥岩
55	M40：3	石镞	灰绿色，手感较粗。变余粉砂质结构，千枚状构造。由粉砂级长石、石英及绢云母、绿泥石等组成。其中绢云母、绿泥石等系泥质重结晶，它们定向排列，构成千枚状构造	千枚岩
56	M7：6	石镞	同 M40：3	千枚岩
57	M21：4	石钺	紫灰色，凝灰结构，由角砾、岩屑、晶屑及玻屑等组成。角砾含量 15%~20%，粒级 2~10 毫米，棱角一次棱角状，主要为凝灰岩、泥岩等角砾。岩屑含量 15% 左右，成分、形状同角砾，但粒径小于 2 毫米。晶屑含量约 10% 左右，其成分以长石为主，呈灰白色。其余为玻屑级火山岩，石料整体呈块状结构，但有定向（熔结）现象	含角砾弱熔结晶屑凝灰岩

续表 7 - 2

序号	编号	名称	描述	岩性
58	M9：3	石钺	紫灰、灰白等杂色。凝灰结构，斑杂状构造。主要由角砾、岩屑、晶屑及玻屑等组成。角砾含量10%左右，次棱—次圆状，粒径2～10毫米，角砾成分为凝灰岩、泥岩等。岩屑粒径小于2毫米，含量约15%左右，成分与角砾的同。晶屑含量约10%，主要是石英和钾长石碎屑，其中石英晶屑反光较强，硬度大。其余为玻屑等火山碎屑物	含角砾岩屑晶屑凝灰岩
59	M32：1	石钺	紫灰、灰白等杂色，表面有弱的丝绢光泽。变余凝灰结构，千枚状构造。石料原可能是熔结凝灰岩，具条带状结构，由岩屑、晶屑等组成，经历了变质作用，一些细小的火山物质变成绢云母等，它们定向排列，构成千枚状构造	千枚岩化（熔结）凝灰岩
60	M5：5	石钺	深灰色，表面较光滑。砂状结构，块状构造，主要由石英、长石等碎屑组成，粒径1毫米左右，含量大于80%。含较多的泥质组分，含量大于15%。可能受动力变质，以上组分有定向现象	千枚岩化细砂岩
61	M38：1	双孔石刀	表面青灰色，细腻光滑，断口深灰色，较粗糙，硬度4～5。泥质粉砂质结构，块状。主要由粉砂质和泥质组成，泥质略有定向	粉砂质泥岩
62	M32：2	石钺	风化较强，表面局部成片脱落。粉砂质、泥质结构，水平层理构造。主要由粉砂质和泥质组成，以泥质为主。石器主面垂直层理面	粉砂质泥岩
63	M41：6	石凿	灰白色。泥质结构，具不明显的层理构造。主要由泥质组成，含少量粉砂质	含粉砂泥岩
64	M9：7	石锛	灰白色。粉砂质泥质结构，粉砂层和泥质层相间，构成水平层理构造。有的层中细小的粉砂级碎屑颗粒受风化作用较强，造成较深的风化槽。石器主面垂直层理面	粉砂质泥岩
65	M4：2	石锛	浅青灰色，表面光洁。粉砂质泥质结构，水平层理构造。由长石石英等粉砂级碎屑和泥质组成。石器主面垂直层理面	粉砂质泥岩
66	M5：6	石锛	浅灰色，断口较粗糙。粉砂质结构、块状结构。主要由长石和石英等粉砂碎屑组成，含泥质	泥质粉砂岩
67	M7：2	玉钺	浅灰绿色，表面光洁，断口呈贝壳状，手感较粗糙。粉砂质泥质结构、块状结构。主要由长石和石英等粉砂碎屑和泥质组成	粉砂质泥岩
68	M40：1	双孔石刀	深灰色，表面光滑，硬度4～5。变余粉砂结构，块状结构。主要由细小的长石、石英粉砂及泥质组成，长石和石英粒径约0.1毫米，含量80%左右，风化淋失后留下空洞。岩石受到热接触变质（角岩化）作用变得比较坚硬	角岩
69	M32：4	石锛	浅灰色。泥质粉砂质结构，平行层理结构，细层厚度1～3毫米，由深灰色和浅灰色层相间排列而成，其成为都是粉砂级长石、石英和泥质。石器主面垂直层理面	泥质粉砂岩
70	M4：1	石钺	灰绿色，有深灰色色带或小色斑，表面光洁，其深灰色色带顺层排列，其实反映原平行层理构造。主要由泥质和石英等粉砂构成。石器主面斜切层理面	泥质粉砂岩

续表 7 - 2

序号	编号	名称	描述	岩性
71	M12：2	石钺	中灰色，灰白相间。中粒结构，块状构造。主要由白色的斜长石和灰、灰绿色辉石组成，两者含量相近。斜长石呈板状，粒径 1~3 毫米（长轴）；辉石呈粒状，粒径与斜长石相仿，有绿泥石化现象	辉长辉绿岩
72	S66：0441	石凿	浅灰白色，表面较光滑，断口较粗糙，硬度 4~5。泥质粉砂结构，水平层理构造。主要由粉砂级长石和石英组成，粒级小于 1 毫米，含较多的泥质。石器主面垂直层理面	泥质粉砂岩
73	S64：0439	石锛	浅青灰色，表面较光洁，硬度 4~5。粉砂质泥质结构，水平纹理构造，细层厚 0.1~1 毫米。主要由泥质组成，含少量粉砂。石器主面垂直层理面	含粉砂泥岩
74	S86：0442	石锛	基本同 S64：0439。青灰色，表面光洁，硬度 4~5。粉砂质泥质结构，水平纹层构造，层厚 0.1~1 毫米。主要由泥质组成，含少量粉砂。石器主面垂直层理面	含粉砂泥岩
75	S65：0440	石锛	青灰色，风化较强。泥质结构，水平纹层构造。主要由泥质组成。有的层中可能含凝灰物质，风化淋失后，留下断续的小空洞。石器主面垂直层理面	凝灰质泥岩
76	S73：0413	石刀	灰黑色，变余泥质结构，斑点构造。斑点粒径 0.1 毫米，呈圆及次圆状，常有薄薄的白色边缘（在放大镜下清晰可见），其余成分为泥质	斑点板岩
77	S69：0409	石镞	灰黑色，粉砂质泥质结构，平行层理构造，由浅灰色层和黑色层相间排列而成。灰白色层中粉砂含量较高，黑色层中碳泥质组分较高。石器主面垂直层理面	粉砂质泥岩
78	S68：0408	石钺	深灰色，表面光滑，断面较粗糙。粉砂质泥质结构，块状构造。粉砂质组分主要是石英，含量约 70% 左右，其余为泥质	泥质粉砂岩
79	S74：0414	纺轮	深灰色，粉砂质泥质结构，以泥质为主，粉砂含量约 30%	粉砂质泥岩
80	S91：0447	石钺（小青龙吴国平捐赠）	深灰色，石器表面有弱小的弱丝绢光泽，并有斜交层理的小褶曲。变余粉砂质泥质结构，平行层理构造，由灰黄色层和深灰色层相间排列而成。灰黄色层厚约 1~2 毫米，形态不规则，断续相连，含泥质较多；深灰色层中含较多细的石英粉砂。石料中泥质组分发生变质作用，形成了绢云母，导致石器表面呈现弱的丝绢光泽。石器主面垂直层理面	千枚岩化粉砂质泥岩
81	S92：0448	破土器	深灰色，表面有芝麻点空洞。原岩为泥质粉砂岩或粉砂质泥岩，受岩浆热变质影响，形成菫青色及红柱石等新生变质结构，风化淋失后留下小孔洞	变质泥质粉砂岩
82	S93：0449	石斧	基本同 M41：7。深灰色，细粒砂状结构，块状构造，砂屑含量约 80% 以上，以石英为主，含少量长石，粒径 ≦ 1 毫米，被泥质以孔隙式或基底式胶结	细粒石英杂砂岩
83	S96：0452	石锛	灰绿色，砂状结构。主要由石英、长石、泥质等组成，石英、长石含量 > 80%，以长石为主，还见有少量白云母，粒径 1 毫米左右，泥质含量较高，大于 15%。受变质作用，泥质重结晶，变成细小的绢云母和绿泥石，并有定向，类似于千枚岩	千枚岩化泥质细砂岩

续表 7 - 2

序号	编号	名称	描述	岩性
84	S97：0453	石锛	深灰色，表面较光滑。砂状结构，块状构造，主要由石英、长石等碎屑组成，含量大于80％，粒径1毫米，含较多的泥质组分，含量大于15％，可能受动力变质，以上组分有定向现象	千枚岩化泥质细砂岩
85	S95：0451	石斧	灰绿—灰黑色，细粒结构，块状构造，由斜长石、辉石等暗色矿物组成。斜长石含量70％左右，灰白色，呈板条状，长径1～1.5毫米。辉石含量30％左右，粒径与斜长石相仿或略小。放大镜下局部可见斜长石搭成格架，孔隙中充填辉石的现象	辉绿岩
86	S63：0438	石钺	深灰、土黄等杂色。块状构造。由晶屑、玻屑等火山碎屑物质组成。晶屑成分为石英和长石，总含量20％～25％，长石略多于石英。二者都呈次棱角状，粒径1～1.5毫米，石英晶屑粒径较大，无色透明，抛光后反光较强；长石晶屑呈土黄色，风化后呈土状，保留其碎屑形态；其余为玻屑，火山尘等	晶屑玻屑凝灰岩
87	S67：0407	石凿	灰绿色，砂状结构，块状构造。主要由长石和石英组成，泥质胶结。基本同S96：0452，但无定向	泥质长石石英细砂岩

第三节　小青龙遗址漆器颜料成分鉴定

桐庐小青龙遗址是钱塘江中上游山地丘陵地区良渚文化考古的新突破，高等级墓葬及良渚文化玉器的发现表明这里是当时的区域中心之一，对于探讨良渚文化的分布格局具有重要意义[1]。除珍贵的玉器之外，小青龙遗址发现了保存较好的漆木器制品。

小青龙漆器与反山、瑶山、卞家山发现的漆器制品色彩类似，均通体髹朱漆，后用黑彩绘制纹饰。良渚遗址群发现了相当数量的红色漆器，与玉器一同构成了良渚文化高等级墓葬的礼器组合。反山墓地发现的嵌玉红彩漆筒代表了良渚文化漆器制作工艺的最高水准[2]。余杭卞家山遗址灰沟中发现大量红彩漆器残件，表明漆器不仅仅是丧葬用器，在良渚人的日常生活中同样应用广泛[3]，这在同时期的考古学文化中独树一帜，可以说良渚文化是我国漆器制作与使用的第一个高峰。良渚文化漆器制造业之所以能够有相当大的发展，原因是天然生漆与红色颜料有充足保障。目前发现最早的漆器为距今八千年左右的浙江萧山跨湖桥遗址出土的漆弓，通体髹漆，但未施彩绘[4]。距今约六七千年的河姆渡遗址出土的朱漆木碗，红彩经检测成分为朱砂[5]。在此之后的崧泽文化中因为保存条件不佳至今未发现木胎漆器，但是在海盐仙

---

[1]　浙江省文物考古研究所、桐庐博物馆：《浙江桐庐小青龙新石器时代遗址发掘简报》，《文物》2013年第11期。
[2]　浙江省文物考古研究所：《反山》，文物出版社，2005年。
[3]　浙江省文物考古研究所：《卞家山》，文物出版社，2014年。
[4]　浙江省文物考古研究所、萧山博物馆：《跨湖桥》，文物出版社，2004年。
[5]　浙江省文物考古研究所：《河姆渡》，文物出版社，2003年。

坛庙等遗址中出土了陶胎漆器①，上绘红彩，颜料成分有待检测。可以看到长江下游地区史前时期有生产、使用漆器的传统，良渚文化漆器是继承了本地传统并发扬光大的产物。

　　目前学界对于良渚文化漆器的红色颜料的研究较少，良渚文化漆器制造中使用的到底是哪种红色颜料呢？我们对小青龙两件漆器的红色颜料进行取样分析，一件为漆觚，另一件为玉钺的木柲（表7-3），分别进行了 X 射线荧光（XRF）与激光拉曼光谱（LRS）分析。

表 7-3　小青龙遗址漆器红彩取样列表

编号	名称	出土地点	样品照片
1	玉钺之木柲	小青龙 M10	
2	漆觚	小青龙 M9	

　　X 射线荧光分析在中国科学技术大学科技考古实验室进行，使用仪器为美国 BRUKER 公司生产的 Tracer III - SD 型便携式 X 射线荧光分析仪。

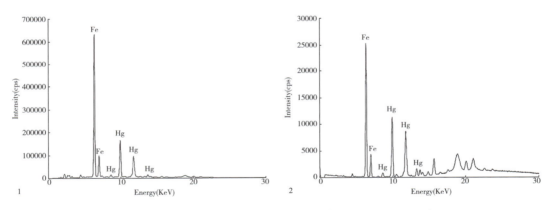

图 7-4　小青龙漆器红彩 X 射线荧光（XRF）图谱

　　分析表明，Hg 和 Fe 峰明显，表明样品中汞、铁含量很高，土壤和树木中的汞含量很低，只有可能来自于红色颜料（图 7-4：1、2）。硫化汞（HgS）俗名朱砂，是古代主要的红色矿物颜料之一。因此 XRF 检测到的汞来源于漆器表面红彩使用的朱砂。铁有可能指示南方富含铁的红壤，也有可能指示赤铁矿红色颜料中的铁。因此仅用 X 射线荧光分析很难断定漆器红彩是仅用了朱砂还是使用了朱砂和赤铁矿两种矿物的混合颜料。

　　之后我们对样品进行了激光拉曼光谱（LRS）分析，检测在中国科学技术大学理化中心进行，使用仪器为法国 JY 公司生产的 LabRam - HR 型激光显微聚焦拉曼光谱仪。该拉曼光谱

---

　　①　浙江省文物考古研究所：《浙北崧泽文化考古报告集》，文物出版社，2014 年。

仪配有 Olympus BX41 光学显微镜，可进行空间分辨的光谱分析，激发光为 Ar 离子激光器的 514.5nm 和半导体激光器的 785nm 线，样品上的激发功率约为 1mW。

小青龙漆器红色颜料的拉曼图谱（图 7-5）在 345.2，254.7 cm^{-1} 处出现了拉曼吸收峰。

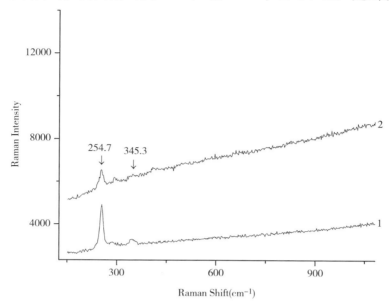

图 7-5　小青龙漆器拉曼光谱（Raman）图谱

结合相关文献[1]，其和朱砂的拉曼峰极其相似，然而并没有发现赤铁矿（Fe_2O_3）的拉曼吸收峰。这表明红色颜料的成分应为朱砂，没有加入赤铁矿等红色颜料。

相比于分布广泛的赤铁矿，朱砂的地理分布具有较大的局限性。朱砂是硫化汞（HgS）的天然矿石，大红色，有金刚光泽至金属光泽，属三方晶系。朱砂产于石灰岩、板岩、砂岩中，贵州铜仁、湖南辰溪、沅陵和麻阳以及陕西旬阳是朱砂的主要产地。良渚文化是史前首次大规模使用朱砂作为红色颜料，在良渚文化的分布区或邻近地区是否有朱砂的分布呢？

依据《浙江省地质矿产志》[2]，浙江的朱砂矿仅分布于杭州地区，规模均属小型矿床。临安昌化上溪玉岩山汞矿，属低温热液脉状汞矿床，矿石矿物主要是辰砂，少量自然汞。汞矿石品位为 0.04%~0.50%（平均为 0.17%），储量 37.83 吨。部分朱砂充填于迪开石裂隙中，形成名贵的"鸡血石"。鸡血石质地细腻，色泽鲜艳夺目，加上它在自然界中很难生成，故在同类玉石中价值最高。其中，尤以辰砂鲜红（不含微量元素硒）呈条状、血斑状和血滴状分布于近透明的纯迪开石裂隙中者为上乘，堪称"稀世之珍"。杭州半山战国墓出土的玉石器经鉴定一部分属于昌化鸡血石，表明临安朱砂矿的开采至少上溯至两千多年前[3]。至于良渚文化漆器所用朱砂是源于临安地区，还是从远方通过贸易交换获取还很难断定，有待引入新的地球化学方法进行科学分析。

---

①　I. M. Bell，R. J. H. Clark，P. J. Gibbs，Raman spectroscopic library of natural and synthetic pigments（pre-asymptotically equal to 1850 AD）. *Spectrochimica Acta Part A*，Volume 53：2159-2179，1997.

②　浙江省地质矿产志编纂委员会：《浙江省地质矿产志》，方志出版社，2003 年。

③　洪丽娅：《杭州半山战国墓出土玉石器材质研究》，《东方博物》2007 年第 3 期。

第四节　小青龙遗址漆器化学组分研究

　　小青龙出土的近十件漆器，漆外观华美细腻、色泽艳丽醒目，呈现了良渚时期精湛、高超的制漆工艺水准。这些漆器在色泽上为两类颜色：暗红色和鲜红色。我们从 M14（图 7－6）中提取两种样品进行 X 射线能谱测定其颜料的组分，得到的图谱显示如图7－7、7－8。

图 7－6　小青龙 M14 漆器样品检测取样点

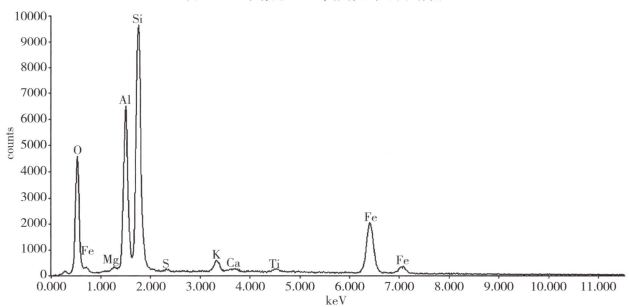

图 7－7　小青龙暗红色样品 X 射线能谱图谱

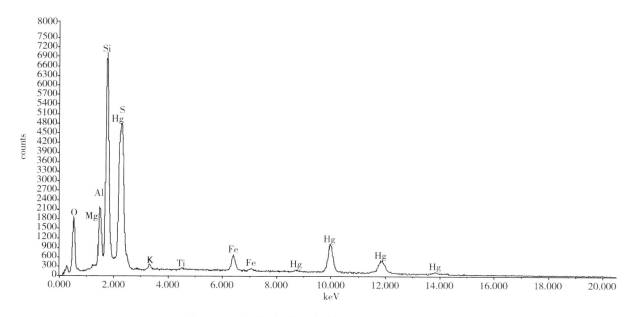

图 7 – 8 小青龙鲜红色样品 X 射线能谱图谱

图 7 – 7 显示氧、铁的含量很高，未见汞元素。

暗红色漆使用的是铁红（Fe_2O_3），鲜红色漆使用的是朱砂（HgS）。图 7 – 8 显示硫、汞的含量很高。

大量的研究显示，我国古代用漆都采用天然的生漆做主要原料，对桐庐小青龙出土的M14 漆皮取样做的红外图谱（图 7 – 9、7 – 10）也显示同样的结果。

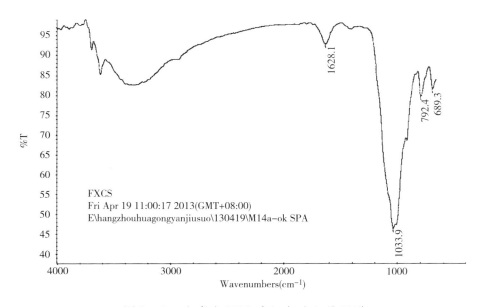

图 7 – 9 小青龙 M14 暗红色漆红外图谱

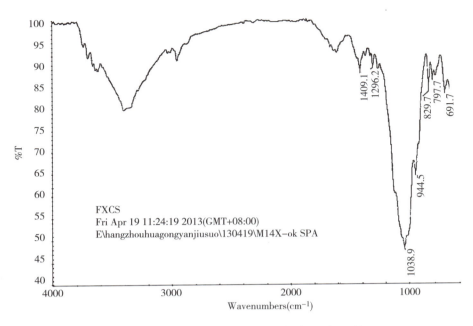

图 7 - 10　小青龙 M14 鲜红色漆红外图谱

第五节　小青龙遗址漆器的保护方法与过程

2011 年桐庐小青龙遗址进行考古发掘，在良渚文化墓葬中出土了数量较多的漆器，受浙江省文物考古研究所邀请，我们第一时间赶赴发掘现场，了解漆器的保存情况并制定了相关的漆器提取和保护计划。对桐庐小青龙出土的这类木质已朽烂、但漆皮及外形仍完好的文物，我们采用带土揭取、移至室内后再进行保色、脱水、加固的科学方法进行保护。具体步骤如下：

图 7 - 11　野外套箱提取漆器标本

1. 按文物大小，切取适度立方的尺寸，将连带文物的土块安全移至室内（图 7 - 11）。

2. 用蒸馏水对漆皮进行清洁处理，擦净表面的泥土、污垢。

3. 用杭州市化工研究院开发的文物保色剂 WB - S1 在漆皮表面进行保色处理，方法是用毛笔将 WB - S1 保色处理剂涂覆在漆皮表面，涂覆次数 2～3 遍（图 7 - 12）。

4. 用杭州市化工研究院开发的漆木器文物脱水、定型、加固剂 WB - T1 对漆皮进行脱水置换的化学处理，这是最重要的一道工序，饱

图 7 - 12　室内漆器处理保护

水的漆皮在干燥后会收缩、卷翘，经 WB－T1 化学处理后，原漆皮中的水分被 WB－T1 中的化学反应物取代，被安全置换的漆皮再干燥时，漆皮不收缩，与土质有较好粘附性。操作方法是在漆皮表面覆盖 0.5 毫米厚度的脱脂棉纱，将脱水、定型、加固剂 WB－T1 浇浸在棉纱中与漆皮渗透置换，时间在一个月左右，每两天更换一次 WB－T1 材料。

5. 经上述工艺处理的带土的文物，让其整体在室内自然干燥，时间在半年左右。

6. 干燥后的带土文物，会产生一定的土质开裂，对裂纹先用杭州市化工研究院开发的高固含量 WB－702 胶水进行胶合，然后用该胶水拌和同样质地和色泽的土质进行密封修复。

7. 最后用杭州市化工研究院开发的有机硅封存加固剂 WB－J1 对土块和漆皮进行封存加固。该 WB－J1 封存加固剂是一种无色、低黏度的有机硅液体，对土块进行封存加固后，不影响其外观、色泽，具有防水、防潮、抗氧化的功效。

8. 经上述工艺保护后的带土文物，在自然固化一个月后保护完成。

第六节　小青龙遗址年代测试报告

2013 年 2 月，北京大学加速器质谱（AMS）实验室收到浙江省文物考古研究所送测的测年样品，共 2 份，包括漆痕样品 2 份，木炭、酸枣核样品各 1 份。其中 2 份漆痕样品因未提取到测量物质，无测年数据。

木炭、酸枣核样品均出自 H30。H30 为小青龙最具代表性的灰坑单元，体量大，堆积层次分明，包含物丰富，发掘者对各层均进行了适量的土样采集并浮选，其中 H30③发现了大量的炭屑、少量木炭碎块及一些形态较完整的酸枣核。

浮选样品前处理采用酸、碱、酸（AAA）处理方法，即去除样品表面附着各种杂质之后，先用 2 N HCl 煮沸并浸泡半小时，然后用去离子水洗至中性；再用 2% NaOH 溶液煮沸并浸泡半小时，用去离子水洗至中性之后；再用 2 N HCl 煮沸并洗至中性，然后烘干待用；将样品称量、封装，真空环境下氧化还原制成石墨，最后制靶在加速器质谱仪上进行测量，所得碳十四数据经过树轮校正曲线校正（图 7－13）。碳十四年代数据见下表 7－4。

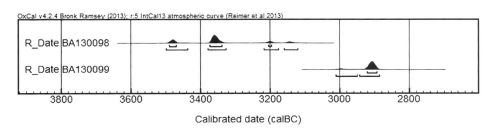

图 7－13　小青龙遗址碳十四年代校正曲线

表7-4　小青龙遗址碳十四年代数据表

Lab 编号	样品	样品原编号	出土地点	碳十四年代（BP）	树轮校正后年代	
					1σ（68.2%）	2σ（95.4%）
BA130096	漆痕	M9：6	小青龙遗址	样品无法满足实验需要		
BA130097	漆痕	M14：14	小青龙遗址	样品无法满足实验需要		
BA130098	木炭	H30③S1	小青龙遗址	4585±30	3490BC（15.9%）3470BC 3374BC（48.2%）3339BC 3205BC（4.1%）3197BC	3499BC（22.4%）3437BC 3379BC（52.4%）3328BC 3218BC（11.2%）3177BC 3160BC（9.4%）3121BC
BA130099	酸枣核	H30③S2	小青龙遗址	4310±25	2922BC（68.2%）2894BC	3011BC（13.5%）2950BC 2944BC（81.9%）2887BC

注：所用碳十四半衰期为5568年，BP为距1950年的年代。

树轮校正所用曲线为IntCal104（1）atmospheric curve（Reimer *et al.*，2013），所用程序为OxCal v4.2.4 Bronk Ramsey（2013）。

　　两个样品均属同一灰坑并为同层，木炭年代在3500BC~3120BC之间，而酸枣核年代在3020BC~2880BC之间，两个样品测得年代结果至少相差100年。木炭样品年代偏早，可能灰坑在使用过程中带入了早期的有机质，而酸枣核作为短生命的物质，年代更为精确可靠。因此H30的年代在BC2900年左右。

第八章　结　语

第一节　文化分期与年代

一　文化分期

小青龙遗址出土陶器较少，双鼻壶是主要器类，有着完整而又清晰的演变序列，是判断遗址相对年代的重要依据。从形态和陶系入手，双鼻壶明显可以分为两组。第一组以 M12、M17、M18、M23、M25、M27 等墓葬出土的双鼻壶为代表，特征是矮圈足，圆腹，短直颈，均为泥质灰黑胎或灰红胎黑皮陶，胎略厚。第二组，以 M6、M10、M14 等墓葬出土的陶双鼻壶为代表，特征是高圈足，弧腹或腹上部形成折肩，喇叭形细长颈，多为泥质灰陶，薄胎，火候较低。除了形态和陶系方面的显著区别，这两组陶器所属的墓葬在空间分布上也有着截然的区分，第一组墓葬，M12 位于北区西坡，M43 位于南区（未出土遗物，但被 H30 叠压并打破，当属本组），其余墓葬则集中分布在北区东坡。第二组墓葬除 M3 位于北区东坡外，其余均位于北区西坡和南区。

H30 出土了大量陶片，尽管各型鼎足在 H30③层中共出，但 B 型鼎足与 C 型鼎足应该存在承继关系，横截面由弧凸向扁平再向楔形、T 形演化，只是楔形、T 形鼎足数量很少，整体由厚重向扁薄发展。A 型鼎足截面也可分弧凸和扁平两种，演变规律应同 B、C 型鼎足。豆，H30③：157、H30③：155 也明显存在年代的差别。M42 打破 H30③层，其出土鼎、豆、壶各 1 件，其中双鼻壶 M42：3 与 M30：6 形态一样，年代当接近，据此，H30③层的年代下限不会晚于 M30。而翻沿曲腹盆及翻沿、沿上锥刺圆点纹的红陶罐等均具有太湖地区良渚文化早中期同类器的特点。综上，大体上可以将 H30 内遗物分为早、晚两个阶段，以早期阶段为主。

按照太湖地区良渚文化同类器物的演变规律，第一组墓葬年代早于第二组墓葬，M6 和 M10 均打破 M12 也支持这一判断，据此，可以将小青龙良渚文化聚落和遗存分为早、晚两期。早期以北区东部墓葬及南区 H30 早段遗存为代表，晚期以北区西部墓葬、北区东部 H13 等灰坑及南区绝大部分墓葬为代表。

小青龙遗址早、晚期的发展不仅体现在以陶双鼻壶为主线的陶器演化上，更体现在玉、石器及漆木器的分野上。早期玉器仅 M27：2 玉珠 1 件，石器仅 3 件，即 M23：2 石锛、M12：2 石钺、M28：1 石纺轮，晚期玉石器的种类与数量均有了飞跃性的增长，加之漆木器在高等级墓葬中的常态化使用，一方面反映了小青龙早、晚期手工业生产技术水平的质变，另一方面也表明早、晚两个时期的社会分化有着截然的区别。

二　相对年代

小青龙早期 M27：1 双鼻壶与罗墩 M3：31[①] 及广富林 M9：2、M23：5[②] 形制相似，M12：1 双鼻壶与福泉山 M120：2[③] 接近，H30③：157 豆与福泉山 M132：51、葺塘山背 M27：1[④] 等 Ba 型豆形制近同，H30③：158 豆把的形制及装饰与反山 M22：61[⑤] 基本相同（图 8 - 1）。罗墩 M3、广富林 M9、M23 的年代处于良渚文化早期偏晚阶段，反山 M22、福泉山 M132 年代稍晚，已进入良渚文化中期。

小青龙晚期 M10：4 双鼻壶腹部折肩与福泉山 M144：2、亭林 M7：23[⑥] 基本相同，而亭林 M7：23 与 "T" 形足鼎及高领尊共出，M14：20、M39：1 双鼻壶与新地里晚期 M65：1、M28：40[⑦] 等双鼻壶造型相近，M9：8 陶杯在新地里 M60、M110、M126 和龙潭港 M20[⑧] 等遗址的墓葬中均有出土（图 8 - 1）。以上墓葬的年代均为良渚文化晚期。综上，参照太湖地区良渚文化的分期，推定小青龙遗址的年代相当于良渚文化早期偏晚至晚期较早阶段。

三　绝对年代

小青龙遗址采集了四份测年样品交由北京大学加速器质谱实验室进行加速器质谱（AMS）碳十四测试，其中，M9：6、M14：14 为漆皮痕，因保存状况较差，无测年数据。另两件分别为 H30S1 木炭、H30S2 酸枣核，均出自 H30③层，测试结果如下：

H30S1 木炭，碳十四年代为 4585 ± 30BP，树轮校正后年代为 3500BC ～ 3120BC。H30S2 酸枣核碳十四年代为 4310 ± 25BP，树轮校正后年代为 3020BC ～ 2880BC。酸枣作为短年生植物，其测年结果较木炭相对精确，故 H30 的年代定为 2900BC 年左右为宜。从类型学上观察，H30 出土的数百件鼎足中，绝大多数呈良渚文化早中期的特征，仅个别截面为楔形或略呈 "T" 字形，说明其主体年代尚未进入良渚文化晚期。目前，关于良渚文化的绝对年代，大部分学者认为在 BC3300 ～ BC2300 年，小青龙的测年结果与良渚文化的分期及类型学的分析相吻合。

① 苏州博物馆等：《江苏常熟罗墩遗址发掘简报》，《文物》1999 年第 7 期
② 上海博物馆考古研究部：《上海松江区广富林遗址 1999～2000 年发掘简报》，《考古》2002 年第 10 期。
③ 上海市文物管理委员会：《福泉山——新石器时代遗址发掘报告》，文物出版社，2000 年。
④ 浙江省文物考古研究所等：《楼家桥、葺塘山背、尖山湾》，文物出版社，2010 年。
⑤ 浙江省文物考古研究所：《反山》，文物出版社，2005 年。
⑥ 上海博物馆考古研究部：《上海金山区亭林遗址 1988、1990 年良渚文化墓葬的发掘》，《考古》2002 年第 10 期。
⑦ 浙江省文物考古研究所：《新地里》，文物出版社，2006 年。
⑧ 浙江省文物考古研究所等：《浙江海盐县龙潭港良渚文化墓地》，《考古》2001 年第 10 期。

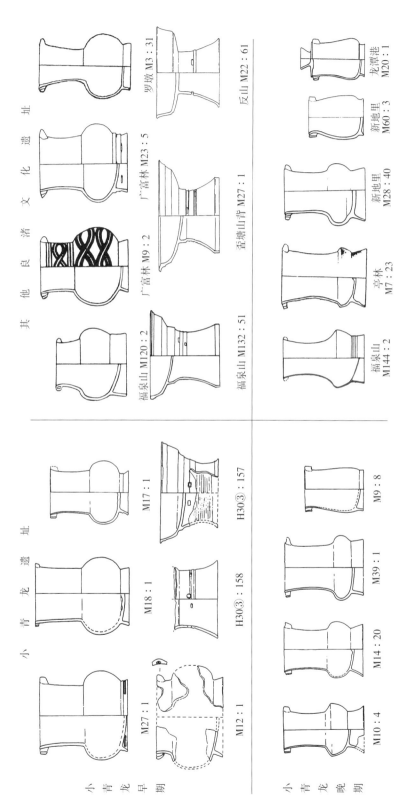

图 8—1 小青龙遗址陶器与其他良渚文化遗址陶器的比较

第二节　小青龙遗址的聚落结构

根据上文的分期结果，小青龙遗址的聚落结构可以分为早、晚两期来认识。早期，遗存较为简单，遗址的重心为北区东部墓葬及其东南侧的建筑遗迹 F3、F4，北区西部仅 M12 等个别墓葬，南区出现了 H30 及 M43。晚期，聚落的重心转移到了北区西部墓地，北区东部墓地则变为生活区，南区的 H30 继续使用，在 H30 北部形成一片小规模墓地。下面重点分析早、晚期墓地的结构。

早期墓葬共 12 座，北区东部 10 座，北区西部 1 座，南区 1 座。北区东部的 10 座墓葬，分布虽然集中，但无明显的排列规律，其中 4 座东西向，6 座南北向，若按墓向和空间距离观察，似有两两成对的现象。从墓葬的数量上看，遗址早期的人口规模很小，且随葬品只有 0～2 件，成员间看不出明显的社会分化，但早期仅有的一件石钺位于北区西部的 M12 值得注意。

晚期墓葬共 32 座，其中北区西部 22 座，南区 9 座，北区东部 1 座。南区的 9 座墓葬，无明显规律可循，下面重点分析北区西部的 22 墓葬。除了 M13 方向不确定且游离于主墓区外，其他 21 座墓葬中，5 座南北向，即 M1、M2、M22、M32、M34，余均东西向。这 5 座墓葬位于最北端的断崖处，这里原本应该有更多的墓葬，只是被取土彻底破坏了。其他 16 座墓葬排列整齐，自南向北，可分为四列，从随葬品的种类和数量来看，显然 M6—M10—M7—M33—M30—M21 一列等级最高，似有中轴线的意味，其他墓葬则位于中轴线两侧，且越往侧翼，墓葬等级越低。可见，这是一处精心布局、有序下葬的墓地。根据墓葬的层位关系，M21、M30、M33 早于 M31、M32，从双鼻壶形态上看，M21、M30 早于 M6、M10，M33 早于 M2，由此可知，晚期北区西部墓葬的下葬顺序是由西向东，南北向墓葬晚于大部分东西向墓葬。

值得注意的是，小青龙墓地的结构布局与好川墓地[1]高度相似。后者也是坐落在西北—东南走向的岗地上，北邻忠溪，与小青龙遗址的地理环境基本相同。好川墓地共清理墓葬 80 座，发掘者根据墓坑的大小，将墓葬分为五类，并根据随葬陶器组合，将全部墓葬分为五期。按照发掘者的分期方案，不难发现，墓地的形成总体上是由西北向东南展开，即由低处向高处展开，且每期中，绝大多数墓坑规模较大的高等级墓葬均占据山脊左右的位置，即中轴的位置，低等级的墓葬则分布在侧翼（图 8 - 2）。

这样的墓地结构表征着怎样的社会组织结构？小青龙遗址由于墓葬的数量及随葬品的数量都太少，探索这一问题有很大的难度。赵辉先生对好川墓地曾作启发性的分析[2]，循此思路，可以更深入地窥探好川和小青龙的社会组织结构，此处暂不展开论述。

从随葬品的种类和数量上看，小青龙南区墓葬与北区西部墓葬不可等量齐观，若这两组墓葬代表了不同的家庭集团的话，则说明聚落内部家庭集团之间已出现了社会分层，而北区西部墓地内部高等级墓葬与贫民墓紧邻共处，这现象一方面表明，社会的分化已侵蚀到家庭

---

① 浙江省文物考古研究所、遂昌县文物管理委员会编：《好川墓地》，文物出版社，2001 年。
② 赵辉：《读〈好川墓地〉》，《考古》2002 年第 11 期。

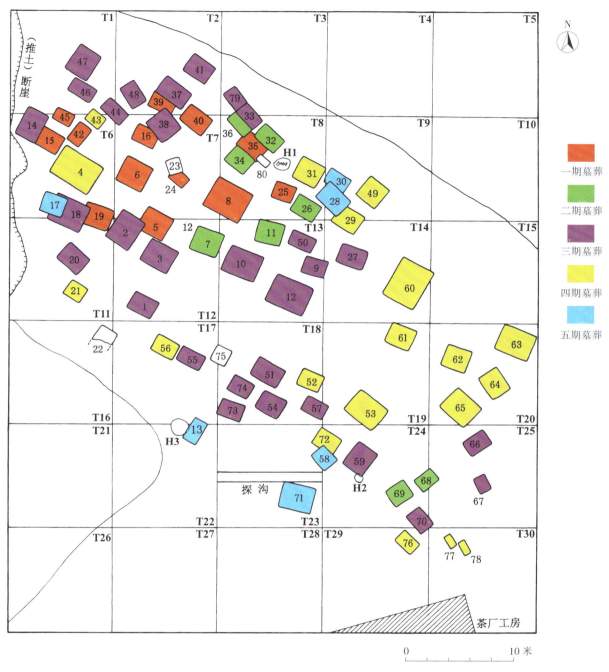

图 8-2 好川墓地墓葬分布图
（据《好川墓地》图五改制）

集团内部的成员之间，另一方面也表明，这种社会分化还没有冲破血缘纽带的束缚。

将小青龙的墓地结构与太湖地区新地里、小兜里、龙潭港等良渚文化墓地相比较，可以发现后三者家庭集团内部高等级的墓葬一般集中地分布在某一处相对独立的空间范围内，这也反映了小青龙遗址社会分化的初级性和不彻底性。由此，我们也看到了各地区社会组织结构的多样性和社会进程的不平衡性。

根据我们对小青龙岗地的调查和试掘，在第 2 地点发现了良渚文化时期的地层堆积，村民采集的石铲、双孔石刀也为此处出土，第 4 地点，村民种田时曾挖出完整的石钺，表明这里很可能有墓葬分布。如此，整个小青龙岗地上的良渚文化聚落可能是以小青龙遗址第 1 地点为中心呈连点成线状分布，但这一推测还需要进一步的考古工作去验证。

第三节　手工业与生业经济

小青龙墓葬中的随葬品以玉石器为主，反映了玉石器在整个手工业经济中的地位，漆觚、漆柲玉钺等高档手工业制品的出现表明了漆木器工艺技术的发达。下面主要从陶器、玉器、石器、漆木器等几个方面讨论小青龙遗址的手工业。

遗址地层及灰坑中出土了大量的夹砂陶，从 H30 的统计来看，以鱼鳍形鼎足和鼎、罐类口沿为主，鼎足个体大且厚实，风格粗犷，鼎身、鼎足形态等方面与太湖地区良渚文化同类器有着显著的差异，这种风格的鼎足在大麦凸和年代更早的方家洲遗址均有不少发现，表明这一地区的炊器有着自己的特点和传统。需要注意的是，小青龙遗址未见明确的绳纹釜，甚至基本不见绳纹，这与钱塘江以南区域的其他同时期遗址大不相同。陶器群的另一个显著特点是，早期阶段存在一定数量的泥质黑皮陶，器形规整，质地较硬，外表光亮，器形主要为双鼻壶与宽把豆。值得注意的是，这两种器形除了在太湖地区流行外，在钱塘江南部地区的名山后、慈湖、查塘山背等多处遗址也比较常见，很多细节高度一致，显然，这类陶器源自太湖地区的良渚文化，且很可能是成品输入或陶工输入。到了晚期，泥质陶多为灰陶，胎较薄，烧成温度不高，早期的泥质黑皮陶少见。器类上，因为陶器数量少且种类单调，看不出明显的变化。

小青龙出土的玉器种类有珠、管、锥形器、钺、璧、琮等，涵盖了良渚文化玉器基本的种类，与余杭地区外围的其他等级较高的良渚文化聚落相比，小青龙仅缺少玉梳背等个别器类。以玉钺、玉璧等作为身份和社会地位表征的文化内涵与太湖地区的良渚文化完全相同，反映了良渚文化对这一地区的渗透力。

从玉器的加工技术分析，M6：6 玉钺不仅个体较大，且器身非常薄，表明掌握了大件玉料的开片技术。玉钺顶端保留有明显的台痕，平面上保留凹弧形切割痕，表明同时运用了片切割和线切割的技术。M13：1 玉琮射孔较圆，厚仅 0.3 厘米，作为镯式琮，对中孔加工的技术要求非常高，制作难度尤其大，壁面兽面纹的雕刻兼用了减地和浅浮雕的技法。大量玉、石钺均为管钻孔，M6：1 长玉管及 M4：4 锥形器套管孔壁甚至还保留了细密而规整的螺纹痕，反映了玉石器钻孔技术的先进。这些器物若是本地生产的话，则证明该地区掌握了各项先进的玉石器加工技术。

小青龙玉器矿物成分分析结果反映了遗址中玉器矿物属性的结构，即蛇纹石占较大比重，小部分为透闪石—阳起石类软玉。将小青龙玉器具体的矿物成分数据与反山、瑶山[①]及普安

---

① 干福熹等：《浙江余杭良渚遗址群出土玉器的无损分析研究》，《中国科学·技术科学》2011 年第 1 期。

桥、小兜里①等良渚文化遗址出土的玉器相比对，可以发现，其 Al_2O_3、Fe_2O_3 的含量均明显高于其他几个遗址的玉器，表明小青龙遗址与其他几个遗址的玉料来源不同。

浙西南地区以山地、丘陵为主，拥有玉石矿资源的优势，在崧泽文化时期该地区就出现了像方家洲这样的玉石器加工场②，为小青龙先进的玉石器加工奠定了资源基础和技术基础。结合上文玉器矿物成分的分析结果，推测小青龙遗址玉器可能是本地开采和加工的。

石器以钺、锛、镞为主，另有少量刀、双孔石刀、网坠、纺轮等，其中双孔石刀、斜把石刀、有段石锛等形制与太湖地区良渚文化相同，值得注意的是，石镞与网坠的比例明显较高。石器岩性仅是借助放大镜进行了肉眼观察，结果如鉴定报告所述，以泥岩、粉砂岩等沉积岩类为主，少量火成岩、变质岩，目前，尚无法确定其矿物来源。

小青龙高等级墓葬中还出土了漆觚、漆簇、带形漆器及一些功能不明的漆器，玉石钺柲部及葬具上髹漆也很常见，尤其是漆觚的制作，代表了漆木器手工业技术的水平。M14∶14带形漆器边缘细密、整齐的针孔状痕迹表明，除了木胎漆器，可能还有软体的，比如皮革类材质的漆器，M7∶5漆簇可能也是如此。

我们对小青龙 H30 内的各层堆积进行了土样的采集和浮选，高倍显微镜下观察其包含的植物遗存，除了较多的炭屑外，发现不少南酸枣果核，而未见水稻遗存，结合石器中石镞、网坠所占比例明显较高等现象综合分析，采集渔猎经济在小青龙可能占有比较突出的地位。

第四节 小青龙遗址的文化面貌

由于钱塘江大内斜的发育，形成了以钱塘江为横轴的"V"字形总体构造，钱塘江中上游地区形成了以山地丘陵为主的总体地貌特征，这一地区河流年径流量较大，降水充沛，空气湿润，红壤广布，植被茂密，史前时期的遗址多分布在沿江两岸的丘陵岗地之上，小青龙也是如此。由于地理环境、生业经济形态等方面的差别，小青龙遗址的文化面貌有着鲜明的地域特色。

我们注意到小青龙遗址地层、灰坑中出土的器物与墓葬随葬品在器类结构上有很大的差别。生活用器，从 H30 包含物来看，陶器有鼎、罐、豆、壶、盆、器盖、大口缸、纺轮等器类。陶系以夹砂红褐陶占绝对优势，其次为泥质灰陶，少量泥质灰胎黑皮陶和泥质红陶。以素面为主，纹饰主要为刻划纹、弦纹、镂孔。刻划纹多施于鼎足之上，弦纹和镂孔主要集中在豆把和壶、罐的圈足上。鼎，完整器很少，绝大部分为鱼鳍形足，鼎身的形制与太湖地区区别明显，鼎足硕大、厚重，风格粗犷，其上多施刻划纹，素面鱼鳍足也占不小的比例。尽管明显受到了太湖地区鼎的影响，但桐庐地区的鼎仍有自己的风格。大口缸，敛口，器身施满凸棱纹的风格也与良渚文化的大口缸形制迥异。罐多圈足，豆、壶、盆与良渚文化同类器

① 崔剑锋、秦岭：《浙北崧泽—良渚文化遗址出土玉器的初步科学分析》，《崧泽文化学术研讨会论文集》，文物出版社，2016年。
② 方向明：《浙江桐庐方家洲：新石器时代玉石器制造场遗址》，《中国文物报》2012年1月6日。

形制基本相同。石器有镞、锛、网坠、纺轮、砺石等。石镞、石网坠的大量存在，表明渔猎经济在生业中可能占有重要地位。

墓葬因为在选址、墓坑营建、随葬器物、殡葬仪式等各环节都蕴含着古人的思想观念，而且容易"原生态"地保存下来，因而，是我们认识和探讨文化面貌较为理想的对象。小青龙遗址的墓葬流行东西向，特别是高等级墓葬，头向一般60°左右。墓坑不大，长一般2米左右，宽0.6~0.7米，个别高等级墓葬长度达3米，但宽也仅0.8~1米。墓葬随葬品数量不多，一般每墓随葬1件双鼻壶或不随葬陶器，鼎、釜等炊器不进入墓葬。早期，仅个别墓葬随葬零星玉、石器。晚期，随葬品以玉、石器为主，且较早期有了飞跃性的增长。44座墓葬共出土遗物211件（组），陶器33件，石器91件，玉器79件（组），漆器8件，平均每墓4.8件（组）。其中，早期玉器1件（玉珠），早期石器3件（钺、锛、纺轮）。陶器主要为双鼻壶和纺轮，个别墓葬随葬豆。石器主要为石钺、石锛、石镞，个别墓葬见有石刀、石凿、石纺轮。石锛大部分为有段石锛，石刀分双孔石刀和斜把石刀两种，石镞一般1~4件集中放置在脚端，但早期墓葬未见石镞。玉器有玉琮、玉璧、玉钺、玉镯、玉锥形器、玉坠、玉珠、玉管及零星玉嵌片。高等级的墓葬常随葬觚等漆器。

综上，小青龙遗址陶器的陶系及器类与良渚文化基本相同，鱼鳍形足鼎、双鼻壶、豆、盆及部分罐均为典型的良渚文化特征，各类陶器的演变规律也与良渚文化的同类器相同。墓葬中常见随葬石镞，是小青龙的自身特色，此外还随葬石钺、石锛，则与良渚文化相同，有段石锛、双孔石刀、斜把石刀等也都是良渚文化的典型特征。小青龙先民们在晚期也形成了重石尚玉的社会风气，并且通过玉、石器的种类、数量显示和划分社会阶层与身份地位，显然，小青龙的玉器从种类、形制到社会内涵都受到了良渚文化全面而又深刻的影响。小青龙的漆木器制作技术已比较成熟，不但大量应用于木棺、器柄的髹漆，还制作生产漆篓、漆觚等生活器具。觚，这一器形始于大溪文化和大汶口文化的陶觚形杯，崧泽文化早期之后传入太湖地区，至迟到了良渚文化时期"移花接木"，出现木胎漆觚，因此，小青龙的漆觚至少器形上受到了良渚文化的影响。

第五节　钱塘江流域良渚文化时期遗存

钱塘江自古以来就不只是地理上的分界线，也是文化的分界线。其南、北两地的文化关系自河姆渡与马家浜发现以来，一直是学者们乐此不疲的关注主题。由于钱塘江以南地区的考古工作主要集中在宁绍地区，两岸关系实际上是围绕宁绍与太湖两个地区展开的。近十多年来，钱塘江以南地区特别是钱塘江流域中上游地区发掘了浦江眔塘山背、桐庐小青龙、富阳瓦窑里等良渚文化时期的重要遗址，为我们在更大的空间格局中重新认识钱塘江流域与良渚文化的关系奠定了基础。

　　钱塘江流域良渚文化时期的遗址主要有萧山蜀山、乌龟山[①]，绍兴马鞍[②]，余姚前溪湖[③]，宁波慈湖[④]、小东门[⑤]、北仑沙溪[⑥]、北仑大榭[⑦]，奉化名山后[⑧]、下王渡[⑨]，象山塔山[⑩]，富阳瓦窑里[⑪]，临安观音山，桐庐大麦凸、城堂岗、王同山—门前山、石家前山，浦江昼塘山背[⑫]，建德久山湖[⑬]、洋池岗、六山岩、青龙头，淳安五龙岛[⑭]，龙游三酒坛及开化十里铺、双溪口[⑮]等。

　　钱塘江流域与良渚文化关系的认识可以分为以下几个阶段：

　　第一阶段：20 世纪 80 年代初，因为余姚前溪湖等遗址发现了良渚文化因素，牟永抗提出"在宁绍地区继河姆渡四期文化之后，似乎还存在着相当于良渚文化的第五期文化"，认为"陶器的种类与良渚文化相似，而器形的风格有自身的特点，因此目前还不宜并入良渚文化。在炊器上已没有绳纹，因而也不一定属于河姆渡文化"[⑯]。

　　第二阶段：进入 20 世纪 90 年代，随着宁绍地区资料的积累，这一时期的文化面貌逐渐清楚起来，同时，大家的认识也出现了分化。刘军、王海明于 1993 年率先提出了"良渚文化名山后类型"的命名[⑰]，黄宣佩则直接称之为良渚文化[⑱]，丁品则将河姆渡后续文化独立命名为"名山后类型文化"[⑲]，也有很大一部分学者坚持认为良渚文化不过钱塘江。

　　第三阶段：进入 21 世纪以来，钱塘江中上游地区，先后发掘了浦江昼塘山背、龙游三酒坛、桐庐小青龙、桐庐城堂岗、北仑大榭、富阳瓦窑里、奉化下王渡等遗址，这些遗址的发现不仅拓展了我们思考的空间，还把讨论的年代框架上推至良渚文化较早阶段。

　　蒋乐平梳理了钱塘江两岸的史前文化关系，认为"葬俗体现考古学文化精神层面的内涵。塔山下层墓葬的分组现象，反映江南、江北两种考古学文化接触、碰撞的早期状态；塔山中层墓葬，崧泽文化因素与河姆渡文化传统因素融合一体，但从量化分析，前者占主要；名山

① 施家农主编：《发现萧山》，西泠印社出版社，2014 年。
② 符杏华：《浙江绍兴几处古文化遗址》，《南方文物》1994 年第 4 期。
③ 牟永抗：《浙江新石器时代文化的初步认识》，《中国考古学会第三次年会论文集》，文物出版社，1984 年。
④ 浙江省文物考古研究所、宁波市文物考古研究所：《宁波慈湖遗址发掘简报》，《浙江省文物考古研究所学刊》，科学出版社，1993 年。
⑤ 浙江省文物考古研究所：《宁波慈城小东门遗址发掘简报》，《东南文化》2002 年第 9 期。
⑥ 浙江省文物考古研究所、宁波市北仑区博物馆：《北仑沙溪新石器时代遗址发掘简报》，《南方文物》2005 年第 1 期。
⑦ 雷少、梅术文：《宁波首次发掘海岛史前文化遗存——大榭遗址I期考古发掘的主要收获》，《中国文物报》2016 年 12 月 30 日。
⑧ 浙江省文物考古研究所：《奉化名山后遗址第一期发掘的主要收获》，《浙江省文物考古研究所学刊》，科学出版社，1993 年；刘军、王海明：《宁绍平原良渚文化初探》，《东南文化》1993 年第 1 期。
⑨ 宁波市文物考古研究所 2017 年度发掘资料
⑩ 浙江省文物考古研究所、象山县文管会：《象山县塔山遗址第一、二期发掘》，《浙江省文物考古研究所学刊》，长征出版社，1997 年；浙江省文物考古研究所、象山县文物管理委员会编著：《象山塔山》，文物出版社，2014 年。
⑪ 浙江省文物考古研究所 2016 年、2017 年发掘资料。
⑫ 浙江省文物考古研究所等：《楼家桥、昼塘山背、尖山湾》，文物出版社，2010 年。
⑬ 张玉兰：《浙江省建德市久山湖新石器时代遗址的发掘》，《考古》2006 年第 5 期。
⑭ 鲍绪先：《新安江流域发现良渚文化玉器》，《东南文化》1993 年第 1 期。
⑮ 牟永抗：《浙江新石器时代文化的初步认识》，《中国考古学会第三次年会论文集》，文物出版社，1984 年。
⑯ 牟永抗：《浙江新石器时代文化的初步认识》，《中国考古学会第三次年会论文集》，文物出版社，1984 年。
⑰ 刘军、王海明：《宁绍平原良渚文化初探》，《东南文化》1993 年第 1 期。
⑱ 黄宣佩：《良渚文化分布范围的探讨》，《文物》1998 年第 2 期。
⑲ 丁品：《钱塘江两岸新石器时代晚期文化关系初论》，《纪念浙江省文物考古研究所建所二十周年论文集》，西泠印社出版社，1999 年。

后遗址、鲻山遗址发现的良渚时期墓葬中，少量见到代表河姆渡文化传统因素的绳纹釜。三个阶段的随葬品组合，体现太湖系文化在宁绍地区逐渐占优势地位的过程"①。这一过程趋势实际上是钱塘江流域史前文化演变的缩影。

从文化遗存的总体面貌上看，良渚文化时期，钱塘江流域各地区的主要文化因素与良渚文化基本相同，表现在陶系、器类组合、器物特征、装饰风格等各方面。可以概括如下：1）陶系以夹砂红褐陶、泥质灰陶、黑皮陶为主，零星泥质红陶。2）陶器组合以鼎、豆、壶、罐为主，另有部分釜、盆、簋、尊、杯等。3）陶器形制，鼎普遍流行鱼鳍形足，部分鼎身的形制与良渚文化相似，并出现了少量"隔档"鼎；豆流行黑皮陶平折沿矮宽把豆及直口高把豆；壶基本上为泥质灰陶或黑皮陶的双鼻壶，形制与良渚文化无异；罐主要为夹砂或泥质红陶罐，多鼓腹、平底或圈足；簋、尊也均为良渚文化常见的形制。4）陶器装饰以凹弦纹、凸棱纹、镂孔、刻划纹为主，泥质红陶锥刺纹罐在流域内各地区普遍都有发现，以上纹饰主要集中分布在鼎足、豆、罐、壶上。5）石器以钺、锛、凿、镞、刀为主，部分地区出现了石犁和耘田器。锛多为有段石锛，刀多为长方形双孔石刀、斜把石刀及半月形石刀。6）玉器主要有珠、管、锥形器、琮、璧、钺等，形制及工艺均与良渚文化都高度一致，在空间分布上，钱塘江中上游地区玉器的数量和种类远比其下游地区丰富，目前，除了萧山蜀山遗址，琮、璧、钺等玉礼器尚未见于下游的平原地区。

以上现象显然是受到太湖地区良渚文化涵化的结果，同时，由于地理环境、生业经济形态及文化传统等各方面因素的制约，钱塘江流域各地区仍保留着一些深层的区域特质，如大多数遗址中根深蒂固的釜炊和绳纹装饰传统、墓葬普遍流行东西向、渔猎采集经济在生业经济中占有突出的地位甚至可能是主导性的地位。如果非要对钱塘江流域上述遗存定性的话，个人认为，可以将它们纳入良渚文化的范畴，将之视为良渚文化的各地方类型，它们与太湖地区的良渚文化实际上是一个有着密切关联的考古学文化共同体②。

诚然，通过类型学的比较和文化因素的量化分析来确定其考古学层面的文化关系和文化性质，这一学术路径是必要的，但并不是唯一的途径，更不是认识的终点。个人认为，讨论良渚文化与其外围某地区的关系，不应只考察良渚文化与该地区的关系，还要比较其外围各地区之间的异同，这种异同可能与良渚文化核心区同外围地区交往的群体对象、交往方式、关系性质等都有不同程度的关联。

循此路径，根据考古学文化面貌的异同，目前，我们至少可将钱塘江流域良渚文化时期的遗存分为三个类型，即名山后类型、眚塘山背类型、小青龙类型。各类型的地区特点概述如下：

1. 名山后类型

主要分布在宁绍平原地区，这一地区经过考古发掘或试掘的遗址数量最丰富，各遗址出土器物从种类到器形特征、装饰风格均基本雷同，陶器均是以夹砂红褐、泥质灰陶、泥质黑

---

① 蒋乐平：《良渚文化与宁绍地区的史前考古学》，浙江省文物考古研究所编《良渚文化研究——纪念良渚文化发现六十周年国际学术讨论会文集》，科学出版社，1996 年。

② 朔知：《良渚文化的范围——兼论良渚文化共同体》，《南方文物》1998 年第 2 期。

皮陶为主，常见器物群为鱼鳍足鼎、T字足鼎、竹节把豆、形式多样的罐、双鼻壶较少，泥质红陶锥刺纹罐、夹砂陶缸形器数量虽不丰富，但几乎每个遗址都能见到踪迹。三角形带孔石犁、石耘、石"耕冠"、穿孔石刀、有段石锛、柳叶形石镞、穿孔石斧等也是各遗址中常见的石器，早期石犁、石耘少见，晚期常见。玉器出土很少，玉器种类、质地、工艺均无法与太湖地区良渚文化相比[①]。而且，这里奉化名山后、下王渡遗址也都发现人工堆筑的土台。需要指出的是，受出土材料所限，这一地区文化面貌的认识主要局限于良渚文化晚期且墓葬材料较少。

2. 毘塘山背类型

以毘塘山背遗址为代表，陶系与名山后类型、小青龙类型近同，但黑衣陶比例较高。墓葬中器类组合以鼎、豆（圈足盘）、簋、罐、壶最为常见，器类组合及器形与太湖地区良渚文化基本相同。具有地方传统的是墓葬中随葬的绳纹釜占有一定的比例，此外，还有少量开膛三足器。多人合葬墓则为其他良渚文化遗址所罕见。毘塘山背遗址墓葬中玉石器极其罕见，聚落等级可能非常低。建德久山湖遗址发现的成组器物中常见绳纹釜，见有浅腹盘、簋等器形，从这些特征上看，文化面貌似乎与毘塘山背更为接近。

3. 小青龙类型

小青龙类型，地层、灰坑中出土的器物与墓葬随葬品在器类结构上有很大的差别。生活用器，从H30包含物来看，陶器有鼎、罐、豆、壶、盆、纺轮等器类。陶系以夹砂红褐陶占绝对优势，其次为泥质灰陶，少量泥质灰胎黑皮陶和泥质红陶。以素面为主，纹饰主要为刻划纹、弦纹、镂孔。以鼎最具地方风格，鼎身的形制与太湖地区区别明显，鼎足硕大、厚重，风格粗犷，素面鱼鳍足占不小的比例。

墓葬流行东西向，以高等级墓葬为中轴分布，布局非常独特。墓葬习俗也很有特点，随葬品数量普遍不多，陶器一般每墓只随葬1件双鼻壶，其他以玉、石器为主，兼有漆器，反映该地区玉石器生产及漆木器工艺技术的发达。墓葬中流行石镞及地层中大量网坠的出土，反映了渔猎经济占有重要的地位。

比较小青龙类型、毘塘山背类型、名山后类型，三者从陶器器类构成上看，一个显著的差别是，小青龙类型中双鼻壶非常流行，受到先民异常偏爱，而名山后类型和毘塘山背类型中双鼻壶所占比例较小。根据以往的发现和研究，双鼻壶的出现和盛行在环太湖东部地区，并不是良渚遗址群所在的余杭地区的传统器形，这表明，良渚文化与小青龙类型的交往可能是通过良渚遗址群以外的地区直接或间接进行的，最大的可能是嘉兴—沪南地区。名山后类型、毘塘山背类型中陶器器类、器形较小青龙类型多样，玉器非常少，它们与良渚文化的交往对象和路线与小青龙可能不同。久山湖遗址存在绳纹釜、陶簋等器形，不同于近邻的小青龙，似乎与毘塘山背有更多的联系。

新近发掘的富阳瓦窑里遗址，清理了数座相当于崧泽文化与良渚文化过渡之际的墓葬，出土陶器有鼎、豆、罐、过滤器，不见或少见双鼻壶，特别需要注意的是过滤器，它在空间

---

① 刘军、王海明：《宁绍平原良渚文化初探》，《东南文化》1993年第1期。

分布上，有很强的地域特征，目前除了余杭地区，其他地方基本没有发现，表明瓦窑里与余杭地区有着密切的关系。凸棱高把豆是余杭地区这一时期常见的另一种器形，在萧山茅草山遗址也有发现，萧山蜀山遗址还出土了管式琮、玉璧、"花石钺"等高等级玉器、石器。从富阳、萧山地区的发现来看，余杭地区对杭州西南周边的影响比较明显。

奫塘山背墓葬中随葬品的器类、形制与良渚文化都基本相同，名山后遗址中的鼎、豆等多种器形更是与良渚文化的同类器高度一致，还出土了刻有繁缛地纹的良渚文化泥质黑皮陶豆残片，这些迹象显示，奫塘山背类型、名山后类型与良渚文化的关系更直接，更像是良渚文化移民高度涵化了当地土著民的结果，从玉、石器匮乏的情况来看，移民的只是普通的聚落。而小青龙遗址早期墓葬中，陶器一般只随葬一件双鼻壶，看不出本地因素，其早期聚落的形成过程和方式上，应该与其他两个类型不同。

此外，小青龙早期墓葬几乎没有玉器，到了晚期，玉器从种类、形制到社会内涵都受到了良渚文化全面而又深刻的影响，可见两者关系的密切。小青龙玉器矿物成分的测试结果与反山、瑶山、普安桥、小兜里出土玉器相比，其 Al_2O_3、Fe_2O_3 的含量明显较高，个人推测，小青龙的玉料来源于本地。如果这一推论成立，桐庐地区的玉料或玉器成品很可能会反哺交往地，当然，这还需要找到交往地并证明两地的玉器矿物成分相同且交往地不具备成矿条件。

第六节　小青龙遗址的意义

长期以来，由于各种原因，浙江史前考古的工作主要集中在东部的平原地区，而浙江中西部及南部的山地丘陵地区考古工作基础较为薄弱，这不仅严重地制约了我们对这些地区史前文化面貌与社会的认识，反过来，也使我们丧失了一个"从外围审视中心"的视角，致使我们无法在一个更大、更完整的空间格局中考察东南地区的文化运动和史前文明化进程。

小青龙遗址是钱塘江以南地区出土玉器数量最多、种类最丰富、遗址等级最高的良渚文化时期遗址，具有明显的良渚文化特征，同时，诸多方面又表现出浓厚的地方性特点，进一步向我们展示了良渚文化时期太湖外围文化遗存的复杂性和多样性。

小青龙遗址是钱塘江中上游地区良渚文化探索的重大突破，进一步拓展了良渚文化研究的空间格局，为我们了解该地区的考古学文化面貌、手工业技术水平、聚落形态及这一地区与东部平原地区乃至更广大的周边地区的史前文化关系都提供了全新而又宝贵的资料。

附　表

附表一　小青龙良渚文化墓登记表

分区	编号	位置	方向	层位关系	随葬品数量	随葬品名称	备注	分期
北区西部	M1	TN16W12 中部	155°	表土层下开口，打破⑤层	3	玉管、石镞、石钺	北端残	晚期
	M2	TN16W12 中部偏东	330°	表土层下开口，打破⑤层	5	带盖陶豆、陶双鼻壶、陶纺轮、玉管、玉锥形器		晚期
	M4	TN16W11 西南部	235°	表土下开口，叠压并打破 M9，打破⑤层	4	玉锥形器、玉套管、石锛、石钺		晚期
	M5	TN16W10 西部	60°	表土层下开口，打破④层	11	玉珠3、玉锥形器、石钺2、石锛、石镞4		晚期
	M6	TN16W11 东部	63°	表土层下开口，打破④层，打破 M12	13	陶双鼻壶、玉管、玉锥形器、玉璧、玉钺、石钺、石锛4、石镞2、漆觚		晚期
	M7	TN16W11 西南部	60°	表土层下开口，打破⑤层	11	陶双鼻壶、玉管、玉钺、玉锥形器、石锛3、石镞3、漆箍		晚期
	M8	TN15W11 北部	60°	表土层下开口，打破⑤层	7	玉锥形器、玉串饰、石锛、石钺、石镞3	残，破坏严重	晚期
	M9	TN16W11 西南部	63°	表土层下开口，打破⑤层，被 M4 叠压并打破	10	陶杯、玉管2、玉钺、玉锥形器、玉嵌片、石钺、石锛2、漆觚		晚期
	M10	TN16W11 东南部	59°	表土层下开口，打破 M12，打破⑤层	10	陶双鼻壶、玉管、玉锥形器、漆柲玉钺、石钺、石锛4、漆觚		晚期
	M11	TN15W11 北部	67°	表土层下开口，打破⑤层	1	石镞		晚期
	M12	TN16W11 东南部	240°	表土下开口，打破⑤层，被 M6、M10 打破	2	陶双鼻壶、石钺		早期
	M13	TN15W10 西南角及 TN15W11 东南角		表土层下开口，打破⑤层	3	玉琮、玉钺、石锛	残，破坏严重	晚期

续附表一

分区	编号	位置	方向	层位关系	随葬品数量	随葬品名称	备注	分期
北区西部	M14	TN16W11 东南角	60°	表土层下开口，打破⑤层	26	陶双鼻壶、玉珠 12、玉串饰、玉钺、玉璧、玉锥形器、石钺 2、石镞 4、漆觚、带形漆器、不明漆器		晚期
	M15	TN16W10 西南部	60°	表土层下开口，打破④层	3	玉珠 2、玉镯 1	西部残	晚期
	M16	TN16W11 东南角与 TN16W10 西南角	60°	表土层下开口，打破 ⑤ 层，北部被 M19 叠压	6	玉珠 3、石镞 2、石钺	西部被破坏	晚期
	M19	TN16W11 东南角与 TN16W10 西南角		表土层下开口，打破 ⑤ 层，南部叠压 M16	0		被彻底破坏	晚期
	M21	TN15W12 中部	60°	③层下开口，打破基岩生土	18	陶双鼻壶、玉珠 8、玉坠、玉钺、玉管 2、石锛、石钺、石镞 3		晚期
	M22	TN16W12 东南部	南北向	表土层下开口，打破⑤层	1	陶罐		晚期
	M30	TN15W12 东北部	60°	③层下开口，打破生土	8	陶双鼻壶、玉珠、玉串、玉钺、玉锥形器、石锛、石镞 2	上部被破坏	晚期
	M31	TN15W12 与 TN16W12 交界处	东西向	表土下开口，打破③层	3	陶壶、玉珠、石钺	东部被破坏	晚期
	M32	TN16W12 西南部	150°	表土下开口，打破③层	5	陶双鼻壶、石钺 2、石锛、石镞		晚期
	M33	TN15W12 东北角与 TN15W11 西北角	60°	③层下开口，打破生土	9	陶双鼻壶、玉珠 5、玉钺、玉锥形器、漆觚		晚期
	M34	TN16W12 中东部	南北向	表土层下开口，打破⑤层	0		北部残	晚期
北区东部	M3	TN18W9 东南角	南北向	③层下开口，打破④层和⑤层	2	块石 2		晚期
	M17	TN17W9 北部	128°	⑤层下开口，打破生土	2	陶双鼻壶、陶纺轮		早期
	M18	TN17W9 东北部	315°	⑥层下开口，打破生土	2	陶双鼻壶、陶纺轮		早期

续附表一

分区	编号	位置	方向	层位关系	随葬品数量	随葬品名称	备注	分期
北区东部	M20	TN17W9 中部偏北	南北向	⑥层下开口，打破生土	0			早期
	M23	TN18W9 中部	225°	④层下开口，被 H8 叠压，打破⑥层和生土	2	陶双鼻壶、石锛		早期
	M24	TN18W9 东北部	南北向	④层下开口，打破⑥层和生土	0			早期
	M25	TN17W8 西部	227°	③层下开口，打破生土	1	陶双鼻壶		早期
	M26	TN17W8 西部	230°	③层下开口，打破生土	1	陶双鼻壶		早期
	M27	TN18W9 中部偏南	235°	⑤层下开口，打破生土，被 H7 叠压并打破	2	陶双鼻壶、玉珠		早期
	M28	TN18W9 中部偏西	132°	⑥层下开口，打破生土	2	陶豆、石纺轮		早期
	M29	TN17W9、TN17W8 北部交界处	140°	③层下开口，打破④层和生土。	1	陶壶		早期
南区	M35	TN6W5 东南角	333°	②层下开口，打破生土	4	陶纺轮、玉珠、玉管、玉坠	上部被破坏	晚期
	M36	TN6W6 西部	南北向	表土层下开口，打破生土	2	石锛、石钺	北部被破坏	晚期
	M37	TN5W5 东南部	37°	表土层下开口，打破生土	5	石钺、石锛、石镞 3	南部被破坏	晚期
	M38	TN7W6 东南角	165°	②层下开口，打破生土	6	双孔石刀、石锛、石镞 4	上部被取土破坏	晚期
	M39	TN5W5 东北角	152°	表土层下开口，打破生土	3	陶双鼻壶、陶纺轮、玉锥形器	上部被破坏	晚期
	M40	TN5W5 东北部	67°	表土层下开口，打破生土	5	双孔石刀、玉锥形器、石镞 3	上部被取土破坏	晚期
	M41	TN5W4 西部	65°	表土层下开口，打破生土	7	石钺、石锛、石凿、石刀、石镞 3		晚期
	M42	TN2W2 西北角	南北向	H30 ②层下开口，打破 H30③层	3	陶鼎、陶豆、陶双鼻壶		晚期
	M43	TN2W2 西南角	东西向	H30 ③层下开口，打破生土	0			早期
	M44	TN1W2 北部	165°	表土层下开口，打破 H33	3	陶双鼻壶、陶纺轮、不明石器		晚期

附表二　小青龙灰坑登记表

编号	地层关系	位置	形状与结构	尺寸	填土与包含物	年代
H1	③层下开口	TN18W10 东隔梁内	近圆形，弧壁，圜底	口径 0.88～1.06、深 0.25 米	填土可细分为 2 层：第①层为红烧土，凹弧状分布在坑内中部，松软，厚约 15 厘米。第②层为黄褐色斑土，纯净，松软，连续分布在红烧土的外围，厚约 8～10 厘米。填土中的遗物很少且破碎，出土残石刀 1 件	良渚
H2	③层下开口	TN18W10 东隔梁内	椭圆形，北部深入隔梁未清理，斜壁内收，弧底，西部下凹	东西长 1、南北长 0.54 米	填土为黄褐色斑土，夹较多的烧土碎块和炭屑，出土零碎夹砂红褐陶片和残石锛 1 件	良渚
H3	③层下开口	TN18W9 西南部	圆形，斜壁，平底	直径约 1、深 0.65 米	填土为黄褐色斑土，夹较多的烧土碎块和炭屑，出土零碎夹砂红褐陶片，见有鱼鳍形鼎足	良渚
H4	③层下开口，叠压 H16、H17	TN18W9 西南部	椭圆形，弧壁，圜底	直径 0.66～0.9 米	填土为黄褐色斑土，夹较多的烧土碎块和炭屑，出土零碎夹砂红褐陶片和泥质灰陶片	良渚
H5	③层下开口，打破④层和 H15	TN18W9 西南部	近圆形，弧壁，圜底	口径 0.85～0.95、深 0.3 米	填土为黄褐色斑土，中间夹杂较多红烧土颗粒，填土中遗物很少，见有夹砂红褐陶鼎口沿和零星泥质灰陶残片及石镞 1 件	良渚
H6	③层下开口，打破 M17	TN18W9 西南部	大部分深入探方南壁未清理，已清理部分为弧边三角形，弧壁，平底	东西长 2.5、南北长 0.9、深 0.4 米	填土为黄褐色斑土，出土零碎陶片，见有夹砂红褐陶鱼鳍形鼎足和夹炭罐口沿各 1 件	良渚
H7	③层下开口，打破 M27	TN18W9 中南部	椭圆形，弧壁，平底	东西长 1.4、南北长 0.65、深 0.3 米	填土为黄褐色斑土，夹杂一些烧土颗粒和炭屑，质地松软，出土零碎夹砂红褐陶、泥质灰陶残片和残石镞 1 件	良渚
H8	④层下开口，打破 M23	TN18W9 中部	椭圆形，弧壁，平底	东西长 1.6、南北长 0.6、深 0.27 米	填土为黄褐色斑土，夹杂一些烧土颗粒和炭屑，质地松软，出土零碎夹砂红褐陶和泥质灰陶残片	良渚
H9	③层下开口	TN18W9 西南部	椭圆形，弧壁，平底	东西长 1.1、宽 0.4、深 0.18 米	填土为黄褐色斑土，夹杂一些烧土颗粒和炭屑，质地松软，零碎陶片，见有泥质灰胎黑皮陶圈足器底 1 件	良渚
H10	③层下开口	TN18W9 西南部	椭圆形，弧壁，平底	南北长 1.3、宽 0.6、深 0.08 米	填土为黄褐色斑土，夹杂烧土颗粒和炭屑，质地松软，未见遗物	良渚
H11						销号
H12	⑥层下开口	TN18W9 南部	近圆形，南半部深入南壁未发掘	直径约 0.9、深 0.22 米	填土为浅灰褐色斑土，质地松软，出土零碎陶片，见有泥质灰陶	良渚

续附表二

编号	地层关系	位置	形状与结构	尺寸	填土与包含物	年代
H13	③层下开口，打破④层，被M3打破	TN18W9东南部	大部分位于东、北隔梁下，已清理部分为扇形，弧壁，底中部略高	清理部分口径0.8～1.1、深0.35米	填土分2层，第①层灰黄色沙土，质地疏松，厚0.17～0.23米，含零星炭屑，出土少量陶片，器形难辨。第2层为黄褐色斑土，纯净，厚约0～0.13米。未见包含物	良渚
H14	③层下开口，打破M23	TN18W9东北部	椭圆形，弧壁，圜底	东西长1.15、南北长1.38、深0.35米	填土为红褐色，出土零碎夹砂红褐陶片、夹砂灰褐陶片及残石锛1件	良渚
H15	⑥层下开口，被H5打破	TN18W9中南部	近圆形，直壁，圜底	直径约1、深0.38米	填土为黄褐色斑土，质地较硬，出土零星粗泥陶陶片	良渚
H16	⑥层下开口，打破H17，被H4打破	TN18W9西南部	不规则椭圆形，斜壁，平底	直径1.1～1.3米	黄色斑土，含炭屑，出土零碎夹砂红褐陶片	良渚
H17	⑥层下开口，被H4、H6、H16打破	TN18W9西南部	椭圆形，弧壁，圜底	直径0.84～1.28米	黄褐色斑土，仅出土鱼鳍形鼎足1件	良渚
H18	表土层下开口，打破生土	TN7W5西南部	形状不规则，西侧被现代树坑打破，直壁，平底	东西长约4.8、南北宽1.3～2.5、深0.1～0.15米	填土中包含较多陶片和一些残石制品。陶片以夹砂红褐陶为主，少量泥质灰陶。石制品见有石镞、石锛、砺石等	良渚
H19	⑥层下开口，打破H20	TN18W9西部	不规则圆形，弧壁，圜底	直径2.9～3.1米	黄褐色斑土，含零星烧土块，出土夹砂鱼鳍形足、泥质灰陶残片及酸枣1枚	良渚
H20	⑥层下开口，东部被H19打破	TN18W9西扩方	近圆形，壁近直，底近平	口径1.7～2.3米，深0.84米	填土为深黄褐色斑土，质地略硬，填土中含少量陶片，主要为泥质灰陶和夹砂红褐陶，可见器形有豆、罐、鼎足等	良渚
H21	①层下开口，被H22打破	TN17W10西南部	不规则，弧壁，底部不平整	南北长1.8、东西长1.8、深0.13米	灰红色沙土，质地疏松，出土少量陶片和烧土块，见有夹砂红褐陶、泥质灰陶，可辨器形有平底杯和折腹罐各1件，残石镞1件	东周
H22	①层下开口	TN16W10西北角	平面呈不规则圆形，弧壁，浅圜底	口径3.2、深0.45米。	填土为灰红色沙土，含少量红烧土颗粒和炭屑，出土少量陶片，包括夹砂红褐陶鼎足和印纹硬陶残片	东周
H23	①层下开口	TN6W6、TN6W5、TN7W6、TN7W5四个探方交界处	不规则形，弧壁，凹弧底	口径2.25～4.2、深0.5米	填土为灰黄色土，质地略硬，填土中含少量陶片和零星石器，陶片主要为夹砂红褐陶和泥质灰陶，石器2件均为石镞	良渚

续附表二

编号	地层关系	位置	形状与结构	尺寸	填土与包含物	年代
H24	①层下开口	TN6W5、TN5W5、TN6W6、TN5W6 四个探方交界处	形状约呈梨形，凹弧底	口径 4.4 ~ 5.6、深 0.90 米	灰黄色土，质地略硬，填土中含少量夹砂红褐陶片和少量石器，其中陶纺轮 1 件、石网坠 4 件、石镞 3 件、石锛 2 件	良渚
H25	①层下开口	TN6W5 南部，部分进入 TN5W5 北隔梁未清理	近椭圆形，弧壁，底部下凹	东西长 2.6、南北长 0.7、最深 1 米	灰黄色，含少量炭屑，出土零碎陶片，见有夹砂灰褐陶鱼鳍形鼎足 1 件	良渚
H26	①层下开口	TN7W6 东北部	椭圆形，凹弧底	长径 4.8、短径 2.8、深 1.52 米	填土呈灰黄色，较纯净，零星夹砂红褐陶片	良渚
H27	① 层下开口，打破烧火坑	TN8W3 西南部	不规则椭圆形，底部略弧，南部有一近圆形浅坑	口径 1.9 ~ 2.5、深 0.08 ~ 0.5 米	填土为黄褐色细沙土，质地松软，填土中包含少量夹砂红褐、泥质灰陶、泥质红陶残片，见有鱼鳍形鼎足等	良渚
H28	②b 层下开口	TN16W8、TN16W9、TN15W8、TN15W9 四个探方交界处	椭圆形，弧壁，浅圜底	东西长 2.45、南北长 1.65、深 0.3 米	青灰色细沙土，质地松软，出土少量印纹硬陶片	东周
H29	①层下开口	TN10W8 与 TN9W8 交界处	形状不规则，底部浅平，略有凹凸	残长 7 米、最宽 3.5、深 0 ~ 0.2 米	填土为黄色细沙土，质地松软，填土中包含少量陶片及石镞等零星残石器，陶片多为夹砂红褐陶	良渚
H30	①层下开口	TN3W3、TN3W2、TN2W3、TN2W2 交界处	不规则圆角方形，底略凹弧	长 14、宽 8、深 0.85 米	坑内堆积分 4 层，以第③层包含物最为丰富，出土大量陶片，不少石块和残石器及酸枣核等遗物。陶片以夹砂红褐陶为主，其次为泥质红陶，另有少量泥灰陶及泥质黑皮陶，器形以各种形态的鱼鳍形鼎足及鼎罐类口沿片为主，另有少量豆、盆、器盖、把手等	良渚
H31	①层下开口	TN15W7 中东部	形状不规则，凹弧底，东高西低	长 2.32、宽 1.5、深 0 ~ 0.23 米	填土为灰褐色，质地松软，出土少量陶片。可辨器形有夹砂红褐陶鱼鳍形鼎足，泥质红陶盆、罐口沿，泥质灰陶豆把，石镞、石刀残件等	良渚
H32	②b 层下开口，被 H28 和 G2 打破	TN15W9 东北部	近椭圆形，弧壁，圜底	长 8.2、宽 4 米、深 0.55 米	填土分 2 层，上层为暗黄褐色，厚约 15 厘米，下层为浅黄色斑土，厚约 40 厘米。2 层均未发现遗物	良渚
H33	① 层下开口，打破生土，被 M44 打破	位于 TN1W2 西北部	近椭圆形，弧壁，浅圜底，南半部坑底分布四个圆坑	长径 5、短径 2.5、深 0.15 米	填土为浅黄色斑土，质地较硬，纯净，未见包含物	良渚

后　记

　　钱塘江中上游地区，可谓浙江史前考古的处女地，尽管有淳安五龙岛、建德久山湖、桐庐大麦凸等振奋人心的考古发现，但她们如同浩瀚星空寂寥的星光，扑朔迷离，让人充满遐想，亦如清晨的迷雾笼罩着美丽的富春江。是桐庐，率先打破了寂寥，拨开了迷雾，为这一地区史前考古掀开了新的篇章。

　　方家洲与小青龙，这两个遗址的发掘是在时任桐庐博物馆馆长赵志楠先生的奔走和桐庐县文广新局、桐庐县政府的大力支持下促成的。自 2010 年石珠村村民吴国平把在小青龙采集到的遗物送交桐庐博物馆开始，赵志楠馆长便念念不忘。2011 年 5 月 13 日，他远门出差，打电话给正在桐庐方家洲遗址发掘的方向明先生，意为小青龙面临工程破坏，请他到现场勘察一下，希望做些工作，争取有所收获。正是这一电话促成了当天下午小青龙的勘察，天不负有心人，勘察人员当天在岗地北部村民移树形成的堆土中便采集到了玉钺残片、玉嵌片、有段石锛等遗物，方向明先生当即认定这是一处良渚文化时期的高等级墓地。于是，便有了小青龙遗址正式的勘探、发掘及收获的一切。

　　小青龙遗址是幸运的，躲过了被夷为平地、化为渣土的劫难，否则，她就像从没来过这个世界一样就消失了。如今她凤凰涅槃化作这样一种存在，向来者诉说着她的前世今生，如同一颗镶嵌在富春江畔的明珠，向历史展示着她特立独行的魅力与光芒。

　　小青龙遗址从勘探到发掘再到报告的出版一直都是非常顺利、非常愉快的过程，而这一过程是各方面和大家共同努力的结果。感谢赵志楠馆长，没有他开辟桐庐考古新局面的热情和积极奔走就没有小青龙的发现和发掘。感谢桐庐县文广新局和县政府的大力支持，财政拨款 66 万元作为勘探与发掘经费，为考古工作的顺利开展提供了经济保障。感谢方向明研究员，作为本次发掘的领队，从勘探方案的计划到发掘中遗迹的清理、绘图、记录、文物保护再到发掘报告的整理、出版，他始终关心，给予指导，提出了大量宝贵的意见与建议。倘若没有他的督促，就绝不会有如今报告的出版。遗址发掘和报告整理期间，桐庐博物馆先后经历了赵志楠、刘志方、陈淑珍三任馆长，他们在此过程中做了大量的支持和保障工作。报告整理过程中，桐庐博物馆华丹、俞诗文协助做了一些统计和文字录入工作。浙江省文物考古研究所朱穗敏帮助完成了部分地形图的制作，一并感谢。最后，感谢责任编辑谷艳雪女士的辛劳付出，她怀着极度认真、严谨的学术态度，指出了图文中大量的错误、矛盾及遗漏之处，这种职业态度和精神深深地感染了我。

　　本报告的撰写分工如下：第一章第一节由胡孟波执笔，第一章第二节由陈淑珍、仲召兵共同执笔，第四章、第五章由刘志方执笔，第六章由陈淑珍执笔，第七章第一节由北京大学副教授崔剑锋执笔，第二节由浙江大学教授董传万执笔，第三节由中国科学技术大学博士研究生吴晓桐执笔，第四节、第五节由杭州市化工研究所高级工程师周文林执笔，第六节由北京大学工程师潘岩执笔，第二、三、八章由仲召兵执笔。全书由仲召兵统稿。赵辉先生、方向明先生审阅全稿，指出图文错误之处并提出了非常宝贵的修改意见，谨此致谢。

　　倏然之间，自己已参加工作近十年，由于工作前缺少绘图基础，入职考试时器物绘图实则未合格，因此，工作后发掘的材料均亲自动手整理并绘制器物图。小青龙的器物图也基本上是在雨天等发掘间隙完成的，自知图的拙嫩，但由于时间和能力所限，也只能如此了，愿作今后继续努力的鞭笞。此外，报告中错误纰漏之处恐难免，若有与简报抵牾之处，以本报告为准。

　　最后，期待钱塘江中上游地区的史前考古工作取得更大的突破！

编者

2017 年 11 月 11 日

江山山岩尾遗址

Xiaoqinglong

(Abstract)

Xiaoqinglong site is located at Tonglu county, Hangzhou city, Zhejiang province, some 70 kilometers northeast from Liangzhu site. This site is situated at the top of a mound runs from the northwest to southeast, which is 54-61m above sea level. During September 2011 to September 2012, the Zhejiang Provincial Institute of Cultural Relics and Archaeology and Tonglu Municipal Museum conducted the excavation together, and uncovered a total area of 3000 square meters. The excavation results show that the main part of Xiaoqinglong site belongs to Liangzhu culture, the northeast part of the site is dated to Eastern Zhou Period.

The remains dated to Liangzhu culture contain two primary areas: the north area and the south area. 34 Neolithic burials, 3 building sites, 2 trenches, and 22 pits were recovered from the north area. 10 Neolithic burials, 6 pits, 1 fire pit were recovered from south area. A total of 200 objects were gained, including ceramic, stone artifact, jadeware, lacquerware, and etc.

Burials in the north area are divided into two main parts by the ridge of the mound, 11 located in the east part, 23 located in the west part. Series of burials were found in the west part, showing a linear arrangement and obvious classification. The first class burials oriented west to east. M6-M10-M7-M33-M30-M21 sequence of burials is the central axis of this cemetery. *Yue* axe made of jade, *bi* disk made of jade, *gu* vessel made of lacquer unearthed in these burials demonstrate that this must be the top sequence. The second class burials oriented north to south, align in the north of the first class burials. Building sites oriented west to east, align in the south of the burials.

The lengths of the burials are 2-3.1 meters, the widths are 0.6-1 meter. Traces show that nearly all burials have coffin, most of them are curve bottom, a small amount are flat bottom. Lacquer was identified at the bottom of several burials, probably belongs to the coffin. Relatively less grave goods were found in each burial, the majorities were jadeware and stone artifact, smaller quantities were ceramic and lacquerware. Grave goods were placed in the coffin showing certain rules, jade beads and jade tubes were placed near the cranial region; jade *bi* disks and jade (or stone) *yue* axes were placed near the abdomen and waist; awl-shaped objects mostly were placed near the legs and feet; jug the only one ceramic together with stone adzes and stone arrowheads were placed at the lower legs and feet region;

lacquer gu vessels were placed at the right side of the right leg with the mouth to the cranial.

A relatively large assemblage of objects that belongs to Liangzhu culture was recovered from H30 in the south area. The main group of the objects is ceramic, which mainly consist of *ding* tripod and *guan* jar, and significantly less of *dou* footed-vessels, *pen* basin, *gang* big crock and spinning whorl, and no jugs were found in association with burial. One thing that should be noted is that ceramic group is distinct from the burials'. This has considerable importance for understanding the ceramic groups and the living traditions of the once residents of the site.

Xiaoqinglong site is the superior settlement among all of the excavated Liangzhu culture sites. Remarkable finds were made in this excavation, especially an elaborate building comprised several spaces in a row, making it by far the first yet excavated at a Liangzhu culture site. There were also important new insights deriving from orientation of burials, objects and the arrangement of them in burials, characteristics of ceramics, materials of jadewares and stonewares. The excavation of Xiaoqinglong site is a major breakthrough for the study of Liangzhu culture in southwestern of Zhejiang province. Xiaoqinglong site provides more new evidences of several issues of mountains and hills area in the middle and upper reaches of Qiantang River, such as archaeological cultural features of that area, technologies of artifacts there, characteristics of the settlement, and the relationship between Tai Lake area or even larger adjacent region and this area.

彩 版

彩版1-1　小青龙遗址及周边地形卫星照片

1. 遗址发现时现状及勘查

2. 遗址全景照

彩版1-2　小青龙遗址发掘前后

1. 中村慎一考察遗址

2. 赵辉先生考察遗址

3. 墓葬清理场景

彩版1-3　专家考察小青龙遗址与墓葬清理场景

1. 桐庐县及考古所领导考察遗址

2. 考古所学术委员会考察遗址

3. 董传万教授鉴定石器

彩版1-4　领导考察小青龙遗址与专家工作场景

1. 绘制F1平面图

2. 氢气球拍照

彩版1-5 小青龙遗址的现场绘图与氢气球拍照

1. TN18W9东壁剖面

2. TN6W6北壁剖面

彩版2—1　小青龙遗址地层剖面

1. 陶纺轮（TN18W9④：11）　　　2. 石斧（TN18W8②：5）　　　3. 石锛（TN18W8③：11）

4. 石锛（TN18W8②：3）　　　5. 石凿（TN11W9③：3）　　　6. 石凿（TN18W9④：1）

7. 石刀（TN18W9③：7）　　　8. 石镞（TN18W8②：1）

彩版2-2　小青龙遗址地层堆积出土遗物

1. 石斧（采1）

2. 石锛（采3）

3. 石钺（采5）

4. 玉钺（采11）

5. 玉锥形器（采4）

6. 玉锥形器（采8）

7. 玉嵌片（采6）

彩版2-3　小青龙遗址地表采集遗物

彩版3-1　小青龙遗址北区墓地全景（南—北）

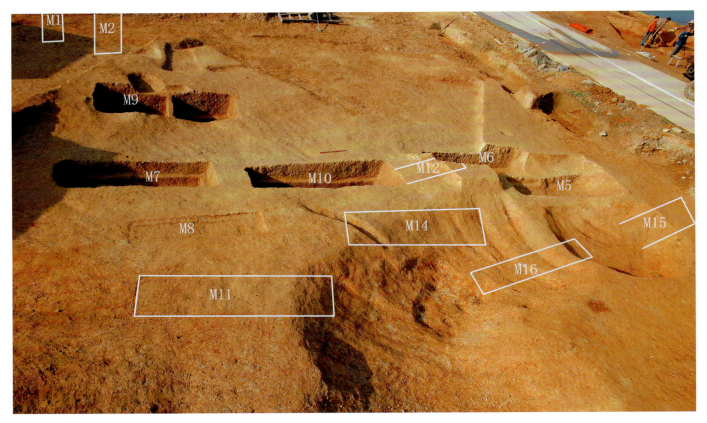

1. 北区西部墓地（南—北）

2. 北区东部墓地（南—北）

彩版3-2　小青龙遗址北区墓地

1. M3（南—北）

2. M17（南—北）

3. 陶双鼻壶（M17：1）

4. 陶纺轮（M17：2）

彩版3-3　小青龙遗址M3、M17及M17出土遗物

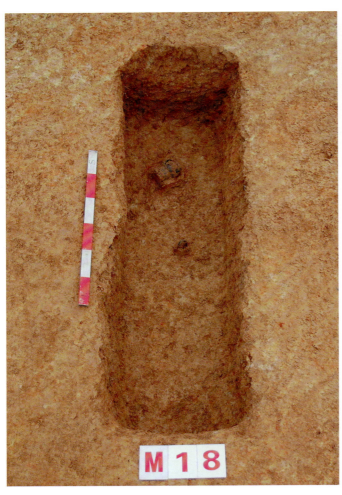

1. M18（北—南）

2. 陶双鼻壶（M18：1）

3. 陶纺轮（M18：2）

4. M20（北—南）

彩版3-4　小青龙遗址M18、M20及M18出土遗物

1. M23（南—北）

2. 陶双鼻壶（M23：1）

3. 石锛（M23：2）

4. M24（西—东）

彩版3-5　小青龙遗址M23、M24及M23出土遗物

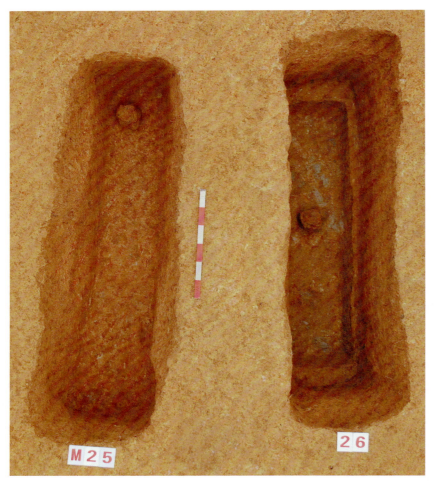

1. M25、M26合照（西—东）

3. M29（南—北）

2. 陶双鼻壶（M26∶1）

彩版3-6　小青龙遗址M25、M26、M29及M26出土遗物

1. M27（南—北）

2. 陶双鼻壶（M27：1）

3. 玉珠（M27：2）

4. M28（西—东）

5. 石纺轮（M28：1）

6. 陶豆（M28：2）

彩版3-7　小青龙遗址M27、M28及其出土遗物

1. M1（西—东）

2. 石钺（M1：1）

3. 石镞（M1：2）

4. 玉管（M1：3）

彩版3-8　小青龙遗址M1及其出土遗物

1. M2（东—西）

2. M2细部

彩版3-9　小青龙遗址M2

1. 带盖陶豆（M2：1）

2. 陶纺轮（M2：2）

4. 玉锥形器（M2：4）

3. 陶双鼻壶（M2：3）

5. 玉管（M2：5）

彩版3-10　小青龙遗址M2出土遗物

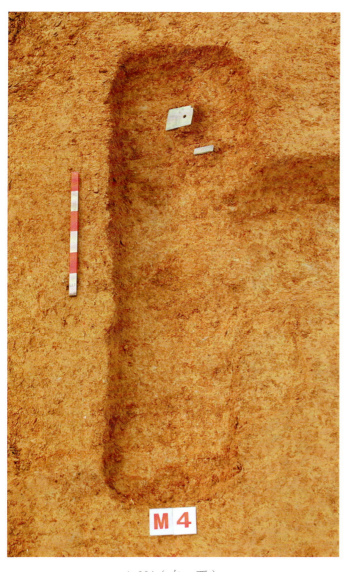

1. M4（东—西）

2. 石钺（M4：1）

4. 石锛（M4：2）

5. 玉锥形器（M4：3）

6. 玉锥形器（M4：3）与玉套管（M4：4）组合

3. 石钺（M4：1）刃部

彩版3-11　小青龙遗址M4及其出土遗物

1. M5（西—东）

2. M5石钺出土情形

3. M5底部朱漆痕迹

彩版3-12　小青龙遗址M5

1. 玉珠（M5：1）　　　　2. 玉珠（M5：2）　　　　3. 玉珠（M5：3）

4. 石锛（M5：6）　　　5. 玉锥形器（M5：11）　　　6. 玉锥形器（M5：11）下端

7. 石镞（M5：7）　　8. 石镞（M5：8）　　9. 石镞（M5：9）　　10. 石镞（M5：10）

彩版3-13　小青龙遗址M5出土遗物

1. 石钺（M5：4）

2. 石钺（M5：5）

3. 石钺（M5：5）顶端细部

1. M6清理

2. M6上层朱漆痕

3. M6下层朱漆痕

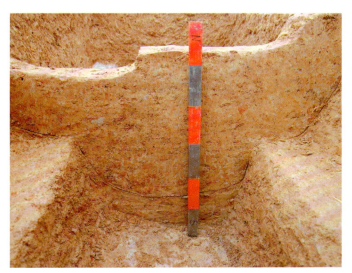

4. M6墓坑填土剖面

5. M6（东—西）

彩版3-15　小青龙遗址M6

1. M6细部　　　　　　　　　　　　　2. M6细部

3. 玉管（M6：1）

4. 玉管（M6：1）钻孔细部

5. 玉锥形器（M6：3）

6. 陶双鼻壶（M6：7）

彩版3–16　　小青龙遗址M6细部及其出土遗物

1. 石钺（M6：2）　　　　　2. 石镞（M6：10）　　　　3. 石镞（M6：11）

4. 石锛（M6：8）　　　　　　　　5. 石锛（M6：9）

6. 石锛（M6：12）　　　　　　　7. 石锛（M6：13）

彩版3-17　小青龙遗址M6出土遗物

1. 玉璧（M6∶4）   2. 玉璧（M6∶4）

3. 玉璧（M6∶4）钻孔细部

彩版3-18 小青龙遗址M6出土遗物

1. 玉钺（M6：6）

2. 玉钺（M6：6）

3. 玉钺（M6：6）切割痕

4. 玉钺（M6：6）钻孔

彩版3-19　小青龙遗址M6出土遗物

1. M7填土剖面

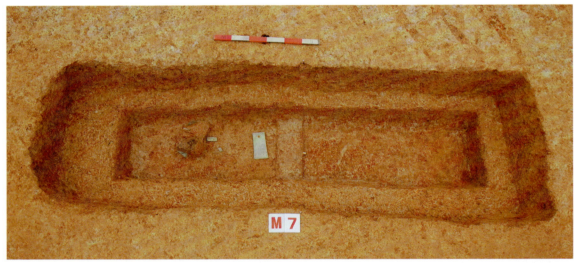

2. M7（南—北）

3. M7随葬品细部

4. 陶双鼻壶（M7：9）

彩版3-20　小青龙遗址M7及其出土遗物

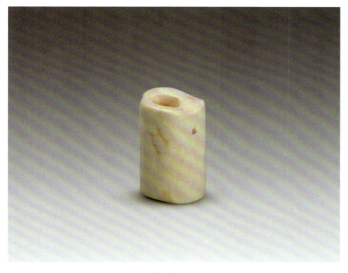

1. 玉管（M7：1）

2. 玉锥形器（M7：11）

3. 玉钺（M7：2）

彩版3-21　小青龙遗址M7出土遗物

1. 石锛（M7：3）　　　　　2. 石锛（M7：4）　　　　　3. 石锛（M7：10）

4. 石镞（M7：6）　　　　　5. 石镞（M7：7）　　　　　6. 石镞（M7：8）

彩版3-22　　小青龙遗址M7出土遗物

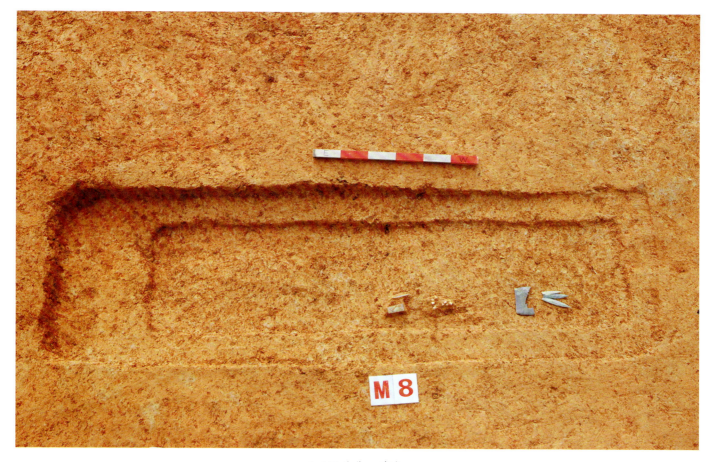

1. M8（北—南）

2. 玉锥形器（M8：2）

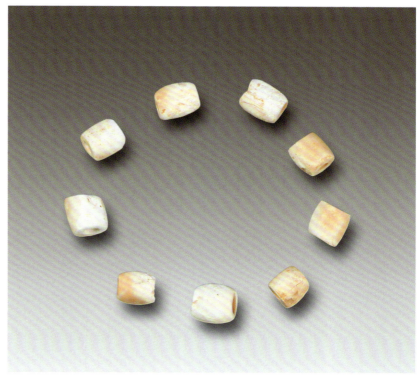

3. 玉串饰（M8：3）

彩版3-23　小青龙遗址M8及其出土遗物

1. 石锛（M8：1）

2. 石钺（M8：4）

3. 石镞（M8：5）

4. 石镞（M8：6）

5. 石镞（M8：7）

彩版3-24　小青龙遗址M8出土遗物

1. M9开口

2. M9墓坑填土剖面

4. M9随葬品细部

3. M9（东—西）

5. M9随葬品细部

1. 玉管（M9：1）

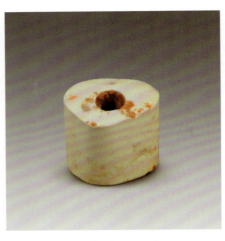

2. 玉管（M9：2）

3. 玉嵌片（M9：4）

4. 漆觚（M9：6）

5. 陶杯（M9：8）

6. 玉锥形器（M9：10）

彩版3-26　小青龙遗址M9出土遗物

1. 石钺（M9：3）

2. 石钺（M9：3）钻孔

3. 石锛（M9：7）

4. 石锛（M9：9）

彩版3-27　小青龙遗址M9出土遗物

1. 玉钺（M9：5）

3. 玉钺（M9：5）表面朱痕

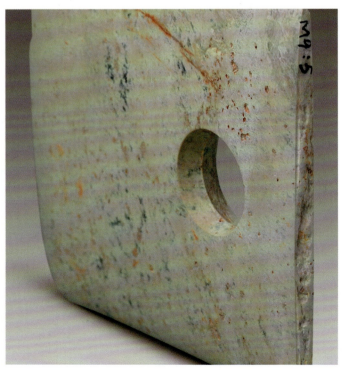

2. 玉钺（M9：5）细部

彩版3-28　小青龙遗址M9出土遗物

3. M10墓坑填土剖面

1. M10葬具出露

2. 漆器套箱起取

4. M10（东—西）

彩版3-29　小青龙遗址M10

1. 漆柲玉钺（M10：2）与石钺（M10：3）

2. 漆柲玉钺（M10：3）表面朱漆与黑彩

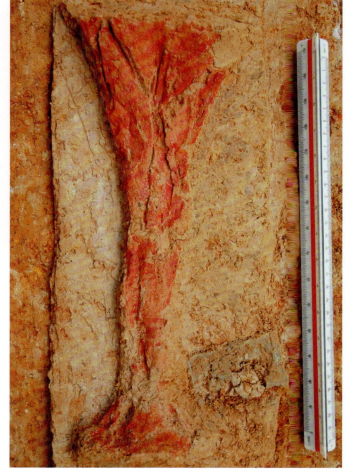

3. 漆觚（M10：6）

彩版3-30　小青龙遗址M10出土遗物

1. 玉珠（M10:1）

2. 玉锥形器（M10:5）

5. 石锛（M10:8）

6. 石锛（M10:10）

3. 石锛（M10:7）

4. 石锛（M10:9）

7. 陶双鼻壶（M10:4）

彩版3-31　小青龙遗址M10出土遗物

1. M11（西—东）

2. M12（西—东）

3. 陶双鼻壶（M12：1）

4. 石钺（M12：2）

彩版3-32　小青龙遗址M11、M12及M12出土遗物

1. M13（北—南）

2. M13细部

3. 石锛（M13：3）

彩版3-33　小青龙遗址M13及其出土遗物

1. 玉琮（M13：1）

2. 玉琮（M13：1）

3. 玉钺（M13：2）

4. 玉钺（M13：2）顶端切割痕

彩版3-34　小青龙遗址M13出土遗物

1. M14坑壁结构

2. M14（南—北）

3. M14局部

彩版3-35　小青龙遗址M14

1. 带形漆器（M14：14）

2. 漆觚（M14：15）

3. 陶双鼻壶（M14：20）

彩版3-36　小青龙遗址M14出土遗物

1. 玉珠（M14：1）　　　　2. 玉珠（M14：2）　　　　3. 玉珠（M14：3）

10. 石镞（M14：16）

4. 玉珠（M14：4）　　　　5. 玉珠（M14：6）　　　　6. 玉珠（M14：7）

7. 玉珠（M14：22）　　　8. 玉珠（M14：25）　　　9. 玉珠（M14：26）　　　11. 石镞（M14：17）

12. 石镞（M14：18）　　　　　13. 石镞（M14：19）　　　　　14. 石镞（M14：01）

彩版3-37　小青龙遗址M14出土遗物

1. 玉璧（M14：9）与玉串饰（M14：8）

2. 玉串饰（M14：8）

3. 玉璧（M14：9）

彩版3-38　小青龙遗址M14出土遗物

1. M15（西—东）

2. 玉珠（M15：1）

3. 玉珠（M15：2）

4. 玉镯（M15：3）

5. 玉镯（M15：3）

彩版3-39　小青龙遗址M15及其出土遗物

1. M16（南—北）

2. 玉珠（M16：3）

3. 石镞（M16：5）　　　4. 石镞（M16：6）　　　5. 石钺（M16：4）

彩版3-40　　小青龙遗址M16及其出土遗物

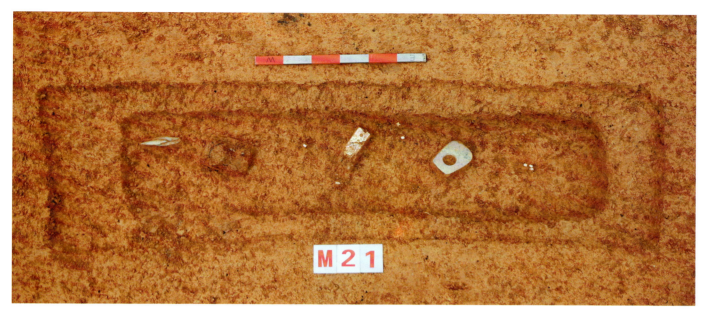

1. M21（南—北）

2. 玉珠（M21：1）

3. 玉珠（M21：2）

4. 玉珠（M21：3）

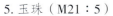

5. 玉珠（M21：5）

6. 玉珠（M21：11）

7. 玉管（M21：6）

8. 玉坠（M21：10）

彩版3-41　小青龙遗址M21及其出土遗物

1. 石钺（M21：4）

2. 玉钺（M21：7）

3. 石锛（M21：18）

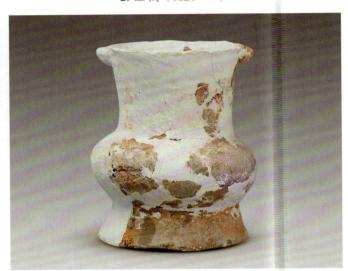

4. 陶双鼻壶（M21：12）

5. 石镞（M21：13）

6. 石镞（M21：14）

7. 石镞（M21：15）

彩版3-42　小青龙遗址M21出土遗物

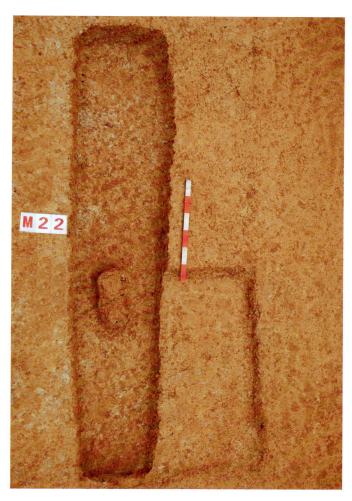

1. M22（北—南）

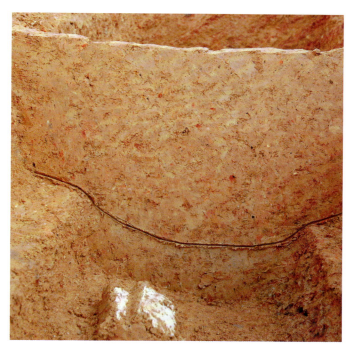

3. M30墓坑填土剖面

2. 陶罐（M22：1）

4. M30（东—西）

彩版3-43　　小青龙遗址M22、M30及M22出土遗物

1. 玉珠（M30：1）

2. 玉串饰（M30：3）

3. 玉钺（M30：4）

4. 玉锥形器（M30：5）

5. 石锛（M30：2）

6. 石镞（M30：7）

7. 石镞（M30：8）

8. 陶双鼻壶（M30：6）

彩版3-44　小青龙遗址M30出土遗物

1. M31（西—东）

2. 石钺（M31：1）

彩版3-45　小青龙遗址M31及其出土遗物

1. M32葬具平面

3. M32（南—北）

2. M32墓坑填土剖面

4. 陶双鼻壶（M32：5）

彩版3-46　小青龙遗址M32及其出土遗物

1. 石钺（M32：1）

3. 石镞（M32：3）

4. 石锛（M32：4）

2. 石钺（M32：2）

彩版3-47　小青龙遗址M32出土遗物

1. M33墓坑填土剖面　　　　　　　　　　2. M33漆觚（M33：8）与陶双鼻壶（M33：7）

3. M33（北—南）

彩版3-48　　小青龙遗址M33

1. 玉珠（M33：2）

2. 玉珠（M33：3）

3. 玉锥形器（M33：9）

4. 陶双鼻壶（M33：7）

5. 漆觚（M33：8）

彩版3-49　小青龙遗址M33出土遗物

1. 玉钺（M33：6）

2. 玉钺（M33：6）切割痕

3. 玉钺（M33：6）刃部

彩版3-50　小青龙遗址M33出土遗物

1. M35墓坑开口

2. M35清理后（西—东）

3. 玉管（M35：2）

4. 玉坠（M35：3）

5. 陶纺轮（M35：4）

彩版3-51　小青龙遗址M35及其出土遗物

1. M36（西—东）

2. 石锛（M36：1）

3. 石钺（M36：2）

彩版3-52　小青龙遗址M36及其出土遗物

1. M37（南—北）

2. 石钺（M37：1）

3. 石锛（M37：2）

4. 石镞（M37：3）

5. 石镞（M37：4）

6. 石镞（M37：5）

彩版3-53　小青龙遗址M37及其出土遗物

1. M38（西—东）

2. 双孔石刀（M38：1）

彩版3-54　小青龙遗址M38及其出土遗物

1. 石锛（M38：2）

2. 石镞（M38：3）

3. 石镞（M38：4）

4. 石镞（M38：5）

5. 石镞（M38：6）

彩版3-55　小青龙遗址M38出土遗物

1. M39（西—东）

2. 陶双鼻壶（M39：1）

3. 陶纺轮（M39：2）

4. 玉锥形器（M39：3）

彩版3-56　小青龙遗址M39及其出土遗物

1. M40（西—东）

2. 玉锥形器（M40：2）

3. 石镞（M40：3）

4. 石镞（M40：4）

5. 石镞（M40：5）

6. 双孔石刀（M40：1）

彩版3-57　小青龙遗址M40及其出土遗物

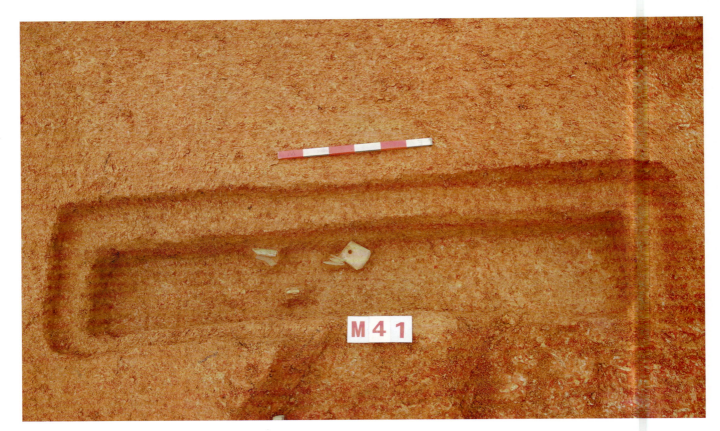

1. M41（南—北）

2. M41细部

3. 石钺（M41：1）

彩版3–58　小青龙遗址M41及其出土遗物

1. 石镞（M41：2）   2. 石镞（M41：3）   3. 石镞（M41：4）   4. 石凿（M41：6）

5. 石锛（M41：5）   6. 石刀（M41：7）

彩版3-59　小青龙遗址M41出土遗物

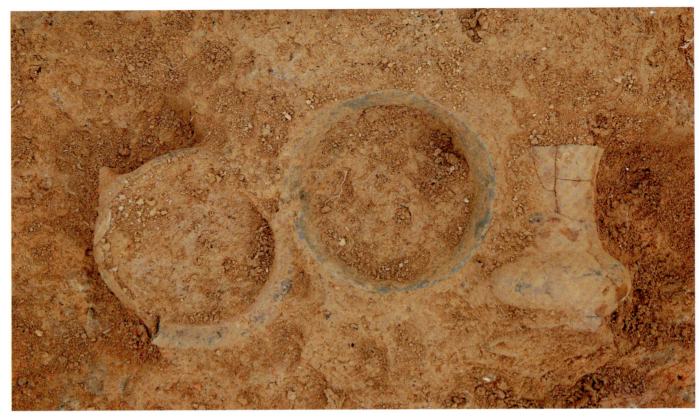

1. M42（西—东）

2. 陶鼎（M42:1）

3. 陶双鼻壶（M42:3）

彩版3-60　小青龙遗址M42及其出土遗物

1. M43（北—南）

2. M44（东—西）

3. M44墓坑填土剖面

4. 陶双鼻壶（M44：3）

彩版3-61　小青龙遗址M43、M44及M44出土遗物

1. H1

3. H13（西—东）

2. H5

4. H18（东—西）

5. 砺石（H18：5）

彩版3-62　小青龙遗址H1、H5、H13、H18及H18出土遗物

1. 石镞（H23：1）　　　　　　2. 石镞（H24：2）　　　　　　3. 石锛（H24：3）

4. 石网坠（H24：6）

5. 石锛（H24：7）

彩版3-63　　小青龙遗址H23、H24出土遗物

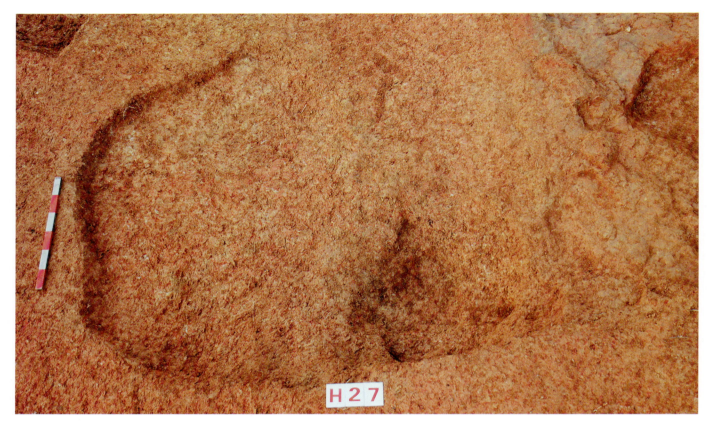

1. H27（南—北）

2. H29（北—南）

彩版3-64　小青龙遗址H27、H29

1. H30（东—西）

2. H30坑内堆积剖面

彩版3-65　小青龙遗址H30

1. 陶鼎足（H30①A：128）　　　　2. 石锛（H30①A：41）　　　　3. 石镞（H30①A：124）

4. 砺石（H30①B：137）

彩版3-66　小青龙遗址H30①层出土遗物

1. 石锛（H30②：5）　　　　　2. 石锛（H30②：6）　　　　　3. 石镞（H30②：12）

4. 石刀（H30②：11）

彩版3-67　小青龙遗址H30②层出土遗物

1. A型陶鼎（H30③：152）

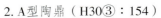

2. A型陶鼎（H30③：154）

3. 陶大口缸（H30③：151）

彩版3-68　小青龙遗址H30③层出土遗物

1. A型陶鼎足（H30③：76）　　2. A型陶鼎足（H30③：77）　　3. A型陶鼎足（H30③：79）

4. A型陶鼎足（H30③：140）　　5. B型陶鼎足（H30③：141）　　6. B型陶鼎足（H30③：82）

7. B型陶鼎足（H30③：81）　8. C型陶鼎足（H30③：84）　9. C型陶鼎足（H30③：88）　10. C型陶鼎足（H30③：90）

1. 陶豆（H30③：157）

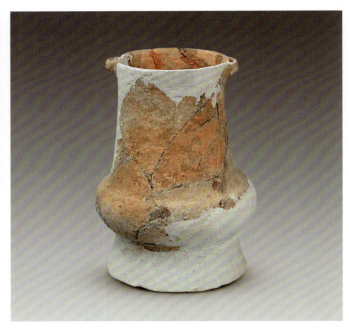

2. 陶双鼻壶（H30③：150）

3. 陶豆（H30③：155）

4. 陶豆把（H30③：158）

5. 陶器盖（H30③：153）

6. 陶纺轮（H30③：36）

7. 陶纺轮（H30③：61）

彩版3-70　小青龙遗址H30③层出土遗物

1. 石锛（H30③：32）　　　　2. 石锛（H30③：59）　　　　3. 石镞（H30③：25）

6. 石网坠（H30③：13）

4. 石斧（H30③：28）

5. 石刀（H30③：15）　　　　　　　　7. 石锛（H31：2）

彩版3-71　小青龙遗址H30③层、H31出土遗物

1. H33（东—西）

2. H33坑底K1清理前

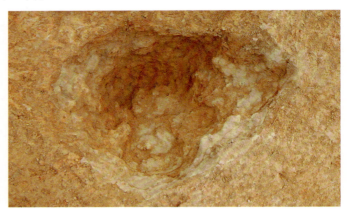

3. H33坑底K1清理后

4. H33坑底K2清理后

彩版3-72　小青龙遗址H33

1. 烧火坑

2. 火塘底部

3. 火塘两层烧结面

彩版3-73　小青龙遗址烧火坑

彩版3-74　小青龙遗址F1-1西侧出露情形（南—北）

彩版3-75　小青龙遗址F1（北—南）

1. F1D20~D23

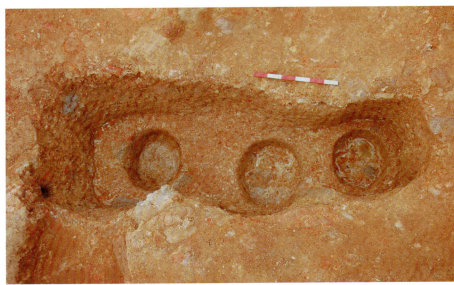

2. F1D24~D26

3. F1D40

彩版3-76　小青龙遗址F1柱洞

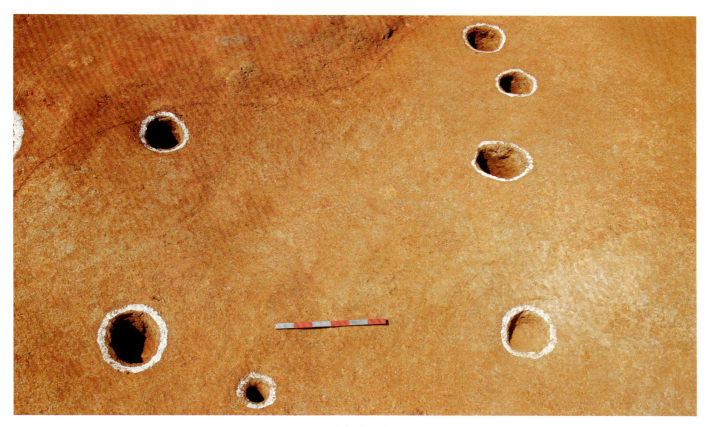

1. F1北部东组柱洞

2. F1南部JC1、JC2

彩版3-77　小青龙遗址F1北部柱洞与南部基槽

1. F3（西—东）

2. F4清理前（东—西）

彩版3-78　小青龙遗址F3、F4

1. F4D1

2. F4D5

3. F4D8

彩版3-79　小青龙遗址F4柱洞

铜斤（TN15W9②：1）

彩版4-1　小青龙遗址商周时期地层出土遗物

1. 斜把石刀（村民上交）

2. 双孔石刀（村民上交）

3. 石斧（村民上交）

4. 石钺（村民上交）

彩版5-1　小青龙遗址周边出土遗物

1. 小青龙第2地点TG1

2. 小青龙第2地点TG1东壁剖面

彩版5-2　小青龙遗址周边第2地点TG1及其剖面

1. 石锛（小青龙第2地点TG1②：3）

2. 石镞（小青龙第2地点TG1②：6）

3. 石刀（小青龙第2地点TG1③：1）

4. 石锛（小青龙第2地点TG1③：2）

5. 陶鼎足（小青龙第2地点TG1③：3）

6. 石网坠（小青龙第2地点TG1③：8）

彩版5-3　小青龙遗址周边第2地点TG1出土遗物

1. 小青龙第3地点TG4东壁南段

2. 小青龙第3地点TG4东壁北段

彩版5-4 小青龙遗址周边第3地点TG4地层剖面

彩版6-1　大麦凸遗址卫星照片

1. 方向明研究员与秦岭副教授调查大麦凸遗址

2. 许重岗先生在大麦凸调查现场

彩版6-2　大麦凸遗址调查

1. TG1东壁剖面

2. P5

3. P6

彩版6-3 大麦凸遗址TG1、P5、P6剖面

1. P7

2. P8

3. P9

彩版6-4　大麦凸遗址P7、P8、P9剖面

1. P7Y1清理前平面

2. P7Y1底部陶器

3. P7YI清理后

彩版6-5 大麦凸遗址P7Y1

1. 原始瓷豆（大麦凸TG1②：2）

2. 陶鼎足（大麦凸T32/0422）

3. 陶鼎足（大麦凸T29/0406）

4. 陶鼎足（大麦凸T35/0462）

彩版6-6　大麦凸遗址出土遗物

1. 石斧（大麦凸0449）

2. 石斧（大麦凸0449）

3. 石斧（大麦凸0449）刻划符号

4. 石刀（大麦凸0413）

彩版6-7　大麦凸遗址采集遗物

彩版6-8　大麦凸遗址采集遗物

1. 石斧（大麦凸0455）

2. 石破土器（大麦凸0448）

1. 石锛（大麦凸0452）　　　2. 石锛（大麦凸0440）　　　3. 石凿（大麦凸0441）

4. 石纺轮（大麦凸0414）

6. 石镞坯件（大麦凸0459）　　7. 石镞（大麦凸0409）

5. 石网坠（大麦凸0415）

彩版6-9　大麦凸遗址采集遗物

1. 石钺（大麦凸0408）

2. 石钺（大麦凸0408）细部

3. 石钺（大麦凸0461）

4. 石钺（大麦凸0435）

彩版6-10　大麦凸遗址采集遗物

1. 玉钺（大麦凸0436）　　　　　　　　　　2. 玉璧（大麦凸0437）

彩版6-11　大麦凸遗址采集遗物